Herderbücherei

Band 519

Über das Buch

Die Frage nach dem Sinn des Lebens ist zu einem der großen Themen unserer Zeit geworden. Die beiden Autoren dieses Originaltaschenbuchs beginnen ihre Überlegungen mit einer Art Momentaufnahme, die die vielfältigen Ansätze heutigen Fragens nach dem Sinn des Lebens in unserer technischen Zivilisation und nach dem Sinn des Lebens überhaupt erfaßt.
Vor diesem differenzierten und zeitkritischen Hintergrund wird dann der innere Bezug der Sinnfrage zur religiösen und christlichen Dimension erhellt. Eine psychologische Studie durchbricht viele gängige Vereinfachungen und zeichnet ein buntes Bild von der Verschiedenartigkeit und Bedeutung von Sinnerfahrungen im seelischen Leben der Persönlichkeit. Das Buch schließt mit praktischen Anregungen zu einer verarbeitenden Meditation, die mitten im Alltag und im Zeitgeschehen die Frage nach Sinn und Unsinn zu Ende denkt.

Über die Autoren

Professor Dr. Bernhard Grom, geboren 1936 in Tiengen, Baden. 1955 Eintritt in die Gesellschaft Jesu. Studium der Philosophie und Praktikum als Lehrer und Erzieher. 1963 bis 1967 Studium der Theologie in Lyon, der Religionspsychologie und Katechetik am Institut „Lumen Vitae" in Brüssel. Promotion zum Dr. theol. an der Universität Gregoriana in Rom. Seit 1969 Lehrtätigkeit in Religionspsychologie und Religionspädagogik an der Hochschule für Philosophie, München.

Josef Schmidt, geboren 1946 in Erlangen. 1966 Eintritt in den Jesuitenorden. Studium der Philosophie am Berchmanskolleg, Pullach. Seit 1971 wissenschaftlicher Assistent an der Hochschule für Philosophie, München. Promoviert mit einer philosophischen Arbeit über Hegel an der Universität München.

Bernhard Grom
Josef Schmidt

# Auf der Suche nach dem Sinn des Lebens

Herderbücherei

Originalausgabe
erstmals veröffentlicht als Herder-Taschenbuch


Herder Freiburg · Basel · Wien
Freiburger Graphische Betriebe 1975
ISBN 3-451-07519-9

# Inhalt

# Vorwort

Das Thema „Sinn“ ist in den vergangenen Jahren mehr und mehr zum Brennpunkt vielfältiger Bemühungen um ein überzeugendes Selbstverständnis des Menschen geworden.

„Sinn“ meint dabei nicht das Problem, wann Wörter und Sätze sinnvoll, das heißt bedeutungshaltig sind (logisch-semantischer Sinn). Gemeint ist hier auch nicht die Frage nach der bloßen Zweckdienlichkeit eines Geschehens oder einer Handlung (funktionaler Sinn). Denn die Lösung dieser Probleme läßt eine andere grundsätzlichere Frage nach Sinn unbeantwortet. Wir können beispielsweise sinnvolle Sätze bilden über Ereignisse, von deren Sinn wir keineswegs überzeugt sind. Oder man kann durchaus sehen, wie zweckdienlich man als Rädchen im Getriebe eines Unternehmens ist, und dennoch am Sinn seines Lebens zweifeln.

„Wir fühlen, daß selbst, wenn alle möglichen wissenschaftlichen Fragen beantwortet sind, unsere Lebensprobleme noch gar nicht berührt sind“ (L. Wittgenstein, Tractatus 6.52). Darum stellt sich, wenn eine hochentwickelte Naturwissenschaft, Technik, Wirtschaft und Informationsvermittlung alle anderen Fragen beantwortet hat, die Grundfrage: Wozu das alles? Lohnt sich der Einsatz? Hat eine bestimmte Lebensgestaltung des einzelnen und der Gesellschaft, haben bestimmte Ziele, hat das Leben überhaupt einen Sinn? Wo beginnt das Leben sinnlos zu werden?

Daß diese Grundfrage von Menschen mit Volksschulabschluß wie mit Universitätsstudium gestellt wird, daß sich sowohl Zeitkritiker als auch fachzünftige Psychologen, Philosophen und Theologen mit ihr befassen, zeigt ihre überragende Bedeutung. Die Sinnfrage scheint die Handelnden zum Denken zu führen und die Denkenden zu lebensnäherem Fragen zu veranlassen. Sie schafft ein Problembewußtsein, das verschiedenen Bildungsschichten, Fachbereichen und weltanschaulichen Richtungen gemeinsam ist.

Andererseits wurde die Sinnfrage, gerade weil sie nach allem und nach dem Ganzen fragt, oft sehr verschwommen, wenig reflektiert oder in der engen Sicht eines einzigen Wissenschaftszweiges behandelt. Manche Unschärfe rührt auch daher, daß die Fachphilosophie und -theologie sich ihr erst spät und zögernd gestellt hat. Schließlich führte das Fragen nach dem Sinn des Lebens auch immer wieder zu der Versuchung, dem Zweifler einen Sinn um jeden Preis zu verkünden, nur damit er bei der Stange bleibe. „Man muß dem Leben einen Sinn geben", meinte schon wohlmeinend und allzu psychohygienisch Antoine de Saint-Exupéry und vergaß, daß, wer das wirklich Sinnvolle erkennen soll, auch das Sinnlose aufdecken muß. Th. W. Adorno hat in der nordamerikanischen Sinn-Literatur diese Gefahr des nur noch ideologischen Zuspruchs schon früh gesehen.

Das vorliegende Buch will versuchen, die Frage nach dem Sinn des Lebens von verschiedenen Seiten anzugehen – und dies möglichst ohne der Gefahr fachwissenschaftlicher Enge oder globaler Sonntagsrhetorik zu erliegen.

Der erste Beitrag erhebt den *Zeitindex* dieser Grundfrage: die geistige und gesellschaftliche Situation, aus der heraus heute wie in einem urmenschlichen Reflex die Frage nach Sinn gestellt wird, sowie die zeitgenössische Betroffenheit, durch die die Sinnfrage trotz aller modischen Beiklänge existentialistischer, kulturpessimistischer und emanzipatorischer Art zu einer Angelegenheit von größtem menschlichem Ernst wird. Wer sich diesen bewußtseinskritischen Ansätzen nicht stellte, würde vor lauter Zeitlosigkeit versäumen, etwas Sinngebendes aufzeigen zu können.

Ein *religionsphilosophischer* und ein *theologischer* Beitrag will versuchen, den inneren Bezug zwischen Sinnfrage und religiöser bzw. christlicher Dimension zu erhellen – nach Möglichkeit etwas behutsamer als in der üblichen Erbauungsliteratur zum Thema „Sinn". Wie die Sinnfrage, die jeder wache Mensch stellt, von sich aus offen ist auf eine religiöse und christliche Tiefe und in dieser Tiefe erst ganz zu Ende gedacht wird; und wie andererseits Religiosität und christlicher Glaube im Thema „Sinn" das Stichwort und die Frage vorfinden, durch die sie als Antwort der lebendigsten Frage heutiger Menschen deutlich werden. Viele Menschen, die mit dem formelhaften Glauben ihrer Erziehung nichts mehr anfangen können, entdecken gerade von der Sinnfrage aus neu, was Glaube an Gott und an Jesus Christus für ihr Leben bedeuten kann.

Eine *psychologische* Studie soll in Auseinandersetzung mit den beherrschenden Grundrichtungen der neueren Psychologie Ort und Eigenart der Sinnorientierung im seelischen Leben der Persönlichkeit untersuchen. Auch hier gilt es, zwei naheliegenden Tendenzen zu widerstehen: Einerseits der in Theologenkreisen verbreiteten Neigung, aus logotherapeutischen Beobachtungen vorschnell die Notwendigkeit einer religiösen Einstellung zu beweisen („Ohne Gott hat das Leben keinen Sinn, wird der Mensch seelisch krank – auch die Psychologie beweist es"). Andererseits ist der immer noch vielen Psychologen eigenen Neigung entgegenzutreten, Sinnerfahrungen und religiöse Erlebnisse aus einer engen Triebdogmatik heraus zu erklären, sie zu tabuisieren oder für etwas völlig Beliebiges, Subjektives zu halten.

Sinnorientierung, das ergibt sich aus allen Beiträgen, hängt wesentlich von der freien persönlichen Aufmerksamkeit und Aufgeschlossenheit ab, die der einzelne mit seiner Umgebung oder gegen sie erwirbt. Darum werden im Schlußteil *Anregungen zu einer Meditation* gegeben, die anders als die verschiedenen Versenkungsmeditationen (Yoga, Zen) hauptsächlich Begegnungen und Situationen des realen Lebens durchdringt und so die Fähigkeit vertieft, Sinn und Werte wahrzunehmen und zu verwirklichen: als verarbeitende und sinnerschließende Meditation.

München 1975,
Hochschule für Philosophie

Bernhard Grom SJ
Josef Schmidt SJ

I

*„Die Technik beschert uns einen Reichtum an Möglichkeiten, sie gibt uns die Instrumente in die Hand, aber sie sagt uns nicht, wie wir sie verwenden sollen ... Wie soll die Zukunft beschaffen sein? An der Vielfalt des Möglichen, bei dem nichts mehr selbstverständlich ist, zersplittern sich die Wünsche. Über dem, was wir können, wissen wir nicht mehr, was wir wollen, was wir wollen sollen. Wer aber nicht mehr weiß, was er will, verliert sich selbst."*

H. Sachsse

II

*„Sicherlich kann man Befriedigung empfinden bei der Feststellung, daß eine Reihe von Ländern die drückendsten Schmerzen des Hungers, der Not, der Armut im Alter usw. beseitigt hat. Doch was würden wir von einem Menschen halten, der darin bereits das ganze Glück des Menschen sieht? Wenn wir wöchentlich eine bestimmte Menge mehr Fleisch essen, sind wir dann bereits im entsprechenden Maße glücklicher geworden? Dies wäre eine absurde Behauptung. Worin besteht der ‚Kampf ums Glück', wenn das Problem der Befriedigung unserer materiellen Bedürfnisse gelöst ist? Wird nicht dann erst die Frage nach dem menschlichen Glück in ihrer ganzen Schwierigkeit offenbar?"* M. Machovec

III

*„Es ist vielleicht eines der seltsamsten Schauspiele der Weltgeschichte, wie Europa, gleichgültig, ob kapitalistisch oder kommunistisch, sein ökonomisches Ideal von Glück über die ganze Welt in einem Augenblick zu verbreiten sucht (nämlich durch die Entwicklungspolitik, A. d. V.), in dem ein solches Glück zuweilen den Glücklichen selbst anfängt zweifelhaft zu werden."* H. Krüger

IV

*„Mir ist eine Versammlung mit Studenten in der akademischen Siedlung Jelinki im Gedächtnis geblieben; nach der Vorlesung über welt-*

*anschauliche Themen wurden Fragen über Ethik gestellt, darunter an erster Stelle Fragen nach dem Sinn des Lebens. Als einer plötzlich fragte: ‚Verzeihen Sie, aber vielleicht können Sie uns am eigenen Beispiel erklären, welchen Sinn das Leben hat?' – war meine erste Reaktion: Welch geschmackloser Sarkasmus gegenüber dem Vortragenden! Als ich jedoch auf den Fragenden und Hunderte auf mich gerichtete Augenpaare sah, verstand ich plötzlich: die Sache ist wichtig! Das bestätigte die Stille, in der sie meine Antwort anhörten. Ich muß zugeben, ich dachte damals laut und sehr fieberhaft. Bislang hatte ich diese Art von Problemen a limine als Quatsch verworfen. Es war wohl jener Abend, der mich vom Gegenteil überzeugt hat."*

A. Schaff

V

„*Nun sage ich: der Mensch, und überhaupt jedes vernünftige Wesen, existiert als Zweck an sich selbst, nicht bloß als Mittel zum beliebigen Gebrauche für diesen oder jenen Willen ... Alle Gegenstände der Neigungen haben nur einen bedingten Wert; denn, wenn die Neigungen und darauf gegründete Bedürfnisse nicht wären, so würde ihr Gegenstand ohne Wert sein ... Der praktische Imperativ wird also folgender sein: Handle so, daß du die Menschheit, sowohl in deiner Person als in der Person eines jeden andern, jederzeit zugleich als Zweck, niemals bloß als Mittel brauchest.*"

I. Kant

VI

„*Einen unbedingten Sinn zu retten ohne Gott ist eitel ... Ohne Berufung auf ein Göttliches verliert die gute Handlung, die Rettung des ungerecht Verfolgten ihre Glorie, es sei denn, sie entspräche dem Interesse eines Kollektivs diesseits und jenseits der Landesgrenzen.*"

M. Horkheimer

# I.

# Die Frage nach Sinn und Sinnlosigkeit in der neueren Bewußtseinskritik

Mit dem Abschluß der Wiederaufbauphase nach dem zweiten Weltkrieg setzte in den Industriegesellschaften des Ostens und Westens eine Kritik an den bestehenden Verhältnissen und Einstellungen ein, die trotz ihrer verschiedenartigen Ansätze als Frage nach dem Sinn eines bestimmten Tuns und oft auch nach dem Sinn des Lebens überhaupt zu verstehen und von höchster Aktualität ist. Ob diese Kritik noch in der leidvollen Erfahrung mit der Hitlerdiktatur oder mit dem Stalinismus wurzelt oder vom Unbehagen an Leistungs- und Konsumzwängen gespeist wird, ob sie emanzipatorisch-utopisch oder kulturpessimistisch gefärbt ist – eines hat sie gemeinsam: die ursprüngliche Erfahrung (wie immer sie später wieder ideologisch ausgelegt und überdeckt wird), daß wir in ein bis zur Selbstzerstörung entfremdetes und sinnloses Leben hineingerissen werden, wenn wir uns ziellos den Trends der Naturwissenschaften, der Technik, der Wirtschaft und der Politik überlassen. Darum fragt man in diesen Ansätzen mit großem persönlichem Ernst, ja wie aufgeschreckt durch eine äußerste Bedrohung nach den richtigen Prioritäten und Zielen („Kindergärten statt Bomben", „Mehr Krebsforschung statt Weltraumfahrt"), nach neuen Werten und Maßstäben für das technische Zeitalter, nach verbindlichen Orientierungen und Normen und manchmal auch mehr oder weniger ausdrücklich nach einem letzten, übergreifenden „Zweck der Zwecke", nach einem transzendenten, ethisch-religiösen Sinn.

Gemeinsam ist dieser Bewußtseinskritik auch der nachmarxistische und nachfreudianische Ansatz: die Überzeugung, daß es nicht mehr genügt, bloß die Überwindung der Klassengesellschaft bzw. die Aufhebung neurotisierender Triebverdrängungen anzustreben, daß wir vielmehr direkt-positiv ein humanes Verantwortungsbewußtsein, einen unser Heute gestaltenden Grundwert, eine überzeugende Sinngebung suchen müssen.

Eine wichtige Infragestellung dieser Art gilt der *szientistischen Überschätzung und Verabsolutierung* des naturwissenschaftlich-technischen Denkens, eine Infragestellung, die hier von den Wissenschaftlern selbst ausgeht.

Die Methoden der Naturwissenschaften, das wertfreie Beobachten und Experimentieren, das exakte Messen und Berechnen, haben in den letzten drei Jahrhunderten zu so bedeutenden Ergebnissen geführt, daß sich bewußt oder unbewußt die Ansicht verbreitet hat, diese Art der Erkenntnis sei als Ideal allen menschlichen Denkens anzusehen, und alle Probleme, auch das des menschlichen Glücks und des friedlichen Zusammenlebens der Völker, ließen sich durch naturwissenschaftliches Forschen und technisches Planen lösen.

Unter vielen anderen hat es darum *Carl Friedrich von Weizsäcker* für nötig erachtet, auf die Grenzen des naturwissenschaftlich-technischen Denkens hinzuweisen und vor szientistischen Illusionen zu warnen. Natürlich weiß er als früherer Assistent von Werner Heisenberg und als Professor für Physik um den Wert und die Notwendigkeit naturwissenschaftlich-technischen Denkens. Und er wäre auch der letzte, der die Anwendung exakter Methoden in der Soziologie, Psychologie oder Friedensforschung beargwöhnen würde. Aber andererseits weiß er auch aus eigener Erfahrung, wie sehr die deutschen Atomphysiker fürchten mußten, ihre Erkenntnisse würden von Hitler mißbraucht. Darum weist er immer wieder auf die Notwendigkeit hin, die Möglichkeiten der Physik und Technik von einem Standpunkt aus zu verantworten, der sich dem rein naturwissenschaftlichen Denken nicht erschließt.

Zunächst wendet sich von Weizsäcker gegen die verbreitete Meinung, Technik und Wissenschaft seien ganz und gar wertneutral. „Die Formel, die Technik sei wertneutral, ist ungenau. Wissenschaft und Technik sind nicht wertneutral, sondern verschärfend. Sie steigern die Macht mit ihren Folgen. Sie schützen den Menschen vor Naturgewalten und bedrohen ihn durch Zerstörung seiner natürlichen Umwelt. Sie ermöglichen Freiheit und stabilisieren Herrschaft. Sie nötigen uns, den Krieg zu überwinden, und bieten uns als nächstliegendes Mittel eine weltweite Ordnung mit der Gefahr der äußersten Tyrannis."[1]

Wenn man wisse, was Hitler, Roosevelt und Stalin mit den wissenschaftlichen Entdeckungen ihrer Zeit angerichtet haben und was heute eine unverantwortliche Regierung anrichten könnte, müsse man einsehen, daß Wissen allein den Mißbrauch des Wissens und seiner Macht nicht verhindern kann. Hier sei eine eigene Kategorie nötig, die der Naturwissenschaft fehlt. Man könne den Menschen nämlich nicht so verstehen, wie die klassische Naturwissenschaft beispielsweise einen Stein versteht. „Dem Stein gegenüber, den ich als Mineraloge untersuche, kann ich in der Haltung unbeteiligter, bloß theoretischer Interessiertheit verharren. Ich mache mir auch kein Gewissen, den Stein zu zertrümmern, wenn das meiner Erkenntnis dient. Dem Menschen gegenüber stoße ich sehr rasch auf die Grenzen dieser Art der naturwissenschaftlichen Einstellung, und wo mir diese Grenze nicht bewußt wird, richte ich Unheil an. Für den Mitmenschen *offen sein* heißt zwar wirklich auffassen, wie es um ihn steht. Dieses Auffassen ist aber nur möglich im menschlichen Kontakt des Ich mit dem Du. Denke ich in unbeteiligt analysierender Distanz zu ihm, so verwandelt sich unbemerkt das Du in ein Es."[2]

Wissenschaft und Technik ordnen sich also nicht selbst. Sie können nur dann für ein sinnvolles Ziel eingesetzt werden, wenn die Kategorie der Mitmenschlichkeit oder des „*Offenseins für den Mitmenschen*" bewußt wird und alles ordnet. Diese Kategorie, sagt von Weizsäcker, habe er in der Religion gefunden. Dort heiße sie „Nächstenliebe". „Die Wissenschaft wird den Menschen nicht verstehen, wenn sie durch ihre Methoden dasjenige Wissen vom Menschen ausschließt, das die Religion seit langer Zeit besitzt. Sie wird sich vielmehr schließlich als einen Teil eines Vorgangs verstehen lernen müssen, dessen Ursprung, Wesen und Ziel im religiösen Bereich liegen" (Zum Weltbild der Physik, 198). Alles andere ist „Erkenntnis ohne Liebe".

### „Überfluß an Materiellem – Mangel an Orientierungen"

Ähnlich spricht *Karl Steinbuch*, Autor von etwa 50 patentierten Erfindungen auf dem Gebiet der Nachrichtentechnik, Direktor des Institus für Nachrichtenverarbeitung und -übertragung der Universität Karlsruhe und Gründungsmitglied der „Gesellschaft für Zukunftsfragen e. V.". In seinem geistigen Werdegang zeigt sich anschaulich, was man die „Entdeckung der Verantwortung" durch Naturwissenschaftler und Techniker genannt hat.

In seinen ersten Veröffentlichungen hatte Steinbuch noch leidenschaftlich für eine Zukunftsgestaltung geworben, die allein auf Rationalität und Systemanalyse aufbaut. Damals hat er das vorwiegend an den Geisteswissenschaften und ihrem tiefsinnigen Fragen ausgerichtete Denken als hinterwäldlerisch bekämpft. Sein 1971 erschienenes Buch „Mensch Technik Zukunft“ bringt eine Wende. Hier wird klar gesehen, daß die technische Planung, etwa beim Umweltschutz, beim Bau von Verkehrsmitteln, Kernkraftwerken und Informationssystemen materielle Aufwendungen gegen menschliche Werte (Sicherheit, Gesundheitsschäden, Belästigung, Intimsphäre) abwägen muß: „Technisches Handeln setzt außertechnische Bewertungen voraus“ (S. 330). Der Computer- und Fortschrittsoptimismus ist verschwunden. Der technische Fortschritt in der bisherigen Art wird als Krebswucherung gesehen, die zu Chaos und Katastrophe führen kann. Die entscheidende Frage sei, wie die Technik nach den Grundsätzen eines zukünftigen Wertsystems kontrolliert werden könne. „Unsere Gesellschaft lebt zugleich in einem Überfluß und in einem Mangel: Dem Überfluß an Materiellem steht ein Mangel an Orientierungen gegenüber, welche unser Zusammenleben regeln und Hoffnung für die Zukunft geben könnten.“[3] Die Erfahrung habe gelehrt, daß weder ein unkontrollierter Kapitalismus noch der Kommunismus eine menschenwürdige Entwicklung garantieren könne. Das Ziel einer solchen Entwicklung bestimmt er zunächst mit einem Satz von Klaus Tuchel: „Menschenwürdiges Leben ist ein Leben frei von Angst im Vertrauen auf eine praktizierte allgemeine menschliche Solidarität.“[4]

K. Steinbuch fragt sich auch, woher das *„moralische Vakuum“* in der Technik und Wirtschaft komme und wie es zu beseitigen sei. Ein wichtiger Grund liegt seiner Ansicht nach darin, daß die tradierte Moral einerseits nicht mehr akzeptable Anweisungen gibt (z.B. im Fall der Geburtenkontrolle), „aber sie gibt häufig keine Anweisungen dort, wo sie dringend gebraucht werden. Besonders im Bereich der Technik und Wirtschaft herrscht geradezu ein moralisches Vakuum. Jede technische Veränderung erzeugt neue Verhaltensalternativen und damit neue Fragen an die Wertsysteme“ (Mensch Technik Zukunft, S. 339). Diese neuen Alternativen würden zuwenig einer Wertreflexion unterzogen. Die tradierte Moral sei deshalb unglaubwürdig und unwirksam geworden, weil sie ihre Normen zu sehr von außen und zuwenig durch Einsicht in die Folgen von bestimmten Verhaltensweisen und Normverstößen begründet habe[5]. Der Aufklärungsschub, der durch die stürmische Entwicklung der Massenkommunikation ausgelöst wurde, habe die Kluft zwischen dem aktuell notwendigen und dem durch die tradierte Moral vorgeschriebenen Verhalten oftmals überdeutlich gemacht. Zudem habe man gleichzeitig eine unbegrenzte Emanzipation propagiert. „Das wichtigste Problem unserer Zeit ist nicht die unbegrenzte Emanzipation, vielmehr die reflektierte Bindung" (Mensch Technik Zukunft, S. 341).

Mit R. F. Behrendt (Lob des Westens, Zürich 1971) meint Steinbuch, zu den für die Zukunft notwendigen Wertorientierungen oder Utopien gehöre neben lebenslänglicher Reformtätigkeit, gesellschaftlicher Mündigwerdung, Mitmenschlichkeit, Zusammenarbeit, Beteiligung auch die „*Ehrfurcht vor dem Leben*" – womit Albert Schweitzer einmal das ausgedrückt hat, was C. F. von Weizsäcker mehr traditionell „Nächstenliebe" nannte.

Doch tragende Wertorientierungen, das sieht er ganz klar, lassen sich nicht konstruieren und auch nicht durch eine rein rationale Argumentation vermitteln. Darum hält er die Mitwirkung der Träger tradierter Moral für unentbehrlich. „Konstruierte Wertsysteme sind abstrakt und kraftlos, es fehlt ihnen die Tradition, die Würde und die suggestive Kraft zur Konvergenz. Eigentlich existieren Instanzen, welche Wertsysteme mit Würde und Tradition haben: vor allem die christlichen Kirchen. Die Frage ist, ob sie zeitgemäße Wertsysteme in einem historischen Prozeß praktikabel machen können ... Es gibt (aber) meines Erachtens keine anderen Instanzen, welche das Bedürfnis nach einer Moral für unsere Zeit befriedigen können" (Mensch Technik Zukunft, S. 342). „Das religiöse Vorgehen, vorbildliche Menschen in wesentlichen Lebenssituationen deutlich vorzustellen, ist offensichtlich wirksamer. Der eindringlich dargestellte Lebensweg des Christus oder Buddha verändert unsere Werthaltung viel stärker als abstrakte Moraldiskussionen" (Die humane Gesellschaft, S. 44).

## Die technischen Werte relativieren und innen Werte der Person aufsuchen

Ein anderer Naturwissenschaftler, der engagiert für eine sinnvolle und verantwortete Technik eintritt, ist mehr noch als Steinbuch von der Erfahrung geprägt, daß sich Jugendliche von der Technik nicht nur faszinieren lassen, sondern ihre fortschreitende Spezialisierung, Arbeitsteiligkeit und ihren Leistungsdruck als sinnlos ablehnen: *Hans Sachsse,* habilitierter Chemiker, Erfinder eines Verfahrens zur Erzeugung von Acetylen und seit 1960 Professor für Physikalische und Technische Chemie, Philosophie der Naturwissenschaften und Wissenschaftstheorie an der Universität Mainz.

Einerseits erinnert Sachsse die antitechnischen Neoromantiker daran, daß man nicht gleichzeitig gegen die technische Zivilisation protestieren und von ihr leben kann. Aber andererseits diagnostiziert er auch scharfsichtig die Orientierungslosigkeit des bisherigen technischen Denkens. Um zu einer konstruktiven Einstellung zu kommen, bedarf es seiner Ansicht nach einer „neuen Ethik“, einer um die Sachzusammenhänge wie um die Werte wissenden Verantwortung.

Seit der Renaissance habe sich das Denken in allen Wissenschaften mehr und mehr aus den tradierten Wertvorstellungen gelöst, sich um ein möglichst wertfreies Vorgehen bemüht und ganz der Außenwelt zugewandt. „Für zahlreiche Aufgaben der Lebensbewältigung ist eine solche Wissenschaft sicher sehr geeignet, aber sofern sie Wertfreiheit anstrebt, kann sie keine Auskunft mehr über Werte geben. Was zum Werkzeug geworden ist, kann nicht mehr als Wegweiser dienen. Indem die Wissenschaft wertfrei wird, wird sie auch wertblind. Wenn die Fragen nach dem Sollen aus dem wissenschaftlichen Bereich herausgelöst werden, so bedeutet das, daß es für die Verhaltensweisen keine rationalen Maßstäbe mehr gibt, daß die Entscheidungen irrational dem subjektiven Ermessen überlassen bleiben müssen.“[6]

Der Fortschritt in den Naturwissenschaften und der Technik entwickelte Möglichkeiten, immer tiefer in die Lebensbedingungen einzugreifen, so daß die äußere Welt keine feste Orientierungsgröße mehr sein kann. So müssen wir mehr als frühere Generationen unsere Verhaltensprinzipien in uns selbst finden (S. 35). „Wir können offenbar mehr als wir dürfen, und daher dürfen wir nicht alles, was wir können“ (S. 35). Ähnlich wie beim Übergang vom Jägernomaden zum Ackerbauern müßten wir alte Tugenden ablegen und neue Tugenden und Normen zur Bewältigung des technisch-industriellen Zeitalters entwickeln. Und gerade das sei durch die einseitige Pflege des wertfreien Denkens und der Beherrschung der Außenwelt schwierig geworden.

Die Techniker hätten bei aller Nüchternheit in der Ausführung letztlich doch weitgehend von der Faszination ihres Tuns gelebt (S. 9). Die Kirchen gingen heute „kaum noch über den Aufruf zu guter Gesinnung hinaus“ (S. 142) und verwiesen den Techniker mehr und mehr an sein eigenes Gewissen, womit sie sich von den „gemeinschaftlich zu lösenden praktischen Aufgaben der Daseinsbewältigung“ distanzierten (S. 39)[7]. In den Schulen traue man sich immer weniger, Maßstäbe zu vermitteln. Statt dessen übernehme die populäre Publizistik die Aufgabe, Anleitungen zu konkretem Verhalten zu geben – oft nach fragwürdigen Grundsätzen (S. 41). Die utopische Kritik, wie sie beispielsweise Herbert Marcuse vorgetragen hat, warne zwar hellsichtig vor der Wertblindheit des eindimensionalen

Werkzeugdenkens, erwarte aber den großen Umbruch, die „Transzendenz der Zivilisation“, von einer noch perfekteren Beherrschung der Umweltverhältnisse, komme also aus dem Zirkel der Technik nicht heraus (S. 73).

„Die Handhabung der großen uns zur Verfügung stehenden Machtmittel bedarf offenbar eines Ansatzpunktes *außerhalb dieses Zirkels*... Das bedeutet, daß es erforderlich ist, die technischen Werte, die Außenwerte zu relativieren und innere Werte, Werte der Person aufzusuchen, *die von den äußeren Gegebenheiten unabhängig sind.* Das bedeutet eine Umorientierung der Antriebsrichtung, um das Gleichgewicht zwischen außen und innen, das uns über der stürmischen Entwicklung unserer Technik verlorengegangen ist, wieder herzustellen... Erst in der Erfahrung der inneren Freiheit, der Unabhängigkeit von äußeren Gegebenheiten werden sich Ansatzpunkte finden lassen, um aus der Sackgasse herauszukommen“ (S. 73f). „Den Kreislauf von technischem Fortschritt und Konsum, von Vollbringen und Verbrauchen, können wir nur dann steuern, wenn es gelingt, aus dem Zirkel herauszutreten, wenn wir Lebensziele und Werte neu entdecken, die völlig außerhalb des technisch Realisierbaren liegen und von der technischen Lebensbewältigung ganz unabhängig sind. Nach den faszinierenden Erfolgen der Technik wird es nun einer tiefgreifenden Umbesinnung bedürfen auf das, was für unser Leben von Wert ist, damit wir von diesem schönen und kostbaren Instrument naturwissenschaftlich-technischer Erkenntnis in Gelassenheit den rechten Gebrauch machen, ohne uns an seine Möglichkeiten zu verlieren“ (S. 148).

### *Nur profitorientiertes Planen?*

Naturwissenschaft und Technik werden von der Wirtschaft ausgewertet und angetrieben. Der natürliche Motor der Wirtschaft aber ist der Profit. Das Prinzip des maximalen wirtschaftlichen Gewinns, verbunden mit dem Machtzuwachs der Technik, ist derart beherrschend geworden, daß man in den letzten zehn Jahren kritischer als in der Aufbauphase nach dem Krieg fragte, ob das Wohl der einzelnen und der Gesellschaft nicht Schaden leidet, wenn die Großunternehmen, die heute das Leben weitgehend bestimmen, nur profitorientiert planen. Wenn diese Frage im privatkapitalistischen Westen heftiger diskutiert wurde als im staatskapitalistischen Osten, so bedeutet das keineswegs, daß sie dort nicht auch als Problem empfunden worden wäre.

Im deutschen Sprachraum zeigte beispielsweise die Ausstellung „Profitopolis" eindringlich, weil für jeden nachprüfbar, wie eine rein profitorientierte Wirtschaft die Städte zerstören kann. Ebenfalls für jeden nachprüfbar machte die Publizistik einer breiten Öffentlichkeit bewußt, wie ein unkontrolliertes Drauflosproduzieren die Umwelt gefährdet.

In den USA wurde die Bevölkerung durch die politischen Ereignisse darüber aufgeklärt, daß das System einer nur der eigenen Dynamik folgenden Produktions- und Konsummaschinerie Katastrophen wie den Vietnamkrieg, die Unterentwicklung der Dritten Welt, den Rassenhaß im eigenen Land, die politische Gewalt und den politischen Terror nicht verhindern konnte. Gegen Ende des Vietnamkrieges erinnerten sich viele auch des Eingeständnisses von Präsident Eisenhower, der „wirtschaftlich-militärische Komplex", d. h. die Rüstungsindustrie, könne einen massiven Druck auf die politische Führung des Landes ausüben.

Unter anderen machten die sogenannten „radikalen Katholiken", also Vertreter einer Gruppe, die früher eher zu staatsgläubig war, auf diesen Punkt aufmerksam. Als vier von ihnen im Oktober 1967 in Baltimore in ein Berufungsamt des Heeres eindrangen und die Akten symbolisch mit Blut übergossen, erklärte ihr Sprecher Phillip Berrigan: „Wir mißbilligen entschieden die heißen und kalten Kriege unseres Landes ... Wir streiten gegen den Götzendienst am Eigentum und gegen die Kriegsmaschinerie, die aus Menschen Eigentum macht. Wir treten jenen Landsleuten entgegen, denen Eigentum mehr bedeutet als Menschenleben ... Wir erheben den Vorwurf, daß Amerika es vorzieht, sein Reich der Überseeprofite zu schützen, anstatt sein eigenes schwarzes Volk aufzunehmen, seine Slums neu aufzubauen, seine Luft und seine Gewässer zu reinigen ... Wir appellieren an alle Amerikaner, ihre Gesetze zu überprüfen, sie mit göttlichem und menschlichem Recht in Einklang zu bringen."[8]

Nach welchen Maßstäben aber soll geplant werden? Gerade in England und in den USA war das Nützlichkeitsprinzip (Utilitarismus) zu einer Art Dogma des wirtschaftlichen und politischen Lebens erhoben worden. Jeremy Bentham (1748–1832) hatte schon gelehrt, alles müsse nach dem größten Nutzen für die größte Zahl geplant werden, wobei dieser Nutzen rein wirtschaftlich-materiell verstanden wurde. Werte wie Muße, Kreativität, Erfüllung in mitmenschlichen Beziehungen und dergleichen hatten in diesem System keinen Platz. In dieser Mentalität wurde alles, was nicht exakt meßbar und wirtschaftlich verwendbar ist, als „irreal" und „irrational" betrachtet. Der Soziologe Peter L. Berger sagte von dieser Einstellung, sie habe in Praxis und Theorie Fragen wie: „Was ist der Sinn meines Lebens?", „Warum muß ich sterben?", „Wer bin ich?" bis zur Grenze des Möglichen aus dem Bewußtsein verbannt. „Die Wirklichkeit eines älteren Geschäftsmanns, der träge sein Mittagessen verdaut, das ist der Status, der heutzutage mit totaler philosophischer Relevanz ausgestattet wird. Alle Fragen, die einer solchen Wirklichkeit nicht entsprechen, werden für philosophisch unannehmbar erklärt. So kann man ohne Zaudern sagen, daß die Entthronung der Metaphysik einem Triumphzug der Banalität gleichkommt."[9] Wenn Jugendliche gegen eine Leistungsgesellschaft mit diesem geistigen Hintergrund protestieren oder in den Drogenkonsum flüchten, ist das nicht nur eine Folge von unbewältigten Minderwertigkeitsgefühlen und Spannungen mit den Eltern, sondern auch oft genug ein Protest gegen die Sinnlosigkeit. Ein drogenabhängiges Mädchen zum Arzt in der Klinik: „Ich bin nicht dazu da, um nur auf Knöpfe zu drücken."

## „Keine Politik kann den Sinn des Lebens herbeischaffen"

Das Unbehagen an einer bloß am materiellen Gewinn orientierten Leistungsgesellschaft trifft natürlich auch die Politik – sei es in lokalen Bürgerinitiativen, sei es in einem grundsätzlichen Protest gegen die Unmenschlichkeit des Systems, ein Protest, der nicht selten vom Staat so viel Wert- und Sinnorientierung verlangt, daß sogar seine weltanschauliche Neutralität in Frage gestellt wird. *Helmut Gehrke*, Studienleiter an der Evangelischen Akademie Bad Boll, hat die damit aufgeworfenen grundsätzlichen Fragen einmal sehr ausgewogen formuliert:

*„Keine Politik kann den Sinn des Lebens herbeischaffen. Aber sie kann dafür sorgen, daß der Mensch nicht einem technischen, ökonomischen oder politischen Sinn geopfert wird. Keine Politik kann Humanität, Menschenwürde, Liebe durch gesetzliche Verordnungen hervorbringen und erzwingen, aber sie kann sie schützen, indem sie verhindert, daß Prämien auf rücksichtsloses, egoistisches, menschenverachtendes Verhalten gesetzt werden.*

*Keine Politik kann den Menschen davor bewahren, Dinge zu fetischisieren und den eigenen Machwerken Opfer zu bringen. Aber sie kann verhindern, daß die ganze Gesellschaft in den Dienst des wissenschaftlich-technischen und ökonomischen Fortschritts gezwungen wird. Denn auch Wissenschaft und Wirtschaft müssen verantwortet werden, ihr Wachstum ist kein Wert an sich. Keine Politik kann humane Werte in die Herzen der Menschen pflanzen, aber sie kann jenen Wertnihilismus eindämmen, den sie selbst erzeugt, indem sie Lippenbekenntnisse zur Menschenwürde und sozialen Verantwortung ablegt und gleichzeitig den unerbittlichen Konkurrenzkampf zur Schule der Nation erhebt und den asozialen Egoismus der einzelnen und der Gruppen duldet oder gar mit sozialer Anerkennung prämiiert. Die Krise unserer Gesellschaft wird sicher richtig als fundamentale Wert- und Sinnkrise beschrieben. Die von Menschen selbst erschaffene Güterwelt erweist sich nicht als die ersehnte Heimat des Menschen. Nachdem die elementaren Lebensbedürfnisse gestillt sind, bricht die unausrottbare Frage nach dem Sinn des Lebens auf. Was hilft es dem Menschen, wenn er die ganze Welt gewinnt und dabei Schaden nimmt an seiner Seele? Diese alte Wahrheit wird heute wiederentdeckt angesichts der Tatsache, daß unsere moderne Gesellschaft zwar Lebensgüter produziert, aber dem Sinn des Lebens nicht nur indifferent, sondern abweisend gegenübersteht.*"[10]

### *Nur Anpassung an den Produktions- und Konsumzwang?*

Eine ausschließlich nach technischen und wirtschaftlichen Gesetzen funktionierende Zivilisation wird nicht nur objektiv, in sich, fragwürdig und sinnlos. Sie wirkt durch ihre Zwänge zu bestimmten Verhaltens- und Denkweisen unter Umständen so stark auf den Menschen zurück, daß er – subjektiv – unfähig wird, sein Leben im Arbeits- und Freizeitbereich noch als sinnvoll zu erfahren und selbständig zu gestalten.

Wenn man heute mehr und mehr gruppendynamische Selbsterfahrungskurse oder Meditationsübungen anbietet, von einer „Therapie der Langeweile" spricht (A. Gehlen, R. Bleistein) oder zu Kreativität, Festlichkeit, Feier und Phantasie ermuntert (H. Cox, J. Moltmann), so geschieht das aus der Einsicht, daß wir durch unser normales Leben zu einer Einseitigkeit verbildet werden, die uns unfähig macht, wesentliche Seiten des Daseins wahrzunehmen und es als sinnerfüllt zu erleben und zu gestalten. Manchmal mag es sehr vordergründig um Beruhigung der Nerven und etwas Psychohygiene gehen. Aber oft genug sucht man hier auch die grundlegende, präreligiös-religiöse Fähigkeit wiederzuerlangen, das Leben als ein Geschenk und als Quelle von Liebe, Verantwortung und Sinn zu erfahren[11]. Natürlich sind für solche Verkümmerungen oft auch familienbedingte und private Faktoren verantwortlich. Doch die zeitbedingten Ursachen, die diese Faktoren verstärken, lassen sich nicht übersehen. Obwohl es kaum exakte Nachforschungen über diese seelischen Wirkungen gibt, sind die Einzelbeobachtungen von Ärzten, Psychotherapeuten, Psychagogen und Seelsorgern wie auch die Trendanalysen von Sozialpsychologen durchaus ernst zu nehmen.

Diese Einzelbeobachtungen stimmen weitgehend darin überein, daß unsere Fähigkeit, Freude und Sinn zu erleben, beeinträchtigt wird

- durch die Unüberschaubarkeit der arbeitsteiligen Industrieproduktion, die den Sinn der Arbeit für die eigene Familie, die Gemeinde oder andere Gruppen nicht mehr erfahren läßt, so daß die Arbeit nur noch als Erwerb gesehen und die Lebenserfüllung nur noch im privaten Freizeitbereich gesucht wird;
- durch die Unüberschaubarkeit des politischen Lebens und der Informationsflut, die oft das Mißtrauen und die Anonymität vergrößern, anstatt die sozialen Zusammenhänge überzeugend nahezubringen und so die Solidarität zu fördern;
- durch den Zwang zu ständiger Aktivität nach außen, die zu der Ansicht verleitet, innere Probleme seien durch Technik und Betriebsamkeit zu lösen;
- durch den Zwang zu einseitig funktionaler Kommunikation, die gefühlsmäßige Bindungen verkümmern läßt;
- durch den Zwang zu vorprogrammiertem Verhalten (bei der Arbeit, im Verkehr), das die eigene Kreativität nicht mehr anfordert;
- durch den Zwang zur Konsumhaltung, die einen von der Anstrengung des persönlichen Einsatzes entbindet. Auf diesen letztgenannten Einfluß soll hier näher eingegangen werden.

## Freizeit als „Konsum-Raum"

Die moderne Wirtschaft und ihre Werbung muß an den Menschen einen hohen Konsumanspruch stellen, „ja, sie legt ihm geradezu eine Konsumpflicht auf, wenn dies auch mit der ‚sanften Gewalt' der dauernden Wunscherzeugung und des aufdringlichen und unvermeidbaren Bereitstellens der Erfüllungen geschieht"[12]. Sie enthemmt und stimuliert das Konsumstreben, mit dem gleichzeitig auch das Streben nach sozialer Anerkennung befriedigt wird: Konsum als Statussymbol. Konsumiert wird aber vor allem in der Freizeit. So wird die Freizeit mehr und mehr zum „*Konsum-Raum*“, wobei zum Konsum auch der Verbrauch von Bildungs- und Unterhaltungsangeboten der Massenmedien zu rechnen ist.

Natürlich ist Konsum nichts Schlechtes, auch nicht der Konsum von Kultur und Unterhaltung. Aber es dürfte auch für einen Kulturoptimisten klar sein, daß diese Angebote ihrem beherrschenden Trend nach nicht die persönliche Auseinandersetzung und Kreativität fördern, sondern in der Haltung des Verbrauchers aufgenommen werden „als Erholung, Zerstreuung oder als verhältnismäßig mühelose Absättigung sozialer und persönlicher Prestige- und Selbstwertbedürfnisse“ (H. Schelsky, S. 176). So wird – wenn nicht besondere Anstrengungen unternommen werden – in der Freizeit gerade nicht jener Ausgleich an Sinn- und Lebenserfüllung geschaffen, den die heutige Arbeitswelt so notwendig macht. Die einseitig zweckbezogene Arbeitshaltung wird nicht oder zuwenig durch eine sinnbezogene, soziale, musische oder auch religiöse Einstellung ausgeglichen, die auch die Arbeitszeit wieder sinnvoller erleben lassen könnte. Statt dessen wird der Zwang zur Produktivität durch den Zwang zum Konsum abgelöst.

## Konsumhaltung im erotischen Bereich

Wie stark die Konsumhaltung die Fähigkeit zu zwischenmenschlichen Beziehungen beeinträchtigen kann, mag an einer – im einzelnen vielleicht überspitzten – Trendanalyse des Psychotherapeuten Rudolf Affemann deutlich werden[13].

Um viel produzieren zu können, meint R. Affemann, müsse die Wirtschaft Konsumbedürfnisse wecken. Das versuche die Werbepsychologie nun dadurch, daß sie den Menschen auf seelische Bedürfnisse anspreche und ihm suggeriere, er könne sie durch den Kauf eines Konsumartikels stillen. Männliches Aussehen in den Augen der Frau, Männlichkeit überhaupt beispielsweise soll dadurch erworben werden können, daß der junge Mann das Hemd einer bestimmten Machart und Firma trägt. Der junge Mann werde so davon abgehalten, durch innerseelische und zwischenmenschliche Auseinandersetzung zu wirklicher Männlichkeit und einem entsprechenden Selbstgefühl zu gelangen, und werde statt dessen zur seelischen Scheinbefriedigung verführt. „Kauf und Konsum ersparen ihm den mühsamen seelischen Weg. Die Überflußgesellschaft erzeugt folglich im Menschen mittels Werbemedien das Dressat: Erfüllung seelischer Wünsche geschieht nicht auf seelischem Wege mit seelischen Mitteln, sondern durch Erwerb eines materiellen Verbrauchsgegenstandes ... Er (der Konsument) verlernt, seelisches Verlangen mit seelischen Mitteln zu stillen, und sucht jetzt immer mehr nach seelischer Befriedigung durch Konsumartikel, die er verbraucht" (S. 96).

Ähnlich erhalte nun auch der Partner seelischer Bedürfnisse den Charakter eines Konsumgegenstandes und wandle sich in einen konsumierbaren Gegenstand um. Das zeige sich zum Beispiel bei dem Konsumgut Kosmetik. Das Mädchen mache sich in den Augen des Mannes schön, indem es Make-up auftrage. Im Sog der Werbung vergesse es die Möglichkeit, durch seelische Reifung schön zu werden, auch wenn es kein hübsches Gesicht besitze.

„Weil bei dem Konsumenten seelische Vorgänge in Verbrauchervorgänge überführt werden, ist Lieben für ihn ein Konsumvorgang. Die Sexualität erhält den Charakter eines Konsumartikels. Aus ihren seelischen Bezügen herausgelöst und von der Person abgetrennt, verzehrt sie der Konsument, wie man etwa Speiseeis lutscht. Der Geschlechtspartner wird als Konsumgegenstand benutzt. Man ‚vernascht' ihn ... Man legt sich einen neuen Freund zu – wie man sich einen neuen Pelz zulegt. Man steigt auf eine andere Freundin um wie auf ein anderes Auto ... Seelische Beziehungen sind unerwünscht. Gefühle stören. Ohne beides kann man besser in den Konsumvorgang eingehen, wieder aus ihm heraustreten und sich neuen sexuellen Konsumartikeln zuwenden" (S. 97).

Natürlich haben außer R. Affemann auch zahlreiche andere Psychotherapeuten und Psychologen bewußtseinskritische Beiträge mit ähnlicher Ausrichtung geliefert: C. G. Jung, W. Bitter, J. Herzog-Dürck, V. E. Frankl, K. Graf Dürckheim, R. Laing, B. Staehelin und die Bewegung der „Humanistischen Psychologie", zumal A. Maslow und E. Fromm. Anders als die klassische Psychoanalyse sehen sie das „Unbehagen in der Kultur" nicht (mehr) vordringlich in der Verdrängung von Triebwünschen, sondern in der unterentwickelten Fähigkeit zu echtem Werterleben und schöpferischer Verantwortung. Und anders als der Behaviorist B. F. Skinner erwarten sie das Überleben der Menschheit nicht allein von einer umweltgerechten Steuerung des Menschen durch „positive Verstärker", d. h. materielle und soziale Belohnung und Anpassung „jenseits von Freiheit und Würde"[14], sondern von einer sensibleren Orientierung an unbedingten Werten, die dem Leben des einzelnen und der Gemeinschaft Sinn und Richtung geben. Doch darüber soll später, im psychologischen Beitrag, mehr gesagt werden.

## *Verkürzung des Geistigen auf bloßes Werkzeugdenken?*

Die bereits genannten Infragestellungen der bloß naturwissenschaftlich-technischen, der profitorientierten, der extravertierten und konsumhaften Einstellung sind in viel grundsätzlicherer Form auch in einer Diagnose enthalten, die *Max Horkheimer* unter dem Stichwort „instrumentelle Vernunft" gestellt hat[15]. Diese Diagnose baut auf sensiblen bis übersensiblen persönlichen Beobachtungen auf, stellt vieles zu absolut und zu pessimistisch dar und hat darum auch viel Kulturressentiment und Zivilisationsüberdruß geweckt, dürfte aber als Beschreibung eines Trends und einer Gefahr sicher ihre Berechtigung haben.

Horkheimer meint, in der gegenwärtigen Industriekultur sei die Fähigkeit des Menschen zu geistiger Orientierung (Vernunft, Rationalität) auf ein bloßes Werkzeugdenken reduziert, auf eine „instrumentelle Vernunft", die die Welt und schließlich den Menschen selbst nicht mehr um ihrer selbst willen, um ihrer Wahrheit und Werthaftigkeit willen betrachtet, sondern ausschließlich unter der Rücksicht, daß sie *Mittel* für etwas sind, während sie nach den *Zwecken*, auf die diese Mittel hinzuordnen sind, nicht mehr fragt. Wie kam es zu dieser Verkürzung und Sinnunfähigkeit?

Die philosophischen Systeme seien von Platon bis zur Aufklärung überzeugt gewesen, der Mensch könne durch Reflexion Wahrheiten, Werte und Ziele erfassen, die objektiv gelten und an sich wünschenswert sind, so daß diese „objektive Vernunft" aus eigener Einsicht, nach verbindlichen Kriterien und Prinzipien, autonom, das private und gesellschaftliche Leben regeln könne. Diese Auffassung sei bereits durch die Aufklärung erschüttert worden, die im Kampf um Toleranz und gegen religiösen Dogmatismus und Aberglauben auch die Idee einer objektiven Erkenntnis relativierte. Weitere Einflüsse, zumal der Pragmatismus und Industrialismus, führten schließlich zu einem positivistischen Selbstverständnis. Danach habe die Vernunft darauf zu verzichten, die Lebensweise des Menschen zu beurteilen und sich nach dem Vorbild der Experimentalphysik, der Fabrikation und der Verwaltung auf bloße Klassifikation und Organisation von Tatbeständen zu beschränken, d.h. die Dinge als Mittel, nicht als Wahrheiten und Zwecke zu betrachten. Damit seien die Fragen nach den Zielen und Prinzipien im menschlichen Leben zu einem Feld beliebigen Meinens und der Machtverhältnisse und Interessen geworden.

So sei aus der autonomen und objektiven Vernunft ein Werkzeug geworden, das keine Beziehung mehr zu einer Wahrheit, einem Ziel oder Wert an sich herstellt, sondern möglichst leistungsfähig zur Beherrschung der Menschen und der Natur beizutragen habe. Zwar existierten die Ziele und Ideale der Gerechtigkeit, Gleichheit und Menschenwürde noch, aber es gibt nach Horkheimer keine rationale Instanz mehr, die ihnen einen objektiven Wert sichern könnte. Man meine mehr und mehr, solche Ideale hingen eben von Vorlieben ab, die an sich sinnlos sind.

Diese Relativierung und Instrumentalisierung bestimme auch immer stärker den Alltag. Im Arbeitsprozeß und im staatlichen Leben: Da die Produktionsmittel und die soziale Organisation immer komplizierter würden, sei es auch immer schwieriger, die Mittel als solche zu erkennen, so daß sie mehr und mehr als Selbstzweck wirken und einen überwältigen (S. 101). Im privaten Bereich: Wie kann beispielsweise das Vergnügen an einer Landschaft lange anhalten, wenn der Spaziergänger darin bloß Formen und Farben sieht und überzeugt ist, daß alle Strukturen, in denen er sie wahrnimmt, „rein subjektiv sind und keinerlei Beziehung haben zu irgendeiner sinnvollen Ordnung" (S. 44)? Je stärker die Vernunft zum Werkzeugdenken geworden ist, desto eher findet sie ein tieferes Verhältnis zur Landschaft als sinnlos und ersetzt es durch die zweckdienlichere Gymnastik oder das bloß zur Erholung bestimmte Touring-Erlebnis. Die Liebe zu einzelnen Dingen wird ähnlich ersetzt durch das Hobby, das nur noch den Sinn hat, daß man daran Spaß hat und die gute Laune erhält – als Vorbedingung für die Leistungstüchtigkeit. Nach Horkheimer würde diese gute Laune in Frage gestellt, sollten wir ganz vergessen, daß sie einmal „mit der Idee der Göttlichkeit verbunden war" (S. 46).

„Immer weniger wird etwas um seiner selbst willen getan ... Nach Ansicht der formalisierten Vernunft ist eine Tätigkeit nur dann vernünftig, wenn sie einem anderen Zweck dient, zum Beispiel der Gesundheit oder der Entspannung, die hilft, die Arbeitskraft wieder aufzufrischen" (S. 44). In diesem Trend werde selbst Religion und Kunst zu einem Mittel zur Erlangung seelischen Gleichgewichts oder zur Konsumware verdinglicht. „Die totale Transformation wirklich jedes Seinsbereichs in ein Gebiet von Mitteln führt zur Liquidation des Subjekts, das sich ihrer bedienen soll. Dies verleiht der modernen Industriegesellschaft ihren nihilistischen Aspekt" (S. 94). Was gewöhnlich als Ziel genannt wird: Glück, Gesundheit,

Reichtum, sei nur als Grundlage für weitere geistige und materielle Produktion bedeutsam. „Deshalb hat die Selbstverleugnung des Individuums in der Industriegesellschaft kein Ziel, das über die Industriegesellschaft hinausgeht. Solcher Verzicht bringt hinsichtlich der Mittel Rationalität und hinsichtlich des menschlichen Daseins Irrationalität hervor“ (S. 94). Am Ende gebe es keine Instanz mehr, die es erlauben würde, den gegenwärtigen Zustand der Menschheit mit ihrer Bestimmung zu konfrontieren. Vielmehr dränge alles zu einer totalen, unsere innersten Energien fordernden Anpassung an die zum Selbstzweck erhobene Herstellung von Mitteln: die Realität werde zum Ideal erhoben, Vernunft zur Anpassungsfähigkeit verkürzt (S. 96f). Der Intellektuelle gerate unter den Druck der Wirtschaft, und Meditation, die den Blick der Ewigkeit zuwandte, werde durch pragmatische Intelligenz verdrängt.

Horkheimers Analyse endet nicht völlig pessimistisch. Wenn die *Philosophie* die alten Ideen des Individuums und anderer Werte, die einmal absolut galten, nicht einfach für überholt halte, könne sie denunzieren, was die Menschheit verstümmelt. So wirke sie als Korrektiv der Geschichte. „In dieser Funktion wäre Philosophie das Eingedenken und Gewissen der Menschheit und hülfe dadurch, den Weg der Menschheit davor zu bewahren, der sinnlosen Runde des Anstaltsinsassen während seiner Erholungsstunde ähnlich zu werden“ (S. 173).

In seinen späteren Schriften wertet Horkheimer, der frühere Marxist, auch die *religiöse Tradition*, die ihm zunächst völlig instrumentalisiert erschien, als Quelle humanisierender Kräfte, trotz ihrer Fehler in der Geschichte. Die *Sehnsucht*, ohne die der Mensch – gerade heute in einer fast total verwalteten Welt – keine Freiheit finden könne, sei eigentlich nur in der Sprache der Religion auszudrücken. Gott als Sehnsucht nach dem ganz anderen, das die bestehende, mit Unrecht belastete Welt übersteigt, gehöre wesentlich zum humanen Menschen. „Gott als positives Dogma wirkt als trennendes Moment. Die Sehnsucht hingegen, daß die Wirklichkeit der Welt mit all ihrem Grauen kein Letztes sei, vereint und verbindet alle Menschen, die sich mit dem Unrecht dieser Welt nicht abfinden wollen und können. Gott wird so zum Gegenstand der menschlichen Sehnsucht und Ehrung; er hört auf, Objekt des Wissens und des Besitzes zu sein.“[16]

Hat nicht der theoretische *Marxismus* eine Industriegesellschaft entworfen, in der nicht die materiellen Güter, sondern der Mensch Ziel aller sozialen Anstrengungen sein soll, die von Horkheimer beklagte totale Verwerkzeuglichung des Menschen also aufgehoben wäre?

Der klassische Marxismus wollte zwar den Menschen zum Mittelpunkt der arbeitenden Gesellschaft und ihrer Zukunft machen, doch dieser Mensch wurde von vornherein nur als Teil eines Kollektivs und als Spiegelbild der herrschenden Eigentumsverhältnisse verstanden. In dieser kollektivistischen und materialistischen Sicht konnte nur die klassenlose Gesellschaft, nicht aber der einzelne in seiner geistigen Autonomie als Ziel des sozialistischen Kampfes anerkannt werden. Die Frage, worin der Sinn des Lebens des einzelnen und des Aufbaus des Sozialismus letztlich bestehe, konnte von diesem System nicht beantwortet werden. Es ist das Verdienst einiger „revisionistischer" Marxisten, diesen Mangel sensibel und ehrlich aufgedeckt und im Rückgriff auf den anthropologischen Ansatz des jungen Marx Lösungen gesucht zu haben[17].

## Der Marxismus muß sich der Sinnfrage stellen

*Adam Schaff*, Philosophieprofessor und langjähriges Mitglied des Zentralkomitees der polnischen KP, erklärte, besorgt um die Existentialismusbegeisterung seiner Studenten, schon früh, der Marxismus müsse sich auch mit den Fragen des einzelnen befassen, auch mit der Frage nach dem Sinn des Lebens. Schaff suchte diese Frage mit einer Definition des „sozialen Eudämonismus" zu beantworten: „Sozialer Eudämonismus ist die Anschauung, der Zweck des Lebens sei das Streben nach einem Maximum an Glück der breitesten Menschenmassen, und nur auf diese Weise könne man das Streben nach persönlichem Glück erfüllen" (A. Schaff 1965, 321f). Um sich aber gegen eine idealistische Deutung abzugrenzen, präzisiert er, für ihn sei dieser Eudämonismus nur „auf dem Boden des Marxismus" möglich, der den Menschen als Ensemble der gesellschaftlichen Beziehungen sehen lehre.

Und worin besteht demnach das Glück für den konkreten einzelnen heute? Für Schaff ist das eine völlig subjektive Frage, denn Glück sei ein „Gemütszustand eines Menschen, der aus irgendeinem Grund intensive Zufriedenheit empfindet" (A. Schaff 1964, 163). Man könne nicht positiv sagen, aus welchem Grund Menschen glücklich seien. Der Marxismus, der den Menschen als Ensemble der gesellschaftlichen Beziehungen sehe, könne nur negativ Zustände nennen, die die Menschen unglücklich machen: Hunger, Not, Unfreiheit, wirtschaftliche Ausbeutung, Rassendiskriminierung – und zum Kampf gegen die entsprechenden gesellschaftlichen Bedingungen aufrufen. Was zum Schicksal einer unerwiderten Liebe oder zur Infragestellung des Menschen durch den Tod zu sagen sei, könne durch den sozialen Eudämonismus nicht voll beantwortet werden.

Auch Schaffs Landsmann *Leszek Kolakowski* wagt mit der Sinnproblematik mehr zu fragen, als er auch mit einem revidierten Marxismus beantworten kann. Nach ihm kann man keinen objektiven Sinn für das Leben finden, sondern nur das Gefühl erwerben, sein Leben sinnvoll zu gestalten, indem man aktiv an der „Humanisierung der Welt" teilnimmt: „Der Mensch erlebt sein Leben dann als sinnvoll, wenn er fühlt, wie in ihm selbst und durch seine freie Tätigkeit der Puls der Geschichte schlägt ... Es ist das Gefühl der frei gewählten und frei realisierten Solidarität mit dem Rhythmus der menschlichen Geschichtswerdung, in deren Gewebe man versponnen wurde" (L. Kolakowski 1964, 206).

Ein absoluter Wert, ein „Zweck an sich" wird mit dieser Theorie für das Leben des einzelnen freilich nicht begründet. Doch Kolakowski spricht, über seine eigene Theorie hinausgehend, auch von Bedürfnissen, die es verdienen, „*um ihrer selbst willen*", ohne Bezug auf den sozialistischen Aufbau, befriedigt zu werden: das Streben nach Wissen, nach sittlicher Vollkommenheit und nach künstlerischer Bildung (S. 230ff). Mit Spinoza erklärt er: „Praemium virtutis ipsa virtus" (Der Lohn der Tugend ist die Tugend selbst). So bleiben hier Türen offen für eine objektivere und absolutere Deutung der Erfahrung von sittlichem Anspruch und Sinn, als es die marxistische Grundtheorie erlaubt. Inhaltlicheres, Genaueres sagt er auch in seinen späteren Schriften nicht, wo er den Marxismus aufgibt und eine grundsätzliche Offenheit für eine metaphysische („mythische") Sinngebung fordert.

### Ansätze einer Ethik des Guten um seiner selbst willen

Während die ältere Ethikliteratur in der Sowjetunion die Pflicht des einzelnen mit den Pflichtvorstellungen der Partei gleichsetzte – gemäß dem Ausspruch Lenins: „in ihr (der Partei) sehen wir den Verstand, die Ehre und das Gewissen unserer Epoche" –, wird in den neueren Ansätzen seit etwa 1960 diese Instanz mehr im Gewissen der Volksmassen gesehen (P. Ehlen 1972, 327): Gewissen als

„Stimme der Gesellschaft", als Bereitschaft, das von der Gesellschaft an den Menschen gerichtete „Du sollst" in ein „Ich will" umzuwandeln und das sozial Nützliche als Maßstab des Richtigen und Guten anzuerkennen.

Doch einzelne Philosophen wie G. D. Bandzeladze und J. A. Mil'ner-Irinin gehen noch weiter und betonen mit Nachdruck die von den unmittelbaren Vertretern des Kollektivs unabhängige persönliche Verantwortung und erklären ganz im Sinne des Kantschen kategorischen Imperativs, daß Sittlichkeit autonom, durch sich selbst und nicht durch außersittlichen Nutzen begründet sein müsse. „Die Tugend muß Ziel und darf nicht Mittel sein. Die Pflicht muß um der Pflicht willen erfüllt werden ... Die Liebe zum Menschen ist das letzte Kriterium und das Wesen der Sittlichkeit" (G. Bandzeladze, vgl. P. Ehlen 1973, 254f). Der sittliche Mensch „ordnet sich dem fremden Willen, dem Willen der Gesellschaft, nicht unter, weil ihn dazu eine Sanktion oder die Sorge um sein persönliches Wohlergehen nötigt, sondern weil die Sorge um das Wohlergehen der Gesellschaft einen *objektiven* Wert hat, den er erkennt" (ebd.).

Diese Abkehr von der altmarxistischen These, die Werturteile seien nur ein Produkt der Gesellschaft, und die Entdeckung einer sittlichen Freiheit und Verantwortung mit objektiven Wertmaßstäben – gerade jene Objektivität und Autonomie, deren Verlust M. Horkheimer beschrieben hat – ist nicht nur Schreibtischethik. Sie ist in der jahrzehntelangen schmerzlichen Erfahrung gereift, daß der institutionalisierte Marxismus mit den Gesetzen der Geschichte auch unmenschliche Behördenwillkür, die Stalin-Diktatur und Unterdrückung wie in Ungarn und Polen (1956/57) gerechtfertigt hat und daß er trotz materieller Verbesserungen und trotz Enteignung der Produktionsmittel die Entfremdung und Sinnlosigkeit im Leben der Menschen nicht hat überwinden können. Insofern ist sie eine nachrevolutionäre Besinnung.

### „Dialog des alltäglichen Ich mit dem idealen, perspektivischen Ich"

Am klarsten wird das bei dem Prager Philosophen *Milan Machovec* ausgesprochen: „Nachdem er (der Marxist) im 20. Jahrhundert so schmerzliche Formen der Depravation und Formalisierung aller moralischen und idealen Werte beobachtet und selbst oft peinlich erlebt hat – in den Konsumgewohnheiten der bürgerlichen Wohlstandsgesellschaft, aber auch in eigenen Systemen und Institutionen –, beginnt auch der Marxist die Frage zu stellen, ob es die letzte und wichtigste Aufgabe eines marxistischen Philosophen ist, moralische und andere Werte und Entwertungen nur zu interpretieren" (M. Machoveč 1973, 24f). Es gehe nicht nur darum, die historisch-ökonomischen Wurzeln sittlicher Ideale zu erforschen und letztere wegzuinterpretieren. Vielmehr müsse man auch fragen, „welche dieser Ideen sowohl positive, wahre Erkenntnisse über das Sein und die Existenz des Menschen liefert als auch moralisch-inspirierende Ideale, Modelle und Wertmaßstäbe, ohne die auch die bestorganisierte, satte und technisch perfektionierteste Gesellschaft armselig, ja barbarisch bleiben müßte" (ebd. 25). In dieser späteren Schrift bekennt er sich, ohne seinen Atheismus ausdrücklich aufzugeben, dazu, nach dem Vorbild Jesu „das Sinnproblem im eigenen Leben, Leiden, in der Liebe durch Hinwendung zu etwas, das alle Tatsachen transzendiert", zu lösen (ebd. 44).

In seinem früher erschienenen Werk „Vom Sinn des menschlichen Lebens" (tschechische Originalausgabe 1965) fordert er zwar mit gleicher Eindringlichkeit eine Hinwendung zur Transzendenz, lehnt aber eine theistische Interpretation energisch ab, „weil Wissenschaft und nüchterne Vernunft dagegensprechen" (S. 222). Bemerkenswert für einen Marxisten ist aber auch schon in diesem Buch der Durchbruch zu einem gewissen idealistischen Sinnverständnis. Der heutige Mensch, so zeigt er, könne sich nur dann aus der Verstrickung in die Dinge lösen, zu sich selbst kommen und eine echte „moralische und politische Konversion" vollziehen, wenn er die einseitige Außenzugewandtheit aufgibt (die Parallele zu H. Sachsse und anderen ist offensichtlich). Dazu müsse er jenen *Dialog „des alltäglichen Ich mit dem idealen, perspektivischen Ich"* (S. 219) üben, der in der Religion in mystifizierter Gestalt (das ideale Ich als Gott) gepflegt wurde. Darum zitiert er die Psalmen als Vorbilder solcher Erhebung über den empirischen Alltag hinaus zu anspruchsvolleren Perspektiven und Zielen – eine humanistische Interpretation religiöser Überlieferungen, wie sie auch bei M. Horkheimer, E. Fromm, V. Gardavský und anderen zu finden ist.

In der bemüht atheistischen Grundkonzeption dieses frühen Werkes ist nicht klar, wo die postulierten Ideale und der Sinn des individuellen Lebens angesichts des *Todes* letztlich begründet sind. Der Dialog mit dem Tod hilft uns nach Machoveč zunächst einmal, mit letztem Ernst, eben todernst, zu entscheiden, um welchen Wert es uns im Leben gehen soll. Wenn ich diese Entscheidung getroffen habe, könne ich getrost sein, daß mein Werk von Jüngeren, denen ich durch meinen Tod den Platz freimache, fortgeführt wird, so daß unsere Söhne und Töchter an unser Werk anknüpfen können (S.

226–228). Ob das Lebenswerk eines einzelnen Lebens schon dadurch einen befriedigenden Sinn erhält, daß es Verlängerungsglied für eine sich fortsetzende Kette prinzipiell gleicher Lebensläufe ohne absoluten eigenen Sinn ist – diese Frage stellt sich Machoveč nicht.

Doch begegnet er der Sinnbedrohung durch den Tod noch durch eine weitere Betrachtung: Ich könne, meint er, in der Gewißheit sterben, daß letzten Endes nur *eine* Welt existiere und ich trotz des Verlöschens meines Bewußtseins am universalen, ewigen Sein teilhabe. „Bin ich, so bin ich der Sohn des ganzen Seins und Bruder von allem, was existiert" (S. 230). Das meint eine Art Auflösung in einem Alleinen: „Mit meinem Tod verschwindet mein Name, mein Bewußtsein, meine Liebe, mein Schmerz, meine Ohnmacht und meine Schande, nicht jedoch die Möglichkeit, Namen zu tragen, Ich zu sein, zu lieben und zu leiden. Ich bin gewesen – also bin ich. Bin ich in der Zeit, bin ich auch in Ewigkeit" (S. 229). In diesem Zusammenhang zitiert er die Bhagavadgita. Andererseits ist diese eine Welt ewigen Seins nach marxistischer Grundüberzeugung materiell zu verstehen. Ist die Teilhabe am universalen ewigen Sein am Ende nur die logische Subsumierung des einzelnen unter das „Sein"?

Wie auch bei anderen revisionistischen Marxisten hat man bei diesem Werk von Machoveč den Eindruck, daß zwar ursprünglich und ehrlich nach dem Sinn des Lebens gefragt wird und daß der Mensch in den Mittelpunkt der Geschichte gerückt werden soll. Doch will es ihnen nicht recht gelingen, das Individuum als „Zweck an sich", mit einem absoluten, nicht von einem Kollektiv oder einer Geschlechterkette von grundsätzlich gleichen Individuen abzuleitenden Sinn zu begreifen, da ihnen die marxistische Theorie gebietet, den Menschen nur als Natur zu sehen. Die Frage nach dem Sinn des Lebens wird ausgreifender gestellt als beantwortet.

### *Die Sinnfrage zwischen zeitgenössischer Betroffenheit und traditioneller Metaphysik*

Bei all diesen Ansätzen ist es schwer, nicht beeindruckt zu sein vom Ernst und vom Realismus, mit dem hier letzte Wert- und Sinnfragen gestellt werden. Ja, es scheint: je eindeutiger nach einer metatechnischen, wertphilosophisch und transzendent begründeten Sinngebung gefragt wird, desto nüchterner kann diese Bewußtseinskritik fragen, desto weniger wird sie für jene naturalistisch-mythologische Tendenz anfällig, die in der totalen Technisierung etwas „Dämonisches" sieht (K. Jaspers, H. J. Meyer) und in der Gefährdung der

Umwelt (sozusagen der Mutter Erde) „Todsünden der zivilisierten Menschheit", die vom Naturwissenschaftler zu „Reue und Umkehr" aufgefordert werden muß (K. Lorenz). Nicht zu übersehen ist auch, wie praktisch alle zitierten Kritiker in irgendeiner Form die ethisch-religiöse Überlieferung als Quelle für die Neubestimmung situationsgerechter und verbindlicher Ziele und Normen betrachen (auch wenn sie u. U. von der Philosophie und Theologie detailliertere Anweisungen erhoffen, als diese geben können).

Die Träger dieser Überlieferung werden damit nicht einfach bestätigt, sondern zu einer Antwort herausgefordert. Die Antwort kann sich nicht auf die simple Aussage beschränken: „Ohne Gott hat dein Leben keinen Sinn."

Überall, wo einer der erwähnten Kritiker Vorbehalte gegen eine religiöse Antwort auf die Sinnfrage anmeldet – A. Schaff, M. Machoveč und vereinzelt auch K. Steinbuch –, gehen sie von der traditionellen vulgärreligiösen Auffassung aus, „Gott" bedeute eine der menschlichen Erfahrung äußerliche, außerwirkliche Größe und eine dem suchenden Gewissen starr gegenüberstehende, ungeschichtliche, heteronome Autorität (Gewissen als „vox dei")[18]. Wer die hier referierten Fragestellungen mit der traditionellen Kulturkritik der Kirchen vergleicht, wird kaum leugnen können, daß der Versuch, aus einer transzendenten Verwurzelung heraus zu antworten, oft zu einer von außen und heteronom argumentierenden Kritik geführt hat, die sich die Zeitanalyse zu leicht gemacht hat. Die Antwort, die so verkündet wurde, mußte häufig als verständnislos und nichtssagend empfunden werden. Daß neben anderen Ursachen auch deshalb im „christlichen" Westen ein Sinn-Vakuum entstanden ist, hat – unter vielen anderen Bewegungen – die Neue Linke mit ihrem quasi-religiösen Neomarxismus eindrücklich demonstriert. Wie kann dieses Vakuum überwunden werden? Hier haben die Friedensenzyklika von Johannes XXIII. und die Konzilskonstitution über die „Kirche in der Welt von heute" mit ihrer Verbindung von Situationsanalyse und anthropologisch-theologischer Reflexion wohl ein überzeugendes Beispiel gegeben. In dieser Richtung müssen die letzten Motivationen und Sinnaussagen als Antworten auf Fragen erarbeitet werden, die wie die oben erwähnten aus echter zeitgenössischer Betroffenheit kommen. Nur so kann die metaphysische und religiöse Überzeugung und Überlieferung sich selbst, ohne Verkürzung, humanistisch interpretieren und wieder orientierend, sinngebend wirken.

VII

*„Hat denn das Dasein überhaupt einen Sinn? – jene Frage, die ein paar Jahrhunderte brauchen wird, um auch nur vollständig und in alle ihre Tiefe hinein gehört zu werden."* F. Nietzsche

VIII

*„Es gibt nur ein wirklich ernstes philosophisches Problem: den Selbstmord. Die Entscheidung, ob das Leben sich lohne oder nicht, beantwortet die Grundfrage der Philosophie. Alles andere – ob die Welt drei Dimensionen und der Geist neun oder zwölf Kategorien habe – kommt erst später."* A. Camus

IX

*„An sich redet alles, was ist, das Ja."* F. Nietzsche

X

*„Vom Gesichtspunkt der gegebenen Person ist der Tod eine absolute Sinnlosigkeit, die alles, was wir tun, zweifelhaft macht."* A. Schaff

XI

*„Der Nihilismus als psychologischer Zustand wird eintreten müssen, erstens, wenn wir einen ‚Sinn' in allem Geschehen gesucht haben, der nicht darin ist."* F. Nietzsche

XII

*„Das menschliche Leben als Ganzes hat keinen ‚Sinn', der objektiv gegeben ist; ein solcher Sinn kann nur von dem einzelnen Menschen selbst gewählt oder geschaffen werden."* L. Kolakowski

XIII

*„Unweigerlich fast gesellt ihr (der Frage nach dem Sinn des Lebens) sich die Antwort, der Sinn des Lebens sei der, den der Fragende ihm gibt… Die Antwort ist falsch. Der Begriff des Sinns involviert Objektivität jenseits allen Machens; als gemachter ist er bereits Fik-*

*tion, verdoppelt das sei's auch kollektive Subjekt und betrügt um das, was er zu gewähren scheint. Metaphysik handelt von einem Objektiven, ohne doch von der subjektiven Reflexion sich dispensieren zu dürfen."*
Th. W. Adorno

XIV

*„Die Hypothese Gottes hat sich als Grundlage für die Suche nach dem Sinn des Lebens als fragwürdig erwiesen; um so weniger läßt sich der Sinn des Lebens von der Behauptung bestimmen, daß Gott nicht ist. Daraus, daß etwas nicht ist, folgt nichts ... kein Wert, keine sittliche Bindung, kein tieferes Innenleben. Es geht darum, was an die Stelle Gottes treten soll. Die gesamte Geschichte der Philosophie ist ein einziger Kampf um die Entdeckung eines ‚Gottes' für der Religion entfremdete Menschen."*
M. Machoveč

XV

*„Der Sinn der Welt muß außerhalb ihrer liegen. In der Welt ist alles wie es ist und geschieht alles wie es geschieht; es gibt* in *ihr keinen Wert – und wenn es ihn gäbe, so hätte er keinen Wert ... Was es nicht-zufällig macht, kann nicht* in *der Welt liegen; denn sonst wäre dies wieder zufällig. Es muß außerhalb der Welt liegen."*
L. Wittgenstein

XVI

*„Die höchste Harmonie lehne ich gänzlich ab. Nicht wert ist sie auch nur eines einzigen Tränleins auch nur jenes einen gepeinigten Kindes, das sich mit seiner kleinen Faust an die Brust schlug und in dem übelriechenden Loch mit seinem ungesühnten Tränlein zum ‚liebsten Gott' betete."*
F. M. Dostojewski

XVII

*„In gewissem Sinn wird das Problem des Schmerzes durch das Christentum eher geschaffen als gelöst; denn der Schmerz wäre kein Problem, hätten wir nicht, vergraben in unsere tagtägliche Erfahrung mit dieser schmerzerfüllten Welt, dennoch die, wie wir glauben, gültige Versicherung empfangen, die letzte Wirklichkeit sei voller Gerechtigkeit und Liebe."*
C. S. Lewis

# II.

## Die Sinnfrage und ihr Verhältnis zur Religion

Im ersten Kapitel läßt sich folgendes beobachten: Je mehr die erwähnten Autoren über die Kritik an einzelnen Trends und Bewußtseinsverengungen unserer Zeit hinausgehen und nach dem Sinn des menschlichen Lebens überhaupt fragen, desto stärker wenden sie ihre Aufmerksamkeit der religiösen Überlieferung zu, auch wenn sie diese verschieden interpretieren.

Das ist sicher kein Zufall, denn die Religionen haben sich immer als Quelle letzter Antworten auf die Sinnfrage verstanden, und der Anspruch, diese Antworten geben zu können, gehört zu ihrem Wesen. Aber auch auf seiten der Frage nach dem Sinn besteht eine Affinität zur Religion. Das scheint daran zu liegen, daß diese Frage aus sich eine Dynamik entwickelt, die „aufs Ganze" geht. Sie läßt sich nicht ohne weiteres mit Teil-Antworten erledigen, sondern hat stets die Tendenz, nach noch umfassenderen und endgültigeren Antworten zu verlangen.

Mag sein, daß nicht jeder, der sich über die Sinnfrage Gedanken macht, diese ihre Dynamik erfährt, doch wohnt sie ihr an sich inne und kann plötzlich aufbrechen und den Fragenden mit sich reißen[19]. Dort aber, wo sie sich so radikal stellt, ist häufig eine neue Aufgeschlossenheit und ein wachsendes Interesse für Inhalte der Religion und des Glaubens zu beobachten. Zwischen Sinnfrage und religiöser Überzeugung besteht offenbar ein Zusammenhang. Wie immer dieser Zusammenhang auch verstanden werden mag, auf jeden Fall wirft er eine Menge Fragen auf, Fragen nicht nur psychologischer Art (dazu Kap. IV), sondern auch philosophische, vor allem die nach dem Grund und der sachlichen Berechtigung seines Zustandekommens.

Genau diesem Problem wollen wir uns im folgenden Beitrag ausführlich stellen, dem Problem also des Verhältnisses von Sinn und Religiosität. Wir werden dabei aber nicht so verfahren, daß wir von vorgegebenen religiösen Inhalten ausgehen und deren Bedeutung für die Sinnfrage untersuchen (dies geschieht in Kap. III in theologischer

Sicht), sondern wir wollen den umgekehrten Weg einschlagen und bei der Sinnproblematik selbst ansetzen und fragen, ob sich in ihr Anhaltspunkte für einen Bezug zum Religiösen finden lassen und inwieweit dieser Bezug für sie wesentlich ist.

Der erste Teil dieses Kapitels ist mehr inhaltlich und konkret ausgerichtet, der zweite allgemeiner und formaler gehalten. Im ersten Teil wollen wir dem Zusammenhang von Sinnfrage und religiöser Überzeugung dadurch auf die Spur kommen, daß wir uns einige einfache menschliche Grunderfahrungen vergegenwärtigen und ihren Sinngehalt genau untersuchen. Es sind Erfahrungen, die jeder schon gemacht hat und in denen sich das, was man abstrakt Sinn nennt, konkret manifestiert. – Der zweite Teil enthält einige grundsätzliche Überlegungen zum Sinnbegriff. Dadurch sollen die vorher analysierten Erfahrungen auf eine gemeinsame Grundstruktur beziehbar und so in ihrer Einheit erkennbar werden. An den diese Einheit repräsentierenden Sinnbegriff wird die Frage nach dem religiösen Bezug neu zu stellen sein.

Eines möchte ich noch vorausschicken: Ich stelle keinen festen Begriff von Religion an den Anfang und werde auch im folgenden keinen eigentlichen Definitionsversuch unternehmen. Es gibt zu viele unterschiedliche Auffassungen, und jede ist umstritten. Für unseren Zweck genügt auch zunächst einmal ein mehr allgemeines und vorwissenschaftliches Verständnis dieses Begriffs. Zwar soll im Verlauf der Untersuchungen dieses Verständnis zu einer größeren Klarheit gebracht werden, aber nur insoweit es die Logik der Sinnfrage nötig und möglich macht.

## I. Die religiöse Dimension in der Erfahrung von Sinn

Ich möchte gleich zu Beginn den Hauptgedanken dieses Beitrags in folgender These formulieren:

Die Sinnerfahrung weist in ihrer Tiefe auf eine religiöse Dimension hin, in der sie gründet und aus der sie letztlich ihre Kraft und ihr Leben gewinnt. Der Mensch sollte sich dieser Dimension immer wieder bewußt werden, da er sonst Gefahr läuft, den Glauben an den Sinn des Lebens überhaupt zu verlieren.

Damit soll nicht gesagt werden, daß jede Sinnerfahrung notwendig gleich zum Gedanken an Gott führt. Aber ich möchte zu zeigen versuchen, daß der religiöse Bezug für den im einzelnen erfahrenen Sinn und für den Glauben an den Sinn des Lebens im ganzen ein letztes und tragendes Fundament darstellt, und daß dieses Fundament sich aus einer genauen Analyse der Sinnerfahrung ergeben kann – freilich nicht mit mathematischer Sicherheit, die es überall dort, wo die Freiheit eine Rolle spielt, nicht gibt, aber doch mit einer praktischen und vernünftigen Plausibilität.

## *Was ist Liebe?*

Wir wollen mit einer sehr einleuchtenden und zugleich ganz elementaren Sinnerfahrung beginnen, mit der Liebe.

Man hat verschiedentlich bemängelt, daß es in der deutschen Sprache nur ein Wort (jedenfalls nur ein gebräuchliches Wort) für Liebe gibt. Aber darin liegt auch eine tiefe Wahrheit. Denn in den verschiedenen Gestalten, in denen Liebe erscheint, bleibt sie doch auch identisch. Stets geht es in ihr um das Annehmen des anderen oder um die Erfahrung des Angenommenseins. Dabei meint diese Annahme stets den Menschen um seiner selbst willen, also nicht im Hinblick auf einen außerhalb seiner liegenden Zweck. Wo dieser Bezug gegeben ist, müssen wir von Liebe sprechen. Wo er nicht gegeben ist, wo der Mensch in irgendeiner Weise zum Mittel gemacht wird, etwa als Objekt der Bedürfnisbefriedigung oder im Hinblick auf andere Zwecke, dort können wir nicht von Liebe sprechen, auch wenn das Wort noch gebraucht wird, wahrscheinlich deshalb gebraucht wird, um durch seine Verwendung über Lieblosigkeiten hinwegzutäuschen.

Liebe ist Annahme, Bejahung ohne irgendein „damit" und „um zu", d.h., sie ist in sich sinnvoll. Liebe sagt: „Gut, daß es dich gibt!"[20] Und sie sagt dies ohne Vorbehalte und Hintergedanken. In allen Formen der Liebe ist dieses Ja zum anderen vorhanden, von der Mutter-Kind-Beziehung über das Verhältnis der Eheleute zueinander und der Treue einer Freundschaft bis hin zur mitmenschlichen Solidarität ganz allgemein. Auch dort, wo es weniger gefühlvoll ganz nüchtern um Solidarität geht, muß ja die Liebe wirksam sein. Man stelle sich nur einmal eine Solidarität vor, in der die Liebe gänzlich fehlt.

Dieser letzte Gedanke mag auch den Ansatz einer Antwort auf einen Einwand enthalten, der hier gemacht werden könnte. Denn könnte man uns nicht entgegenhalten, daß wir im Begriff sind, ein zu idealisiertes Bild von der Liebe zu entwerfen, das mit unserer menschlichen Wirklichkeit wenig zu tun hat? Wo kommt das schon vor, daß Menschen zueinander ohne Vorbehalt und Hintergedanken sagen: Es ist gut, daß es dich gibt!? Laufen wir hier nicht einer Illusion nach? Unsere Überlegungen müssen aber nahe an der Realität bleiben, denn wir wollen ja auf religionsphilosophische Konsequenzen hinweisen. Wenn wir aber auf Wunschbildern aufbauen, dann werden unsere Ergebnisse auch nicht mehr wert sein.

Könnte Liebe möglicherweise nur auf Einbildung beruhen, so daß sie etwa nichts anderes wäre als ein falsch interpretierter Egoismus? Wollten wir das annehmen, müßten wir uns allerdings fragen, wie unser Leben dann aussehen würde. – Die Psychologen machen uns heutzutage darauf aufmerksam, daß ein Kind sich nur dann gesund entwickeln kann, wenn es sich von seiner Umgebung angenommen weiß, und zwar um seiner selbst willen angenommen weiß, nicht als Spielzeug oder als Prestigeobjekt. Erfährt das Kind diese Annahme nicht, kommt es zu Neurosen und Entwicklungsstörungen. – Freilich ist die Liebe meist mit vielen anderen Motiven durchsetzt. Aus dem konkreten menschlichen Verhalten läßt sie sich auch kaum ganz rein herauslösen. Das bedeutet aber nicht, daß sie gar nicht vorhanden und wirksam wäre. Jeder von uns hat sie einmal erfahren, und keiner von uns könnte ein menschliches Leben führen, wenn es sie nicht gäbe.

Wir sprechen also sicher nicht von einer Illusion. Wenn es hier um einen unabdingbaren menschlichen Grundbezug geht, dann geht es auch um etwas höchst Realistisches.

## *Religiöse Wurzeln der Liebe*

Unser nächster Schritt ist die Frage nach den Voraussetzungen und Implikationen dieses menschlichen Grundbezuges.

Die Liebe besteht, so sagten wir, im vorbehaltlosen und unbedingten Ja zum anderen Menschen. Dieses Ja enthält aber eine entscheidende Voraussetzung, nämlich die Anerkennung, daß der andere Mensch diese unbedingte Bejahung verdient, daß er entsprechend liebenswert und dieser Zuneigung würdig ist. Andernfalls wäre die Liebe ja reine Willkür. Sie hätte überhaupt keinen Anhaltspunkt in dem Menschen, auf den sie sich richtet. Wenn sie ihn aber hat, und wenn sie nicht bloß etwas am Menschen, sondern diesen Menschen selbst zum Anhaltspunkt hat, dann ist sie Antwort auf die vorgegebene Liebenswertheit des geliebten Menschen, wobei ihre Unbedingtheit Ausdruck seiner unbedingten Liebenswertheit ist.

Die Liebenswertheit des Menschen kann nicht völlig von seiner Leistung und Tüchtigkeit abhängen oder gar durch sie erst hervorgebracht werden. Die Liebe wäre nicht unbedingt, wenn sie bestimmte Leistungen zu ihrer Bedingung machen würde. Sie bewährt sich deshalb auch gerade dann, wenn der andere versagt. Gerade dann stellt sich heraus, ob die Liebe an Bedingungen geknüpft war oder ob sie wahre Liebe gewesen ist.

Aber dieses Ergebnis enthält eine weitere entscheidende Voraussetzung. Wenn nämlich der unbedingte Wert des Menschen schon mit seiner Existenz als Mensch gegeben ist und nicht durch eigene Leistung oder durch die Liebe anderer Menschen erst hervorgebracht wird, dann hat das Konsequenzen für das Verständnis des Menschen überhaupt und für das Begreifen seines Ursprungs. Denn dann ist es z.B. ausgeschlossen, im Menschen nur ein zufälliges Materieprodukt zu sehen. Das geht dann einfach nicht mehr, denn ein rein materieller Prozeß bringt keine Werte (als Werte!) hervor. Der Mensch muß also anders verstanden werden, nämlich von einem Ursprung her, der selbst wertschöpferisch ist, der mit der Existenzbegründung des Menschen zugleich ein Ja zu ihm spricht, so daß alle menschliche Liebe letztlich nichts anderes sein kann als eine Antwort auf dieses fundamentale schöpferische Ja. Religiös gesprochen heißt das: Liebe ist Mitlieben mit Gott, als Antwort und als Mitvollzug. Und aus dieser Tiefe gewinnt die menschliche Liebe ihre eigentliche Rechtfertigung.

Ich möchte die Bedeutung dieses ins Religiöse gehenden Zusammenhangs noch durch einen Blick auf das Problem der Selbstannahme verdeutlichen. Wiederum sind es die Psychologen, die uns heute darauf aufmerksam machen, wie entscheidend es für einen Menschen ist, daß er mit sich zurechtkommt, d.h. sich selbst annimmt. Nun ist es sicher so, daß die Selbstannahme wesentlich durch die Liebe von seiten des anderen vermittelt ist, daß also der Mensch nur dann in der Lage ist, ja zu sich selbst zu sagen, wenn zu ihm ja gesagt worden ist. Würde aber dieses Ja allein am Mitmenschen hängen, dann hätte das zur Konsequenz, daß der Mensch seinem Mitmenschen auf Gedeih und Verderb ausgeliefert wäre. Sein Selbstwertgefühl hätte keine andere Stütze als ihn[21]. Unsere Analyse aber hat ergeben, daß wahre Liebe gerade den Eigenwert des Menschen in seiner Vorgegebenheit und Unverfügbarkeit anerkennt und daß dieser Eigenwert in einer anderen als der menschlichen Sphäre begründet ist.

Der Mensch hat seinen Wert nicht nur „von Gnaden" des Mitmenschen. Das ist für ihn entscheidend. Er wird gegenüber seiner

Umgebung eine gesunde Unabhängigkeit bewahren können, wenn er weiß, wo sein Eigenwert letztlich begründet ist. Er wird Kritik und Ablehnung leichter ertragen und sich nicht sofort anpassen müssen aus Angst, sonst den Boden unter den Füßen zu verlieren.

Wir haben begonnen mit einer ganz einfachen und elementaren Sinnerfahrung, der Liebe. Wir haben dieses Sinngeschehen genauer untersucht, und dabei hat sich ergeben, daß sich in der Tiefe dieser Sinnerfahrung ein religiöser Bezug andeutet und daß sie aus dieser religiösen Tiefe ihr Leben und ihre letzte Legitimität erhält.

Zwei Mißverständnisse müssen hier jedoch gleich ausgeräumt werden.

1. Nicht überall, wo geliebt wird und wo Liebe erfahren wird, kommt diese Tiefe zu ihrer bewußten Ausdrücklichkeit. Das heißt, nicht jede Zuneigung ist schon ein religiöser Akt. Es sollte nur aufgezeigt werden, worin Liebe ihren letzten Grund hat. Freilich ist es wiederum nicht gleichgültig, ob dieser Grund überhaupt jemals bewußt wird oder ob er vielleicht nie in den Blick kommt. Wenn er aber in den Blick kommt, dann hat er orientierende und korrigierende Funktion. Deswegen ist es ganz und gar nicht gleichgültig, ob dieser Grund hie und da in einem ausdrücklichen religiösen Vollzug, etwa im Gebet, ins Bewußtsein gehoben wird. Dies führt uns jedoch zu einem anderen möglichen Mißverständnis.
2. Ich wollte nicht behaupten, daß nur der Gläubige lieben kann. Aber es sollte doch gezeigt werden, daß sich nur dem Gläubigen die Sinnerfahrung der Liebe in ihrer ganzen Tiefe erschließt. Freilich mögen viele sogenannte Ungläubige in dem Sinn Gläubige sein, daß sie tatsächlich aus dieser Tiefe leben. Jedoch vermögen sie es nicht, dieses tatsächliche Leben in die Ausdrücklichkeit der religiösen Sprache und des religiösen Vollzugs zu heben. Die christliche Verkündigung müßte gegenüber diesen Menschen darin bestehen, ihnen zu dieser Ausdrücklichkeit zu verhelfen.

## *Die Unbedingtheit der sittlichen Forderung*

Wir wollen uns nun einer weiteren Sinnerfahrung zuwenden. Sie hängt mit der Liebe nicht nur eng zusammen, sondern sie ist wesentlich durch diese bedingt, hat aber doch eine eigene Erfahrungsqualität. Gemeint ist die sittliche Forderung, also der Anspruch, unsere Handlungen nach ethischen Gesichtspunkten auszurichten. Natürlich gründet dieser Anspruch in der Liebe, und ohne Liebe wäre er sinnlos. Aber wir wollen ihn nicht einfach von dort herleiten, sondern ihn aufgreifen, wie er sich in der Erfahrung darbietet und von diesem Ausgangspunkt mit unserer Analyse neu beginnen. Gedacht ist dabei auch an diejenigen Leser, für die das Wort Liebe zu direkt und zu emotional klingt. Sie könnten spontan zu der Sinnerfahrung des sittlichen Anspruchs leichter Zugang finden. – Daß zwischen beiden Bereichen – Liebe und sittlicher Forderung – ein enger Zusammenhang besteht, das wird am deutlichsten in der Botschaft des Neuen Testaments. Dort wird die Liebe zum universalen Lebensgesetz erklärt, tritt aber zugleich in der Strenge des sittlichen Hauptgebotes auf.

Nehmen wir also ein konkretes Beispiel, etwa die Forderung, einem Menschen unserer Umgebung, der in Not ist und unsere Hilfe braucht, zur Seite zu stehen. Eine Forderung, wie sie in unserem Alltag immer wieder auftaucht und in der wir ganz spontan einen Sinn erkennen. Jedermann weiß, daß es gut und sinnvoll ist, einem Menschen, der uns darum bittet, nach Kräften zu helfen.

Eine Forderung dieser Art mag manchmal unbequem sein. Wenn sie uns jedoch trifft, können wir sie nicht einfach abschieben. Wir können sie natürlich verdrängen oder uns herausreden, aber das bestätigt ihre Gültigkeit eher, als daß sie dadurch hinfällig würde. Wir haben es also mit einem Sinnanspruch zu tun, der nicht mehr auf anderes relativierbar ist.

Andere Forderungen haben nicht diesen Charakter. Zum Beispiel die Notwendigkeit, den Führerschein zu machen, hängt von der Bedingung ab, ob ich Auto fahren will. Wenn ich es will, so trifft mich diese strenge Forderung, wenn ich es nicht will, dann nicht. Bei einer sittlichen Forderung ist mir dieses Ausweichen auf Bedingungen nicht mehr möglich. Einmal vorausgesetzt, ich habe die Möglichkeit zu helfen und bin auch sachlich dazu verpflichtet, dann kann ich nicht mehr sagen: Ich muß helfen, *wenn* ich z.B. später von dem Betreffenden ebenfalls Hilfe erwarten kann oder wenn ich dadurch mehr allgemeines Ansehen gewinne oder wenn ich sonst etwas erreiche. Diese Bedingungen mögen im konkreten sittlichen Handeln alle eine Rolle spielen, sie können aber nicht das entscheidende Moment darin sein. Denn sonst würde das sittliche Handeln mit diesen und ähnlichen Bedingungen stehen und fallen. Das aber kann nicht sein, denn die sittliche Forderung besteht auch dann, wenn es höchst unwahrscheinlich ist, daß der andere, dem ich helfen soll, sich später einmal revanchieren kann oder daß meine Tat mir mehr Ansehen verschafft.

Die sittliche Forderung gilt also unbedingt. Übrigens wird dies – soweit es das Phänomen betrifft – von kaum einem Ethiker heute bestritten. Aber worin hat diese Unbedingtheit ihren Grund? Bezüglich dieser Frage gehen die Meinungen auseinander.

Für Kant liegt der Grund der Unbedingtheit in der Vernunft. Allerdings ist bei ihm die Vernunft nicht rein subjektiv zu verstehen. Sie fällt nicht mit dem einzelnen menschlichen Subjekt oder mit einer Gruppe von ihnen zusammen, sondern sie ist eine übergeordnete Größe. Freilich ist damit der Frage nach dem Grund der Unbedingtheit der Sittlichkeit noch nicht Genüge getan.

Die Wertphilosophie des ausgehenden letzten und der ersten Hälfte dieses Jahrhunderts (H. Lotze, H. Rickert, N. Hartmann u. a.) sieht die sittliche Forderung in einem Reich für sich bestehender Werte begründet. Die Werte beanspruchen Geltung. Sie sind ideale Qualitäten, denen aber keine Realität zukommt. Es muß an diese Philosophie die Frage gestellt werden, ob ein unbedingter Anspruch in apersonalen Ideen oder Qualitäten seinen letzten Grund haben kann.

Andere führen das Phänomen des Sittlichen auf äußere Ursachen biologischer, soziologischer oder psychologischer Art zurück. Aber diese Deutungen sind entweder rein deskriptiv und deshalb für unsere Frage uninteressant, oder sie greifen zu kurz, da aus einzelwissenschaftlich feststellbaren Fakten ein Phänomen wie das des Sollens nie erklärt werden kann.

Versuchen wir es einmal mit einer Reflexion, die den religiösen Bezug nicht von vornherein als Begründungsmöglichkeit ausschließt, wie das bei vielen ethischen Theorien, die sich mit diesem Problem beschäftigen, Dogma zu sein scheint. – Aber wohlgemerkt: Es geht hier nicht um die Frage der Begründbarkeit von sittlichen Urteilen (etwa um die Kriterienfrage), sondern um die Frage nach dem Grund der unbedingten sittlichen Forderung als solcher!

Zunächst einmal steht fest: Die Forderung *ergeht* an den Menschen, sie trifft ihn. Der Mensch bringt sie also nicht selbst hervor. Er müßte sich das wahrhaft gewaltsam einbilden, daß er die Forderung, die ihn trifft, ganz und gar selbst produziert. – Zweitens muß die Forderung von einer Instanz ausgehen, die aufgrund ihrer eigenen Erhabenheit die Unbedingtheit der Forderung legitimieren kann. Diese erhabene Instanz kann nicht etwa einfach mit dem Menschen identisch sein, auf den die Forderung verweist, also etwa mit dem Menschen, dem geholfen werden soll. Denn dieser Mensch hat zwar unbedingten Wert und begründet insofern das Engagement für ihn, aber er hat sich dazu nicht selbst bestimmt. Er verfügt nicht einfach über den Wert seiner selbst. Es steht nicht in seiner Entscheidung, sich für wertvoll oder für wertlos zu halten. Selbstliebe ist eben auch ein Gebot und keineswegs immer das einfachste!

Wir kommen damit zu folgendem Ergebnis: Die sittliche Forderung hat in keinem der Beteiligten ihren letzten Grund. Die Instanz, von der sie ausgeht, muß ursprünglicher gefaßt werden. Sie kann auch nicht gut mit einer Institution oder mit der Gesellschaft überhaupt identifiziert werden, denn in diesen Fällen gäbe es keinen sittlichen Anspruch, der den Menschen kritisch von diesen Mächten distanziert. Was das Gesetzbuch, ein Parteiprogramm oder die öffentliche Meinung sagt, wäre letztgültiger Maßstab. Der Ursprung der sittlichen Verpflichtung muß auch diesen Größen gegenüber noch einmal transzendent sein.

Aus unserer Analyse ergibt sich hiermit, daß die sittliche Forderung auf eine letzte, radikal transzendente Instanz verweist, die aufgrund ihrer Erhabenheit oder – um ein zentrales religiöses Wort zu gebrauchen – aufgrund ihrer Heiligkeit die Unbedingtheit der sittlichen Forderung legitimiert[22].

Glaube und Religion definieren sich von jeher durch den Bezug zu dieser heiligen transzendenten Macht. Wenn sich nun eben dieser Bezug als die Tiefe der sittlichen Sinnerfahrung erwiesen hat, dann kann es auch auf die Dauer nicht gleichgültig sein, ob er im sittlichen Selbstverständnis des Menschen eine Rolle spielt oder nicht. – Zwar denkt auch der Gläubige nicht notwendig gleich an Gott, wenn er hilft oder sich einsetzt. Aber andererseits ist das sittliche Handeln nicht immer so selbstverständlich. Braucht es nicht auch seine Erneuerung, eine Erneuerung, die nicht bloß in zusätzlichen sittlichen Appellen besteht? Ein ständig wiederholtes „du sollst", „du mußt" stumpft eher ab.

Die Sittlichkeit braucht vielmehr immer wieder eine Erneuerung aus ihrer eigenen Tiefe, von dorther, wo sich der Mensch von der Heiligkeit Gottes ergriffen weiß, wo seine vielfältigen Interessen und Nöte des Alltags zum Schweigen kommen, wo er sich erfüllen läßt von der Nähe Gottes, um dann im Licht dieser Nähe sein Leben und seine Welt in einem neuen Sinn aufleuchten zu sehen. Aus diesen Tiefen muß sich das ethische Engagement immer wieder erneuern. Nicht verbissene Pflichterfüllung darf hier das Letzte sein. Sie ist immer in Gefahr, als lästiger Zwang abgeworfen zu werden. Ziel muß vielmehr ein Engagement sein, das sich in seiner Tiefe von Gott getragen weiß und Geduld, Gelassenheit und Freude ausstrahlt.

An der Erfahrung der sittlichen Verpflichtung wird sehr deutlich, daß wir durch sie in unserer Freiheit angesprochen sind. Wo Zwang herrscht, kann man nicht mehr von Verpflichtung sprechen. Wenn wir „müssen", können wir nicht mehr „sollen". Dementsprechend muß auch die Liebe als Grund der sittlichen Verpflichtung Tat der Freiheit sein und kann nur so als Liebe erfahren werden. Erzwungene Liebe wäre ein Unding. Wenn aber hier unsere Freiheit im Spiel ist, ergibt sich notwendig die Möglichkeit, Nein zu sagen, Nein zu sagen zu dem, was gefordert ist und was sein soll. Wird von dieser Möglichkeit Gebrauch gemacht, dann sprechen wir von Schuld.

Auf dieses Phänomen wollen wir nun näher eingehen. Denn an dieser negativ gewendeten Sinnerfahrung läßt sich in verschiedener Hinsicht ein – wenn auch zunächst nur hintergründig bemerkbarer – religiöser Bezug entdecken.

Noch aus einem anderen Grund wählen wir dieses Phänomen. Man ist heute sehr skeptisch gegenüber einem zu schnellen Reden von Sinn, Liebe und anderen Positiv-Erfahrungen. Es besteht aber auf der anderen Seite eine wache Sensibilität für Negativ-Erfahrungen. In der zeitgenössischen Literatur wie auch im Film ist die Schuld ein ständig wiederkehrendes Thema. Außerdem: Protest, Empörung, Anklage in gesellschaftspolitischen Bewegungen wollen ja gerade auf vorliegende Schuld hinweisen.

Es ist an dieser Stelle darauf aufmerksam zu machen, daß Negativ-Erfahrungen Positiv-Erfahrungen voraussetzen. Von Schuld können wir nur sprechen, wenn es auch Verantwortung und Werte, ja unbedingte Werte gibt, wenn es Freiheit, Liebe, Sinn gibt. Das alles ist als Realität vorausgesetzt, wenn man von realer Schuld spricht. – Umgekehrt gilt: Je klarer sich der Anspruch von Sinn anmeldet, je deutlicher die sittliche Forderung zu erkennen ist, desto schwerer wiegt das Nein und die Schuld.

Es kann zwar sein, daß dem Menschen erst nach seiner Verfehlung allmählich ganz bewußt wird, welche Schuld er auf sich geladen hat. Aber je klarer sie ihm vor Augen kommt, desto unmißverständlicher zeigt sich nachträglich der unbedingte Anspruch, gegen den er sich verfehlt hat.

Es gibt – sagen wir – Anzeichen dafür, daß man heute für Schuld sensibel ist. Aber auf der anderen Seite kann man heute auch die Tendenz feststellen, Schuld auf alle erdenkliche Weise wegerklären zu wollen. Aus dem verständlichen Bestreben, die Schuld loszukriegen, greift man zum Mittel der Ent-schuldigung. Offenbar ist das

Interesse sehr stark, von der Schuld loszukommen. Sie ist für den Menschen – wie es scheint – nichts Harmloses, sondern eine unerträgliche und verzweifelte Sinnwidrigkeit. Zur Ent-schuldigung zieht man dann häufig Psychologie oder Soziologie heran. Man verweist auf Milieu und falsche Erziehung usw., und das ist zum großen Teil berechtigt. Natürlich sind häufig Zwänge am Werk, die bei der Beurteilung eines Menschen und seiner Handlungen auf jeden Fall berücksichtigt werden müssen. Das soll ganz und gar nicht bestritten werden.

Hier geht es einzig und allein um die Tendenz, Schuld überhaupt wegerklären zu wollen, indem man etwa sagt, Schuld sei in Wahrheit auf irgendwelche Determinationen zurückzuführen und löse sich damit bei genauerem Hinsehen in Nichts auf. Nur gegen diese Argumentation und diese Tendenz soll hier Einspruch erhoben werden. Denn wenn es grundsätzlich keine Schuld geben kann, auch nicht als reale Möglichkeit, dann gibt es all das nicht, wovon wir gesprochen haben: Freiheit, Verantwortung, Liebe, Sinn usw. Auch Protest, Anklage, Empörung gäbe es nicht, denn all das könnte ebenfalls nur Einbildung sein. Es ist klar, eine solche Philosophie muß in einen radikalen existentiellen Widerspruch führen, den auch der vehementeste Vertreter dieser Position durch seine Praxis widerlegt. Nur ist man sich eben nicht immer über die Implikationen und Konsequenzen der eigenen Behauptungen im klaren.

In diesem Zusammenhang wird, wie gesagt, häufig die Psychologie oder Psychoanalyse ins Feld geführt. Sie zeige doch, so sagt man, daß Schuldgefühle letztlich auf Selbsttäuschung beruhen und sich im Klärungsprozeß der Analyse auflösen.

Für die streng Freudsche Theorie mag das zutreffen. Was dagegen die konkrete Praxis der Psychotherapie betrifft, so verfährt sie – wie mir scheint – meist anders. Sie will den Menschen von falschen Schuldvorstellungen befreien, aber sie will ihn dadurch zu einem selbständigen, freien und verantwortungsbewußten Menschen machen, der auch den Mut haben muß, sich Schuld einzugestehen, nämlich dort, wo sie bei ihm wirklich vorhanden ist und nicht nur auf Einbildung beruht.

Wir sagten, wenn der Mensch sich seine Schuld eingesteht, dann erfährt er auch die Gültigkeit eines unbedingten Anspruchs und damit die Legitimität einer letzten Instanz, vor der er sich absolut verantwortlich weiß und der gegenüber er sich verfehlt hat. – Aber nicht nur nachträglich, auch zuvor schon, um sich überhaupt verfehlen und so Schuld auf sich laden zu können, muß die Gültigkeit des unbedingten Anspruchs erkannt und anerkannt worden sein, sonst wäre keine bewußte Verfehlung und demnach auch keine Schuld möglich.

Wir haben damit – dies sei hier nur angemerkt – eine rational nicht mehr erfaßbare Sinnlosigkeit vor uns. Der Mensch will das Sinnvolle und Gute, er kann im Grunde nichts anderes wollen, und entscheidet sich doch gegen den Sinn, den er als solchen sogar erkennt. Man versteht, daß die Schuld und das Böse den Philosophen schon immer ein unlösbares Problem war. Seit Platon hat man sich vergeblich darum bemüht, es zu begreifen[22a].

### *Eingeständnis der Schuld heißt Hoffnung auf Vergebung*

Führen wir unsere Reflexion noch ein Stück weiter. Die Schuld läßt im Menschen einen Bruch entstehen, einen verschieden tiefen, je nach der Schwere der Verfehlung. Das Verzweifelte daran ist, daß der Mensch die Schuld von sich aus nicht aufheben kann. Wenn er es von sich aus zu tun versucht, bleibt ihm nur die Leugnung. Ehrlicherweise kann er nicht einfach sagen „Schwamm drüber und fertig". Oder genauer, er kann es schon sagen, aber er weiß nur zu gut, daß damit das Problem nicht gelöst ist.

Selbst wenn die Schuld verborgen bleibt, und – aus welchen Gründen auch immer – eine Strafe oder eine andere mitmenschliche Vergeltung nicht zu befürchten ist, wird doch die Schuld auf dem Menschen lasten bleiben. Aber auch dann, wenn die Schuld nicht verborgen bleibt und eine Bestrafung vorgenommen wird, auch dann – vor allem wenn das Unrecht nicht mehr gutzumachen ist – wird ein unauflöslicher Rest von Schuld den Menschen weiterhin bedrücken, und ihm kann klar werden, daß sowohl das Urteil über sein Handeln als auch die Wiedergutmachung letztlich nicht in seiner Verfügung stehen.

Wie die Sinnforderung nicht von ihm selbst hervorgebracht wird, sondern auf ihn trifft, so kann auch die Verfehlung nicht von ihm „repariert" werden. Der Schuldige hat im Grunde nur die Möglichkeit, Vergebung zu erhoffen, und zwar von dorther, von wo an ihn der Anspruch erging. Wenn aber die oben dargelegte Analyse ergeben hat, daß Schuld letztlich vor der transzendenten Heiligkeit Gottes geschieht, dann kann auch die Vergebung – und zwar über die mitmenschliche Vergebung hinaus – nur durch diesen Gott gewährt werden.

Freilich fällt es dem Menschen ungeheuer schwer, sich seine Schuld einzugestehen. Er kann es eigentlich auch nur, wenn er zumindest die Hoffnung hat, daß ihm vergeben wird. Wenn er diese Hoffnung überhaupt nicht hat, dann wird er es kaum wagen, sich seiner Schuld zu stellen, denn dann wäre dies nur das Eingeständnis seiner hoffnungslosen und verzweifelten Lage, die so ist und so bleiben wird – endgültig.

Das ehrliche Eingeständnis der Schuld setzt – meine ich – wenigstens die Hoffnung voraus, daß einem vergeben werden kann und daß der Schuldige durch diese Vergebung wieder heil wird. Wenn der Mensch aber diese Hoffnung hat, ja vielleicht auch schon den Glauben an den gütigen und vergebenden Gott, dann kann er um so vorbehaltloser und ehrlicher die eigene Schuld zum Vorschein kommen lassen und zugeben. – Hier berühren wir schon sehr deutlich die Botschaft des Neuen Testaments und sehen, welch kontinuierlicher Übergang zu ihr besteht. Warum kann denn das Neue Testament so offen und radikal von der Sünde sprechen, ohne daß es den Menschen in die abgründigste Verzweiflung stürzen müßte? Deswegen, weil es zugleich von dem Gott der Gnade und der Vergebung spricht, der dem Menschen mit seiner Liebe längst zuvorgekommen ist. Seine Liebe läßt die Sünde im vollen Licht erscheinen, um sie dann um so endgültiger zu vernichten.

Die Vergebung, von der das Neue Testament spricht, und die Wiederannahme durch Gott – und eben das heißt Erlösung – befreit den Menschen aus seiner Zerfallenheit mit sich in der Schuld. Im Glauben an die Wiederannahme durch Gott ist er tatsächlich eine „neue Schöpfung" geworden. Er ist heil geworden und kann sich und die anderen Menschen neu annehmen und ja zu ihnen sagen. Freilich besagt dieser neue „erlöste" Zustand auch eine Verschärfung der sittlichen Forderung, aber es ist die Aufforderung zu einem Engagement, das aus der Freude der Kinder Gottes hervorgehen soll.

## II. Grundsätzliche Überlegungen zum Sinnbegriff

Wir haben nun drei Bereiche der Sinnerfahrung analysiert: Liebe, Verantwortung und – als Negativbild – die Schuld. Und wir haben in ihrer Tiefe den Ansatz für einen religiösen Bezug entdeckt. Dieser Bezug braucht – wie schon gesagt wurde – nicht immer ausdrücklich und bewußt zu werden, aber er ist jedenfalls in diesen Erfahrungen enthalten. Freilich kann und soll er auch ins Bewußtsein kommen, bis dorthin, wo der Mensch sich – im Gebet, im Gottesdienst und in anderen religiösen Vollzügen – ganz ausdrücklich der Transzendenz gegenüberstellt.

Nur einige wenige Sinnerfahrungen haben wir zum Gegenstand unserer Untersuchung gemacht. In Wirklichkeit bietet sich im Leben der Sinn in einer ungeheuren Vielfalt dar. Ich möchte nur stichwortartig einige weitere typische Erfahrungen nennen, in denen sich ebenfalls Sinn zuspricht und die – wie ich meine – einer ähnlichen Analyse wie der von uns vorgenommenen zugänglich wären: etwa Glück, das Feiern von Festen, das Betrachten von Kunstwerken, Dankbarkeit, Vertrauen, Hoffnung, auch Arbeit und der Wille zur Veränderung, weiterhin die Erfahrung der Einsamkeit, oder um Negativ-Erfahrungen zu nennen, Tod, Verzweiflung, Angst, Langeweile, oder dann wieder Geduld und Gelassenheit usw. In all diesen Erfahrungen, und diese etwas wahllose Liste könnte man natürlich noch erheblich erweitern, ließe sich wahrscheinlich – mit einiger Behutsamkeit und in mehr oder weniger großer Deutlichkeit – eine religiöse Dimension aufzeigen[23].

Diese und die vorher analysierten Erfahrungen haben eines gemeinsam: Sie offenbaren Sinn, oder auch gerade den Mangel an Sinn. Der Sinnbegriff bringt jedenfalls einen ihnen gemeinsamen Wesenszug zum Ausdruck. – In unseren bisherigen Überlegungen haben wir von diesem Begriff recht unbefangen Gebrauch gemacht. Im Vertrauen darauf, daß man in etwa weiß, was mit ihm gemeint ist, und vor allem weil ein allgemeines Reden über Sinn zunächst zu abstrakt bleibt, haben wir es vorgezogen, bei konkreten Erfahrungen von Sinn anzusetzen und auf diese Weise einer Lösung unserer Problematik näherzukommen. Nun aber ist es an der Zeit, auf eben den Begriff genauer einzugehen, der die gemeinsame Grundstruktur dieser Erfahrungen zum Ausdruck bringt.

Wir wollen zuerst den Sinnbegriff auf einige wichtige Bestimmungen hin untersuchen[24], wie Absolutheit, Objektivität, Freiheit, Transzendenz u.a. Es sind Bestimmungen, die auch bisher schon eine Rolle gespielt haben, allerdings nun in einen systematischen Zusammenhang gebracht werden sollen. Außerdem sind in diesem Rahmen einige Fragen zu diskutieren, die sich manchem Leser vielleicht schon gestellt haben, etwa wie das Verhältnis von Sinnfrage und Sinnerfahrung zu denken ist, welche Rolle die Negativ-Erfahrungen spielen und schließlich der grundsätzliche Einwand einer Absurditätsphilosophie gegen die Rede vom Sinn. Zu unserem Hauptanliegen, dem Zusammenhang von Sinn und Religiosität, werden wir erst dann abschließend noch ein paar Worte sagen können.

## *Sinn im Hinblick auf – Sinn in sich*

Ich möchte zu Beginn eine Unterscheidung einführen, die uns helfen kann, den Sinnbegriff in einer ersten Weise zu differenzieren: Es gibt „Sinn im Hinblick auf", und es gibt „Sinn in sich". Den ersten nennen wir funktionalen Sinn, den zweiten absoluten Sinn. Funktionaler Sinn ist gegeben, wenn etwas sinnvoll ist im Hinblick auf einen äußeren Zweck. Beispiel: Den Führerschein zu machen ist nicht in sich sinnvoll, sondern im Hinblick auf den Zweck des späteren Autofahrens. Davon unterscheidet sich der absolute Sinn. Er ruht in sich und ist von keinem außerhalb seiner liegenden Zweck abhängig. Beispiel: das Autofahren selbst – allerdings nur dann, wenn damit nichts weiteres bezweckt wird, sondern es nur auf den Spaß am Fahren ankommt. Mag sein, daß dieses Beispiel nicht sehr überzeugt. Es gibt in der Tat deutlichere, etwa die Erfahrung, von der wir sehr ausführlich gesprochen haben, die Liebe. Bei ihr ist es evident. Sie hat ihren Sinn in sich selbst und nicht in einem äußeren Zweck.

Wie ist nun das Verhältnis zwischen den beiden Formen von Sinn zu denken? – Es ist leicht zu sehen, daß es nicht nur funktionalen Sinn geben kann und daß das Verlangen nach Sinn sich mit ihm nicht begnügen könnte. Denn würde der äußere Zweck des funktionalen Sinnes auf einen weiteren äußeren Zweck verweisen und so fort ohne jedes Endziel, dann wäre die ganze Kette nichts wert und der funktionale Sinn schon im Anfang sinnlos. Der funktionale Sinn muß also in einem absoluten Sinn sein Ziel finden, soll nicht all unser Tun und alles Geschehen sinnlos sein. Und so zielt auch die Sinnfrage auf in sich stehenden, absoluten Sinn.

## *Sinn – Wunsch oder Wirklichkeit?*

An diesen absoluten Sinn, den uns die Begriffsklärung gebracht hat, lassen sich freilich Fragen stellen, z. B. folgende: Welchen Realitätswert hat das, was wir mit Sinn bezeichnen? Ist Sinn nur eine subjektive Vorspiegelung, oder hat er etwas mit der Erkenntnis der Wirklichkeit zu tun? – Diese Frage ist gar nicht so spitzfindig, wie sie vielleicht klingen mag, denn im Zusammenhang mit der Sinnproblematik wird sie immer wieder aufgeworfen: Ist es nicht eine bloße Projektion unserer Wünsche, wenn wir einem Erlebnis, einer Handlung oder unserem ganzen Leben einen Sinn, ja sogar einen absoluten Sinn zusprechen?

Eine erste Antwort mag unser eigenes Verhalten geben. Wir sind darin meist realistischer, als die Projektionstheorie meint. Wenn wir uns fragen, ob ein bestimmtes Tun oder Geschehen einen Sinn hat, dann wollen wir wissen, ob es ihn tatsächlich hat – was auch immer mit diesem „tatsächlich" genauer gemeint sein mag. Wir bemühen uns ja sogar, unseren Wunschvorstellungen gegenüber kritisch zu sein, um nicht Illusionen nachzulaufen. – Außerdem gibt es aber Sinnerfahrungen, in denen sich derartige Probleme erledigen. Wer etwa die Sinnerfahrung einer glücklichen Liebe macht, für den ist eine Unterscheidung zwischen Schein und Wirklichkeit, zwischen subjektivem Gefühl und objektiver Realität gegenstandslos. Von welchen äußeren Standpunkt sollte diese Unterscheidung auch getroffen werden können? Denn jeder äußere Standpunkt wäre ja außerhalb der Beziehung, die den Sinn ausmacht und erfahrbar werden läßt.

### *Eigenart der Sinn-Wirklichkeit*

Sinn hat also mit Wirklichkeit zu tun. Aber um welche Art von Wirklichkeit handelt es sich hier? Sicher nicht bloß um neutral feststellbare Fakten. Sie allein ergeben noch keinen Sinn. Erst wenn ihre Bedeutung, ihr Wert sichtbar wird, kann von Sinn gesprochen werden. – Nun ist aber Wert nicht eine rein subjektive Kategorie, sondern diese Bestimmung muß durchaus als Aspekt der Wirklichkeit selbst angesehen werden. Wer das bezweifelt, soll sich nur einmal vorstellen, wie es wäre, wenn der Mensch nur als physiologischer Funktionszusammenhang anerkannt und sein Wert für eine bloß subjektive Zutat gehalten würde, die durch irgendwelche Konventionen zustande gekommen ist. Einen berechtigten Anspruch des Menschen auf Anerkennung seines Wertes vor aller Konvention und subjektiven Entscheidung seiner Mitmenschen kann es dann nicht mehr geben. Wenn also die gegenseitige Anerkennung der Menschen und ihr Recht darauf einen begründeten Sinn haben soll, dann muß dieser Sinn in dem wirklichen Wert des Menschen fundiert sein.

Freilich ist es manchmal durchaus angebracht, den Wertaspekt methodisch auszuklammern, etwa in der naturwissenschaftlichen Forschung. Ausklammerung darf aber nicht Leugnung bedeuten. Und es wäre völlig verfehlt, unser Wirklichkeitsverständnis auf einen durch methodische Reduktion gewonnenen Teilaspekt einzuengen.

## *Sinn – Wert – Freiheit*

Zum Sinn gehört der Bezug auf Werte. Nur dort, wo ein solcher Bezug existiert, können wir von Sinn sprechen[25]. Bei bloßem Unwert oder ausschließlicher Wertneutralität kann es keinen Sinn geben. Erst durch die Hinordnung auf etwas, das sich lohnt, das man gutheißen muß, auf einen Wert also, kommt Sinn zustande.

Werte aber haben eine wichtige Voraussetzung. Sie sind nur möglich, wenn es Freiheit gibt. Es ist nämlich ihre wesentliche Eigenschaft, daß sie nicht zwingen. Sie verlangen vielmehr Anerkennung. Anerkennung kann aber nur aus freien Stücken gewährt werden. Erzwungen ist sie nur scheinbar vorhanden. Wenn nun aber Sinn nur durch die Hinordnung auf Werte gegeben ist, dann ist er auch nur in der freien Annahme und Anerkennung dieser Hinordnung gegeben.

Für unsere Untersuchungen hat die Tatsache, daß zum Sinn Freiheit gehört, folgende doppelte Konsequenz: eine mehr theoretische: wenn sich Sinn nur der Freiheit erschließt, ist er nie streng beweisbar. Auch wenn man meint, ihn noch so klar aufgewiesen zu haben, wird er bestreitbar bleiben. Dies weist auf eine mehr praktische Konsequenz hin: Sinn ist nur für den erkennbar, der bereit ist, sich auf ihn einzulassen, d.h., er fordert Entscheidung.

## *Partikulärer und universaler Sinn*

Inhaltlich begegnet uns der Sinn in einer großen Vielfalt, und wir sind bereits auf einige seiner konkreten Gestalten eingegangen. Wir wollen uns nun der Frage zuwenden, ob in dieser Vielfalt innere Abhängigkeitsverhältnisse zu beobachten sind. Eine Form der Abhängigkeit wurde schon genannt. Funktionalen Sinn – sagten wir – gibt es nur im Hinblick auf absoluten Sinn. Das Führerscheinmachen und Autofahren diente uns als erstes Beispielpaar. Dabei konnten wir dem Autofahren u. U. absoluten Sinn zusprechen. Freilich ist gerade in diesem Beispiel der Sinn sehr offensichtlich in weitere Abhängigkeiten eingebunden. Denn wer fanatisch nur noch das Autofahren sieht, der pervertiert es zur Sinnwidrigkeit. Man darf also absoluten Sinn nicht verabsolutieren – so könnte man sagen –, sondern er muß in einen geordneten Zusammenhang mit anderen sinnvollen Tätigkeiten gestellt werden. Aus ihm gewinnt er erst seine Berechtigung. Dasselbe gilt auch für unser anderes, etwas ranghöheres Beispiel, die Liebe. Auch hier kann es zu Sinnstörungen kommen, wenn der Lebenskontext, in den sich jede Liebe zwischen Menschen einfügen muß, vernachlässigt wird, wenn also z.B. auf die Gesundheit des Partners oder auf soziale Verpflichtungen, die sich aus einer Beziehung ergeben, keine Rücksicht genommen wird.

Aber noch in einer anderen Hinsicht muß der einzelne Sinn aus einem weiteren Zusammenhang begriffen werden. Zum Beispiel können Liebende plötzlich von der Frage bewegt werden: Welchen Sinn hat unsere Liebe in einer Welt voller Lieblosigkeit? Radikal negativ gewendet wird das Problem vielleicht noch deutlicher: Angenommen, jemand wäre fest davon überzeugt, daß sein Leben ganz und gar nichtig und sinnlos ist, könnte diese Gewißheit dann eine noch so intensive Sinnerfahrung unberührt lassen?

Wir werden auf die Zusammenhänge, die sich hier andeuten, noch einmal zu sprechen kommen. Hier sei nur soviel gesagt: Die Frage nach dem Sinn findet ihre letzte befriedigende Antwort nicht in einer einzelnen Sinnerfahrung, auch wenn diese zunächst einmal unanfechtbar und fraglos ist. Stets bedarf der partikuläre Sinn einer tieferen Rechtfertigung aus einem umfassenden Kontext. Es mag Sinnerfahrungen geben, die so stark sind, daß in ihnen dieser umfassende Kontext voll präsent ist. Aber ohne diesen positiven universalen Bezug müßte jeder Sinn in einem Meer von Sinnlosigkeit versinken.

### *Der Einwand des Nihilismus*

Wer die Überzeugung vertritt, man könne im Leben einen Sinn finden, wird sich immer mit einem radikalen Einwand auseinanderzusetzen haben, nämlich mit der Behauptung einer allseitigen und vollkommenen Sinnlosigkeit der ganzen Existenz und aller Wirklichkeit, also mit dem Nihilismus. Eine kurze Auseinandersetzung mit ihm ist notwendig, da sie uns den Sinnbegriff in einigen Punkten noch klarer erkennen läßt. Ich möchte deshalb darlegen, warum ich die Position des Nihilismus für widersprüchlich, zumindest für praktisch widersprüchlich und darum für nicht lebbar halte.

Entweder ist für diese Position jede Sinnfrage ein Scheinproblem, dann gibt es aber auch kein Leiden an der Sinnlosigkeit, weil dies ja dann ebenfalls nur eine Scheinproblematik wäre. Wenn aber die Vertreter dieser Überzeugung sich gerade auf das Leiden an der Sinnlosigkeit berufen, so haben sie im Grunde ihre Position verlassen. Denn der Mensch kann an der Sinnlosigkeit nur leiden, wenn ihm Sinn etwas bedeutet, sonst hätte er gar keinen Maßstab, um die Sinnlosigkeit festzustellen. Wenn ihm Sinn aber etwas bedeutet, dann muß er auf irgendeine Weise auch schon Sinn erfahren haben, sonst wüßte er nichts von ihm. Wenn er aber Sinn erfahren hat, dann gibt es in seinem Leben nicht nur Sinnlosigkeit, sondern auch den Sinn als reale Macht. Sinnlosigkeitserfahrung setzt Sinnerfahrung voraus. Es gibt keine totale Absurdität.

Gegen diese Argumentation könnte man freilich Bedenken anmelden. Mag sein – so könnte man sagen –, daß eine totale Absurdität unmöglich ist. Aber auch wenn wir einen Sinn annehmen, steht er dann nicht einer Übermacht von Sinnlosigkeit in der Welt gegenüber – sozusagen 5% Sinn gegen 95% Sinnlosigkeit? Liegt nicht aber gerade in diesem Verhältnis das Absurde, und ist diese Absurdität nicht sogar noch viel quälender als eine totale Sinnlosigkeit von vornherein?

Doch dieser Einwand ist bei weitem nicht so stichhaltig, wie er zunächst scheint. Denn die hier vorgenommene Aufteilung läßt sich nicht wirklich durchhalten. Entweder werden die 5% Sinn angesichts der Übermacht des Absurden zur Farce, d.h., sie höhlen sich aus und werden damit selbst sinnlos – eine Konsequenz, die auch der Einwand nahelegt. – Oder aber die 5% Sinn sind imstande, eine Hoffnung zu begründen, die auch das übrige, scheinbar sinnlose Leben einbezieht. Auch von einem kleinen Hoffnungsschimmer kann ja die Ermutigung ausgehen, Vertrauen in das Leben zu haben und darauf zu bauen, daß der Sinn mächtiger ist als die Sinnlosigkeit. Damit wäre aber die entscheidende Option für den Sinn bereits gefällt. Die 5% haben ein größeres Gewicht bekommen, und die Antwort auf Sinnwidrigkeiten des Lebens ist nicht mehr die Kapitulation, sondern der Glaube, daß sie prinzipiell überwindbar sind.

Folgendes sollte uns die Auseinandersetzung klargemacht haben: Der Nihilismus ist theoretisch anfechtbar, allerdings ist er durch die Theorie nicht wirklich überwindbar, da er nur bis zu einem gewissen Grad widerlegt werden kann. – Zum andern ist uns der Sinn des Ganzen unseres Lebens nur in der auf Hoffnung und Vertrauen gegründeten Entscheidung gegeben. Der Nihilismus verurteilt uns zur Hoffnungslosigkeit, eine Haltung, mit der kein Mensch bewußt und ehrlich leben kann, geschweige denn glücklich und froh. Wenn wir uns allerdings an die leiseste Hoffnung halten und auf sie bauen, vielleicht auch nur bauen wollen, dann setzen wir bereits auf den Sinn als die entscheidende Macht in unserem Dasein.

Wo immer der Mensch Sinn erfährt, dort sagt er – nicht äußerlich, sondern in seinem Innern – ein Ja. Er sagt ein Ja zu dem, was er erfährt. Der sachliche Grund für dieses Ja und das, worauf es sich bezieht, müssen in der Erfahrung vorgegeben sein. Etwas lädt den Menschen sozusagen ein oder fordert ihn auf, ja zu sagen. Was wir hier im Auge haben, kann deswegen auch nicht als irrationaler Willensakt, sondern nur als Antwort auf ein Angebot betrachtet werden. – Um bei unseren Beispielen zu bleiben: Der Mensch erfährt, daß es gut ist, geliebt zu werden, zu lieben, zu helfen usw., und gibt seine Zustimmung dazu.

Diese Erfahrungen genügen sich in gewisser Weise selbst, und wir nannten den Sinn, den sie zum Vorschein bringen, absoluten Sinn. Er steht in sich und bestimmt sich nicht im Hinblick auf äußere Zwecke. Wir haben allerdings schon darauf hingewiesen, daß die Zweckfreiheit nicht Isolation bedeutet, also der absolute Sinn nicht eine Welt für sich bildet, die mit allem Übrigen nichts zu tun hat. In sich stehen heißt nicht ohne Beziehung sein. Im Gegenteil: der absolute Sinn muß sich gerade in Beziehung setzen zu dem ihn umgebenden Wirklichkeits- und Sinnkontext. Nur wenn er in Übereinstimmung, in Einklang ist mit dem Ganzen, das ihn umgibt, kann er sich als Sinn behaupten. Die Liebe etwa ist zwar in sich und unabhängig von äußeren Zwecken sinnvoll, aber sie ist es nur dann, wenn sie sich aus einer umfassenden Ordnung versteht und bereit ist, sich in diese Ordnung einzufügen.

Dasselbe stellt sich, von einer anderen Seite gesehen, so dar: Der Sinn der Liebe läßt sich nur dann festhalten, wenn Liebe auch eine allgemeine Geltung hat, d.h., wenn sie für mehr als nur einen oder ein paar Menschen, nämlich für alle Menschen und für die Welt des Personalen überhaupt, gilt. Wäre in Wahrheit der Haß das letzte Ziel geistigen Lebens, dann könnte sich die Liebe als Sinnerfahrung nicht behaupten. Sie wäre schon im Ansatz Irrtum, Illusion und müßte sich früher oder später auflösen. Gerechtfertigt ist die Sinnerfahrung nur durch ihre Wahrheit. Und sie ist es letzten Endes nur durch den universalen Wirklichkeitsbezug ihrer Wahrheit.

Absoluter Sinn ist also nur in der Offenheit zum Ganzen möglich und erfahrbar. Friedrich Nietzsche hat diesen Zusammenhang sehr genau gesehen und ausgesprochen. Er sagt: „Gesetzt, wir sagen ja zu einem einzigen Augenblick, so haben wir damit nicht nur zu uns selbst, sondern zu allem Dasein ja gesagt. Denn es steht nichts für sich, weder in uns selbst noch in den Dingen ... und alle Ewigkeit war in diesem einzigen Augenblick unseres Jasagens gutgeheißen, erlöst, gerechtfertigt und bejaht."[26]

Aber hiergegen erhebt sich sofort der schon einmal angeführte Einwand: Gibt es nicht in der Welt soviel Sinnwidriges, das diesen Einklang des Ganzen längst widerlegt hat? Und wenn der einzelne Sinn in seinem Wahrheitswert tatsächlich von diesem Einklang abhängt, dann kann es ihn einfach nicht geben.

Der Einwand hätte recht, wenn unter dem Einklang mit dem Ganzen ein harmonisches Universum zu verstehen wäre, in dem alles schön aufeinander abgestimmt ist und Sinnwidrigkeiten nicht vorkommen können. In einer solchen Welt leben wir nicht, das ist klar. – Andererseits können wir aber auch nicht jeden Sinn leugnen. Das wäre – wie oben gezeigt wurde – sogar widersprüchlich. Wenn es also doch Sinn gibt, und die Konsequenz – wie mir scheint – unumgänglich ist, daß dieser Sinn nur aus dem Einklang mit dem sinnvollen Ganzen der Wirklichkeit seine Rechtfertigung erhalten kann, dann ergibt sich ein ernstes Dilemma.

Meiner Ansicht nach läßt sich aus diesem Dilemma nur herauskommen, wenn „das Ganze" nicht als Summe aller Fakten aufgefaßt wird, sondern vielmehr als Mitte oder tragender Grund. Der Bezug zum Ganzen wäre dann der Bezug zu diesem die Wirklichkeit als ganze tragenden und erhaltenden Grund, der aber als solcher kein Stück der Welt sein dürfte, sondern das ganz andere zu ihr sein müßte. Nur dieser einerseits alles bestimmenden, andererseits doch transzendenten Wirklichkeit könnten wir es zutrauen, daß sie imstande wäre, trotz aller antreffbaren Sinnwidrigkeiten einen Sinn des Ganzen zu garantieren[27].

Nur im hoffenden Vertrauen auf die überlegene und sinngebende Macht dessen, den die religiöse Sprache Gott nennt, kann der Mensch an der Erfahrung von absolutem Sinn festhalten und aus ihr die Kraft für sein Leben schöpfen.

## XVIII

*„An einen Gott glauben heißt die Frage nach dem Sinn des Lebens verstehen. An einen Gott glauben heißt sehen, daß es mit den Tatsachen der Welt noch nicht abgetan ist. An Gott glauben heißt sehen, daß das Leben einen Sinn hat.“* L. Wittgenstein

## XIX

*„Historia in nuce. – Die ernsthafteste Parodie, die ich je hörte, ist diese: ‚Im Anfang war der Unsinn, und der Unsinn war, bei Gott!, und Gott (göttlich) war der Unsinn.‘“* F. Nietzsche

## XX

*„Man beginnt überhaupt erst zu verstehen, was mit dem Wort ‚Gott‘ gemeint ist, wenn man einsieht, daß es die uns zugesprochene Antwort auf die gesamte Sinnfrage des menschlichen Daseins ist.“* E. Coreth

## XXI

*„Was ist heilig? Das ist's, was viele Seelen zusammenbindet; bänd' es auch nur leicht, wie die Binse den Kranz.*
*Was ist das Heiligste? Das, was heute und ewig die Geister, tiefer und tiefer gefühlt, immer nur einiger macht.“* J. W. Goethe

## XXII

*„Also ist die einzige und wahre Tugend, sich zu hassen, denn man ist hassenswert wegen der Konkupiszenz, und ein wahrhaft der Liebe würdiges Wesen zu suchen, um es zu lieben. Da wir aber nichts lieben können, was außer uns ist, muß man ein Wesen lieben, das in uns ist und das wir nicht selbst sind und das für einen jeden Menschen Wirklichkeit ist. Nun, es gibt nur das umfassende Wesen, das dem genügt. Das Königtum Gottes ist in uns: das höchste Gut ist in uns, ist wir selbst und ist nicht, was wir selbst sind.“* B. Pascal

XXIII

*„Was der Mensch ist, das ist er durch die Sache, die er zur seinen macht."*
K. Jaspers

XXIV

*„Wer sein Leben retten will, der wird es verlieren; wer aber sein Leben verliert um meinetwillen, der wird es retten."* Lukas 9,24

XXV

*„Weib, dieses Kind, das du gebären willst, es ist gleichsam eine Neuauflage der Welt! Seinetwegen werden die Wolken und das Wasser und die Sonne und die Häuser und die Qual der Menschen einmal mehr existieren. Du wirst die Welt neu erschaffen, die sich wie eine dicke schwarze Kruste schließen wird um ein kleines empörtes Gewissen, das hier bleiben wird, als Gefangener, mitten in dieser Kruste, wie eine Träne. Begreifst du, welche gewaltige Ungeheuerlichkeit, welch schreckliche Gefühllosigkeit es wäre, diese mißlungene Welt gleichsam in neuen Exemplaren erscheinen zu lassen? Ein Kind erschaffen heißt, die Schöpfung aus tiefstem Herzen bejahen, heißt, dem Gott, der uns quält, sagen: ‚Herr, alles ist gut, und ich sage dir Dank, daß du das Weltall gemacht hast.' Willst du wirklich ein solches Lied singen? ... Bewahre deine Hände rein, Sarah, damit du auf deinem Sterbelager sagen kannst: Keinen lasse ich nach mir zurück, um das menschliche Leid fortzusetzen."*
J.-P. Sartre, Bariona

XXVI

*„Immer wieder in dieser turbulenten Zeit verlieren wir aus dem Auge, warum es sich eigentlich zu leben lohnt. Wir meinen, weil dieser oder jener Mensch lebt, habe es auch für uns Sinn zu leben. In Wahrheit ist es aber doch so: Wenn die Erde gewürdigt wurde, den Menschen Jesus Christus zu tragen, wenn ein Mensch wie Jesus gelebt hat, dann und nur dann hat es für uns Menschen einen Sinn zu leben. Hätte Jesus nicht gelebt, dann wäre unser Leben trotz aller anderen Menschen, die wir kennen, verehren und lieben, sinnlos. Vielleicht entschwindet uns jetzt manchmal die Bedeutung und Aufgabe unseres Berufes. Aber kann man sie nicht in einfachster Form so aussprechen? Der unbiblische Begriff des ‚Sinnes' ist ja nur eine Übersetzung dessen, was die Bibel ‚Verheißung' nennt."*
D. Bonhoeffer

# III.
# Was antwortet die christliche Offenbarung auf die Frage nach dem Sinn des Lebens?

Was sagt das Neue Testament und seine Auslegung in der christlichen Theologie zur modernen Sinnfrage, wie sie im ersten Beitrag beschrieben wurde? Wie steht diese Aussage zu jener religiösen Dimension, die im vorstehenden Kapitel als letzte Konsequenz und Tiefe der Sinnfrage gezeigt wurde? Liegt dem Neuen Testament diese Frage fern? Sieht es die religiöse Dimension vielleicht von ganz anderen Erfahrungen aus und auch inhaltlich ganz anders als unsere religionsphilosophische Analyse? *Wie verhält sich der Gott der biblischen Offenbarung zur heutigen Sinnfrage* und zum „Gott der Philosophen", die von dieser Frage ausgehen?

Wenn wir nur dem *Begriff „Sinn"* nachgehen, finden wir keine Brücke zur biblischen Offenbarung. Die Heilige Schrift kennt dieses Wort in der hier gemeinten Bedeutung nicht. Kein Wunder, daß dieser Begriff auch in den klassischen Katechismen und Dogmatikhandbüchern – Paul Tillichs „Systematische Theologie" mit ihren zaghaften Anläufen einmal ausgenommen – keine Rolle spielt. In den großen theologischen Lexika herrscht auch heute noch zwischen den Stichworten „Sinai" und „Sinologie", wo der Begriff Sinn zu suchen wäre, entweder „Sinn-losigkeit", oder wenn sie dem Begriff Sinn einen Artikel widmen[28], befaßt er sich fast ausschließlich mit der philosophischen Seite des Problems. Es wird noch einige Zeit zu spüren sein, auch in diesem Beitrag, daß es die Theologie (ähnlich wie die Philosophie) allzulange der Erbauungsliteratur überlassen hat, auf die Sinnfrage einzugehen.

Stellen wir jedoch die Frage nach dem Sinn des Lebens *inhaltlich*, von den Fragen und Erfahrungen her, die hier bereits untersucht wurden, so zeigt sich bald, daß die biblische Offenbarung darauf nicht nur eingeht, sondern eine unverwechselbare, eigene, engagierte Antwort gibt. Es kommt wohl auch nicht von ungefähr, wenn Humanisten wie E. Fromm, E. Bloch, M. Machoveč, V. Gardavský und andere in ihrer Sinnreflexion auf biblische Texte zurückgreifen. Wer die Frage nach dem Sinn des Lebens so bewußt stellt wie sie, fragt bereits aus einem biblisch-abendländischen Urimpuls heraus.

Fragen wir einmal: Sollen wir uns um andere mehr kümmern, als es das reibungslose Funktionieren unseres wirtschaftlichen Lebens erfordert? Sollen wir sie – vielleicht auch gegen unsere eigenen Interessen – als „Zweck an sich" (I. Kant) und als „absoluten Sinn" (M. Müller) betrachten? Lohnt sich der Einsatz für andere, und lohnt sich der Einsatz für unser eigenes, von Vergeblichkeit und Tod bedrohtes Leben? Gibt es in den einzelnen Verrichtungen, Zwecken und Personen und über sie hinaus einen „Zweck der Zwecke" (V. E. Frankl), der um seiner selbst willen erstrebenswert ist, den Menschen fordert und erfüllt? Oder ist das Leben ein blindes Fatum, wie es die Antike sah, eine Kette von Wiedergeburten im Sinne des Hinduismus und der Anthroposophie, nur ein Beitrag zu einer technischen und sozialen Entwicklung der Welt (klassischer Marxismus) oder einfach eine „passion inutile" (J.-P. Sartre), eine Reise, die wir nie hätten antreten sollen?

## Die Sinnorientierung in Jesu eigenem Leben

Wird so gefragt, dann zeigt sich, daß Jesus und die Urgemeinde eine ganz entschiedene Antwort geben. Für seine eigene Person, in seiner „Praxis", ist Jesus fest überzeugt, daß es sich lohnt, sich um die anderen zu bemühen, um die Menschen, die „geplagt und verwahrlost sind, wie Schafe, die keinen Hirten haben" (Mt 9,36), um das „Verlorene" (Lk 19,10; 15,1–7), das heißt um die Gott Entfremdeten, um die Kranken und die Verachteten. Wer könnte die Menschen entschiedener zum Mittelpunkt, zum Endzweck, zum Sinn seines Tuns machen, am Nutzwert der anderen uninteressierter und an ihrem Eigenwert interessierter sein als er?

In dieser Ausrichtung seines Einsatzes ist er ganz *entschieden*. Sie beseelt ihn ganz. Darum weiß er sich „gesandt"[29]. Und er ist nicht gekommen, sich bedienen zu lassen, sondern zu dienen (Mt 20,28). „Meine Speise – der Sinn, die Erfüllung, von der ich lebe – ist es, daß ich den Willen dessen tue, der mich gesandt hat" (Joh 4, 34).

Dieser Einsatz gilt dem konkreten Mitmenschen; aber er geht auch über ihn hinaus – nicht nur auf ein überhöhendes Kollektiv oder Revolutionsprogramm. Sein Einsatz geht auch über den tatsächlichen Erfolg hinaus, schließt also eine machtpolitisch-klerikale Einstellung aus. Für Jesus lohnt sich der Einsatz für die anderen auch dann, wenn sie sein Bemühen zurückweisen, und sie sind auch dann noch sein Ziel und unter keinen Umständen hassenswert, wenn sie ihn verfolgen. Er setzt sich auch für seine Feinde ein.

In all dem weiß er sich nicht nur von der unbestimmten Zuversicht getragen, irgendwie werde das schon recht sein und sich irgendwo lohnen. Nein, dieses Irgendwo ist für ihn unmittelbare Erfahrung und Mitte: er weiß sich von dem trotz Unverständnis, Undank und Ablehnung bestehenden *Sinn seiner Sache* so *unmittelbar getragen*, ja gedrängt, daß er dafür ein eigenes Wort gebraucht, das eine einzigartige Nähe und persönliche Beziehung ausdrücken soll: *Abba, Vater.* Von diesem Vater wird er gerade deshalb geliebt, weil er sein Leben hingibt für die anderen (Joh 10,17). Und die anderen sind ihm deswegen *Brüder und Schwestern*, seines totalen Einsatzes wert, weil er sein Leben und das Leben aller Menschen von dieser größeren, unbedingten, drängenden, sendenden Güte umfaßt erfährt.

Abba, Vater – das bedeutet, daß Jesus in einer Güte lebt, die allen gilt und die durch alle wirken will. Diese Unmittelbarkeit zum Vater wird auch nicht durch das *Scheitern und den Tod* in Frage gestellt. Dort, wo alles innerweltlich Sinngebende zerbricht, wo selbst seine Sendung in Frage gestellt erscheint, wo er sich von dunkelster Sinnlosigkeit bedroht, verlassen fühlt, am Kreuz, klagt Jesus seine Verlassenheit dem Vater. So ist für ihn das Kreuz der Weg, auf dem er zur äußersten Treue und Unmittelbarkeit gegenüber der umgreifenden Güte, dem Vater, gelangt: zu einem Für-Dich und Mit-Dir trotz Vergeblichkeit und Tod.

Für dieses „Lebensgefühl" Jesu, für diese Sinngewißheit ist der Begriff „Sinn" oder „Sinnerfüllung" fast zu schwach. Er lebt so sehr im genauen Gegenteil von verzweifeltem Nihilismus oder sarkastischem Zynismus, daß man von einer Sinnerfahrung und Sinngewißheit sprechen müßte, die zu unüberbietbarer Unmittelbarkeit und Intensität gesteigert sind. Nach dem Zeugnis der Urgemeinde lebt Jesus, verglichen mit dem „normalen" Vertrauen der Religionen und Philosophien in der Geschichte und Gegenwart, aus einem *„Mehr" an Sinn.* Es ist ein Mehr an Sinn, das sich eben bis zum Sohnes- und Sendungsbewußtsein Gott gegenüber steigert und bis zum Gehorsam am Kreuz wächst.

In der psychologischen Betrachtung dieses Bändchens wird dargelegt, das theistische Bekenntnis zu „Gott" besage in der Sicht der Sinnfrage: Der Sinn, den wir erahnen und erhoffen, ist so dicht, begegnungsfähig, verpflichtend, daß er ein Du ist. Diese Überzeugung ist bei Jesus noch einmal gesteigert: Der Sinn, den wir als tragenden Grund unseres Lebens erahnen, ist so unmittelbar sein Ursprung, sein Ziel, seine Quelle, daß er „Abba", Vater ist, von dem er ausgeht, gesandt und gedrängt ist[30].

Jesu Botschaft an die Menschen besteht eigentlich darin, daß er sie aufruft, sich auch ihrerseits diesem „Mehr an Sinn" zu öffnen, es auch als Angebot an sie zu betrachten und ihm in der Annahme dieses Mehr nachzufolgen. Aus dieser Botschaft sollen hier einige Punkte herausgegriffen werden, die sozusagen „typisch Jesus" sind.

### *1. Liebe und sittliche Verpflichtung: der Mitmensch wird „Nächster", Geben wird Empfangen*

Den Dominanzregungen im eigenen Jüngerkreis hält Jesus sein Lebensgesetz: nicht herrschen, sondern dienen, entgegen: „Ihr wißt, daß die Herrscher der Völker sie knechten und daß die Großen sie ihre Macht fühlen lassen. Nicht so soll es unter euch sein. Vielmehr, wer unter euch groß sein will, sei euer Diener, und wer unter euch der Erste sein will, sei euer Knecht – so wie der Menschensohn nicht gekommen ist, sich bedienen zu lassen, sondern zu dienen und sein Leben als Lösegeld für viele zu geben" (Mt 20,25–28).

Für die mitmenschlichen Beziehungen gilt in der Nachfolge Jesu nicht nur das Gebot, den Mitmenschen als unverfügbare Person und „Zweck an sich" zu respektieren, sondern es gilt das „neue Gebot", sie als *Brüder und Schwestern* zu betrachten, das heißt sie zu lieben, wie Jesus geliebt hat (Joh 13,34; 15,12). Das schließt die Bereitschaft ein, bei Fremdheit oder Entfremdung den ersten Schritt zu wagen, um aufeinander zuzugehen und das Verhältnis zu verbessern – in der Sprache der Bergpredigt: „grüßen", auch wenn man uns nicht grüßt. Es schließt ferner die Bereitschaft ein, selbstlos zu helfen, auch wenn es einem niemand lohnt. Nach dem Neuen Testament soll man sogar bereit sein, für seine Freunde das Leben hinzugeben (Joh 15,13). Aber auch um seine Feinde soll man so besorgt sein, daß man für sie tut, was man sonst nur für die Nächststehenden in großer Not tut: beten[31].

*„Ihr habt gehört, daß gesagt wurde: Du sollst deinen Nächsten lieben und deinen Feind hassen! Ich aber sage euch: Liebet eure Feinde und betet für eure Verfolger, damit ihr Söhne eures Vaters in den Himmeln werdet, der seine Sonne aufgehen läßt über Böse und Gute und regnen läßt über Gerechte und Ungerechte. Wenn ihr nämlich nur die liebt, die euch lieben, welchen Lohn habt ihr? Tun nicht auch die Zöllner dasselbe? Und wenn ihr nur eure Brüder*

*grüßt, was tut ihr Besonderes? Tun nicht auch die Heiden dasselbe? Ihr aber sollt vollkommen sein wie euer Vater im Himmel vollkommen ist" (Mt 5,43–48).*

*Lukas fügt noch hinzu: „Gebt – und euch wird gegeben werden. Ein gutes, gedrängtes, gerütteltes, überlaufendes Maß wird man in euren Schoß geben. Denn mit dem Maß, mit dem ihr meßt, wird euch gemessen werden" (Lk 6,38).*

„Euch *wird gegeben werden*" und „*wird man* in euren Schoß geben" – diese passivischen, unpersönlichen und futurischen Wendungen weisen in verhüllter Form auf „Gott" hin, nicht nur auf den unaussprechlich Erhabenen, dessen Namen man durch häufige Nennung nicht verunehren soll, sondern vor allem auf den, der sich in der Endzeit als der große „Lohn", als die Erfüllung offenbart[32].

Wir Heutigen verstehen diese Aussagen wohl am besten, wenn wir sie wörtlich nehmen: wenn wir die endzeitliche Vollendung als etwas jetzt Beginnendes, zu Ergreifendes denken und uns den „Lohn" nicht insgeheim als irdisches oder halbirdisches Gut eines anthropomorphen Vergelters vor oder nach dem Ende unserer Tage vorstellen. Der „Lohn", der „Zweck an sich" oder Sinn, um dessentwillen sich auch der von den Mitmenschen mit Undank vergoltene Einsatz lohnt, ist nach dem Neuen Testament *Gott selbst:* die Übereinstimmung mit ihm, seine erfüllende Nähe mit ihrem Mehr an Unmittelbarkeit, die uns jetzt schon zu ihren Söhnen und Töchtern macht und untereinander zu Brüdern und Schwestern, die also auch für uns, ähnlich wie für Jesus, Abba, Vater, ist. Dieser unmittelbarere Sinn ist uns jetzt schon gegeben, beispielsweise als Mut zum absolut selbstlosen Geben, auch wenn uns Menschen nicht danken oder unser Almosen loben: „Und dein Vater, der ins Verborgene sieht, wird es vergelten" (Mt 6,4). Man könnte diesen Mut zu absoluter Selbstlosigkeit auch als Ahnen und „Suchen" der kommenden Gottesherrschaft oder als „Heiligen Geist" bezeichnen. Und es ist verdeutlichend hinzuzufügen: Das, womit der „Vater, der ins Verborgene sieht", einem vergilt, ist nicht etwas Materielles und Fremdes außerhalb seiner unmittelbaren Nähe, sondern ist diese Nähe selbst: *er selbst* ist das, worum sich aller Einsatz lohnt. Er ist es jetzt schon, insofern die Gotteskindschaft oder Gottesherrschaft „nahegekommen" ist, und er wird es auf vollendete Weise sein, wenn er uns mit dem Sohn „alles gibt" (Röm 8,32f) und für uns „alles in allem" wird (1 Kor 15,28)[33].

Auch von dieser Erfüllung gilt, daß der Begriff „Sinn" dafür zu schwach ist. Sie meint ein Mehr an Sinn, einen Sinn, der sich nicht nur als letzten Halt im Dunkel erhoffen läßt, sondern der ekstatisch aus sich heraustritt, der als Menschwerdung, Offenbarung und Geistsendung auf die Menschen zukommt und sie ergreifen will, damit sie schöpferisch mit ihm das Gute, das allein sinnvoll ist, schaffen, das heißt mit ihm, dem Vater aller, *mitlieben*[34].

## Das unterscheidend Christliche an der christlichen Sinnantwort

Theologisch-systematisch kann man dieses ekstatische und inkarnierte „Mehr" als „Selbstmitteilung" bezeichnen[35]. „Selbstmitteilung" bedeutet, daß sich Gott nicht nur in seiner Schöpfung, das heißt durch Gaben, die von ihm selbst verschieden sind, mitteilt, durch Repräsentanten seiner Güte, sondern *sich selbst gibt.* Der Geber macht sich selbst zur Gabe, „belohnt" dadurch, daß er Unmittelbarkeit zu sich selbst gewährt. Er erschließt sich unmittelbar in seiner quellhaften Ursprünglichkeit, nicht nur in Gaben, sondern als die Güte selbst. Für die Frage, ob sich das Leben und der Einsatz für andere lohnt, bedeutet das, wie schon gesagt: Es gibt einen unendlichen, beseligenden Lohn; das/der Gute selbst ist der Lohn und Sinn, wenn wir uns ihm öffnen – so hat er es selbst unwiderruflich geoffenbart in Jesus Christus.

Dieses Mehr an Sinn also müßte dem Jünger Jesu den Mut und die Gewißheit geben, daß er, obwohl Undank der Welt Lohn ist, in seinem Einsatz für andere *immer mehr empfängt, als er gibt, daß Geben Empfangen bedeutet* und daß er in diesem Geben die in Jesus geoffenbarte, verheißene Seligkeit ergreift – die Seligkeit ist das Geben mit Gott, das Mitlieben: „Wenn ihr nämlich nur die liebt, die euch lieben, welchen Lohn habt ihr?" „Gebt – und euch wird gegeben werden." Hier wird ein Mut verlangt, der ohne die Legitimation durch Christus ein reines Abenteuer wäre.

Dem, der sich zu diesem Mut entschließt, rückt der Mitmensch näher: er wird der Nächste: Bruder und Schwester. Der Jünger Jesu erfährt also nicht nur eine sittliche Verpflichtung, die in sich steht und der er sich nicht ohne Schuld entziehen kann, sondern in dieser Verpflichtung hört er den Ruf, die Verheißung zur unmittelbaren Nähe zur Quelle allen Sinns. Er hört darin den Ruf der Güte selbst, biblisch: den Ruf des Vaters mitzulieben, das Drängen des Geistes Jesu. Hier hat er sich zu entscheiden, ob er sich der Selbstmitteilung Gottes öffnet oder verschließt, in die Gottesherrschaft eintritt oder nicht: „Was ihr dem geringsten meiner Brüder getan (oder nicht getan) habt, habt ihr *mir* getan (oder nicht getan) (Mt 25,40).

Darin ist bereits die wesentliche Antwort des christlichen Glaubens auf die Sinnfrage enthalten. Alles weitere sind nur noch Entfaltungen aus derselben Wurzel. Diese Antwort ist letztlich die Antwort auf die absolute Güte, die uns „zuerst geliebt" und in Jesus Christus ihre Bereitschaft zur Selbstmitteilung geoffenbart hat: ein letztes Für-Dich und Mit-Dir[36].

Das *unterscheidend Christliche* an dieser Antwort liegt nicht darin, daß sie entgegen anderen Religionen oder ethischen Anschauungen bestimmte Verhältnisse und Ziele für sinnvoll bzw. für sinnlos erklärt. Vielmehr hält der Christ das für sinnvoll und gut, was jede menschliche Vernunft als sinnvoll und gut anerkennen muß. Doch müßte diese Einstellung zu allem Sinnvollen und Guten bzw. die Ablehnung alles Sinnlosen und Schlechten dadurch *entschiedener* und scharfsichtiger werden, daß sie aus der unbedingten, in der Offenbarung Jesu wurzelnden Entschiedenheit für das Gute erwächst: aus dem Glauben, daß das menschliche Leben im ganzen nicht nur sinnvoll, sondern zu einer vollendeten Teilnahme an der göttlichen Güte berufen ist. Biblisch: zum ewigen Hochzeitsmahl, zum himmlischen Jerusalem, zum „Schauen von Angesicht zu Angesicht". Darin liegt das unterscheidend Christliche[37].

Diese Sinnantwort des Christentums ist (wie auch das Beispiel Jesu) fundamental und total. Sie sagt nicht, worin in einer konkreten Situation des einzelnen oder der Gesellschaft heute Sinn und Unsinn, Gut und Böse bestehen. Das muß vielmehr je neu durch eine Situationsanalyse und Wertreflexion erforscht werden. Die christliche *Fundamental- und Totalantwort* – das zeigen auch einige Beispiele im ersten bewußtseinskritischen Teil dieses Bändchens – treibt aber solche Analyse und Reflexion an und gibt ihr, freilich ohne sie von vielen Unsicherheiten im einzelnen zu befreien, die Grundlagen und Kriterien für eine Wertung.

## 2. *Hoffnung trotz Vergeblichkeit, Schicksal und Tod*

Das Mehr an Sinn, das das Neue Testament verkündet, ist nicht nur ein Mehr trotz des Undanks der Mitmenschen, sondern auch ein Mehr trotz der Vergeblichkeit vieler unserer Initiativen, trotz der unberechenbaren und schicksalhaften Vorgegebenheit vieler Umstände im Leben und trotz Leid und Tod.

Das Neue Testament weiß sehr wohl, daß unsere Selbstbejahung und unser Einsatz für andere in Frage gestellt werden durch die Vergeblichkeit vieler unserer Handlungen, durch Krankheit, durch Leid und schließlich durch den Tod. Es weiß, daß sich angesichts dieser

Tatsachen die Sinnfrage verschärft stellt: Lohnt es sich – auch wenn ich in dieser leib-geistigen und sozialen Existenz nichts mehr davon habe, sondern darauf vertrauen muß, daß von einem anderen her und auf andere Weise die hier erfahrene Sinngebung, deren „Ende" schon durch Vergeblichkeit und Krankheit angekündigt wird, weiter garantiert wird[38]?

Seine Antwort ist auch hier ein Mehr. Nämlich das Mehr der Hoffnung, daß das hier erfahrene und begonnene Sinnvolle nicht nur irgendwie weitergehen kann, sondern daß es *vollendet* wird, vollendet bis in die Körperlichkeit hinein, zu einem neuen Verhältnis zum Materiellen – so wie es in der Auferstehung Jesu angefangen hat. Das ist kein Enthusiasmus, der Leid und Tod übersieht, sondern Hoffnung, die weiß, daß sie durch Kreuz und Tod in die Vollendung eingehen muß – wie Jesus selbst. „Auch wir selbst, die wir die Erstlingsgabe des Geistes haben, auch wir seufzen in uns selbst und warten auf die Annahme an Sohnes Statt, auf die Erlösung unseres Leibes" (Röm 8,23). Paulus, der das schreibt, wußte, wie unsere spontane Bereitschaft zur Hoffnung – ganz anders, als es manche Projektionstheorien darstellen – durch die Zerschlagung oder Beendigung unseres Lebenswerkes erschüttert werden kann und wie sich der antike Mensch von den Schlägen des Schicksals bedroht und von den „Mächten und Gewalten" bis zur Verzweiflung erdrückt fühlte. Aber die in einem Punkt, nämlich in Jesus Christus, erfahrene Liebe Gottes begründet für ihn eine Hoffnung trotz allem: „Wer wird uns trennen können von der Liebe Christi? Not oder Drangsal, Verfolgung, Hunger, Blöße, Gefahr oder Henkersschwert? ... Ja, ich bin gewiß, weder Tod noch Leben, weder Engel noch Gewalten und Mächte, noch überhaupt etwas in der Welt wird uns zu trennen vermögen von der Liebe Gottes, die ist in Christus Jesus, unserem Herrn" (Röm 8, 35–39).

### *3. Gelassenheit ohne Frustrationsangst – erfüllte Zeit*

Bisher wurden die Antworten des Neuen Testaments auf die Sinnbedrohung angesichts von Undank, Vergeblichkeit und Tod genannt. Diese Antworten charakterisieren jeweils von Grenzsituationen her eine Grundhaltung, die auch in positiven und normalen Situationen das Verhältnis des Gläubigen zu seinem eigenen Leben, zu den einzelnen Dingen und Menschen, das heißt zu den einzelnen Werten oder Sinnträgern bestimmt.

Zu dieser Grundhaltung gehört beispielsweise, daß man die einzelnen Werte oder Sinnträger des Lebens *ohne letzte Frustrationsangst* erstreben (lieben) und auch lassen kann: eine letzte Freiheit und Gelassenheit gegenüber den Dingen.

Wer mit der wachsenden, sich steigernden und in Zukunft sich vollendenden Selbstmitteilung Gottes rechnet, für den müßte es nach Auffassung des Neuen Testaments gegenstandslos sein, seine Lebensdauer um eine Elle verlängern zu wollen (Mt 6,27) oder die Pracht der Kleidung oder Essen und Trinken zu seinem Hauptanliegen und Lebensinhalt zu machen, sich darum zu „sorgen" im Sinne von Mt 6,33. Vielmehr geht es ihm um die absolute Liebe, um die Selbstmitteilung Gottes, um die Gottesherrschaft, der gegenüber alle anderen Güter des Lebens „Zugabe" sind (Mt 6,33). Ja, für den Gläubigen gibt es ein Sinnzentrum, eben die Gottesherrschaft, um dessentwillen es sich hundertfach lohnt – das ist nun schon wieder eine Grenzsituation –, „Haus oder Brüder" zu verlassen und die „Zugaben" nur „unter Verfolgungen" zu empfangen (Mk 10,28–31). „Wenn der Tod das Leben ist, d.h., wenn das Lassen des einzelnen nicht eigentlich verliert, sondern alles gewinnt, dann ist die Frustrationsangst überwunden ... Das kleine Wirkliche wird ergriffen als die Verheißung unendlicher Zukunft, nicht als deren Tod" (K. Rahner, a.a.O. 324).

Diese Grundhaltung muß sich vor allem im Verhältnis zur *Zeit* auswirken. In unserem Verhältnis zum Augenblick, zum einzelnen Stück Leben mit seiner Vergänglichkeit, zeigt sich ja unsere Einstellung zum Leben, zum Sinn des Lebens überhaupt. Wer sich der schon nahegekommenen und sich vollendenden Gottesherrschaft öffnet, kann seine Zeit weder mit Frustrationsangst noch mit dem Leeregefühl der Sonntagsneurose noch mit der traurigen Resignation dessen, der die Zeit nur als etwas Zielloses und Zerrinnendes erlebt, sehen. Gerade dieses Bewußtsein: die Zeit zerrinnt ziellos, du kannst dich in ihr nicht aufgehoben, beheimatet fühlen, hat Salvador Dalí, in dessen Schaffen die Angst vor dem Tod eine große Rolle spielt[39], in dem Gemälde „Zerrinnende Zeit" (1931) durch das Symbol der „weichen Uhren" meisterhaft dargestellt. Uhren, die wie schmelzendes Metall wegfließen, Uhren, an denen wie an Totengebeinen Ameisen nagen – in einer kahlen, glatten, irrealen Landschaft. Ganz anders hat Marc Chagall aus dem Lebensgefühl des Chassidismus heraus, der auch im Niedrigsten und Vergänglichsten das Ewige sieht, geflügelte Uhren gemalt, Uhren, die fliegen oder Violine spielen: die Zeit als etwas Beschwingtes, als Hoch-Zeit.

Dem Zeitbewußtsein des Neuen Testaments entsprechen viel eher die geflügelten Uhren. Für Jesus und für seine Jünger ist „die Zeit erfüllt", das heißt, der Kairos der Erfüllung aller legitimen Erwartungen und Verheißungen ist angebrochen (Mk 1,15). Diesen Kairos soll der Christ „auskaufen" (Eph 5,16). Das bedeutet nicht Hektik und Geschäftigkeit, sondern dem ganzen Zusammenhang nach: *wach sein*, ein „Kind des Lichtes" werden, offen für die „Frucht des Lichtes", für Güte, Gerechtigkeit und Wahrheit (Eph 5,9). Wertbewußter, sinnüberzeugter leben – auch mit einem kritischeren Gespür für alles Unwahre, Ungerechte, Gehässige.

Auch das „Wachet und betet" der synoptischen Evangelien ist nicht einfach als Drohung vor dem unberechenbaren Endgericht auszulegen. Natürlich warnt es vor dem endgültigen Verpassen des Kairos und betont, daß auch die Gläubigen selbst (nicht nur die Heiden) das Kommen des Messias zum Weltgericht nicht vorausberechnen können. Aber der Grund für diese Warnung ist durch und durch positiv: Jetzt ist die Zeit und das Leben eine einzige Chance, in die Gottesherrschaft einzutreten und – johanneisch gesprochen – das „wahre Licht" (Joh 1,9), das „wahre Brot vom Himmel" (6,32), den „wahren Weinstock" (15,1) und die „Anbetung des Vaters im Geist und in der Wahrheit" (4,23) zu finden, den „wahren", bleibenden Sinn und Wert, das Wasser, das nicht neuen Durst entstehen läßt, sondern „sprudelt zu ewigem Leben" (4,14) – über alle vorläufigen, brüchigen Erfüllungen hinaus.

Um wieder in der Sprache der Synoptiker zu reden: Jetzt gilt es, allezeit und in allem „zuerst" die Gottesherrschaft zu suchen (Mt 6,33) und *„Frucht zu bringen"*, fruchtbar zu werden (Mt 13,8; 21,43). Auch Johannes hat dieses Thema öfter aufgenommen (Joh 4,36; 15,2–8; 15,16). Damit ist eine Lebendigkeit gemeint, die man mit manchen Vertretern einer personalen Psychotherapie und Persönlichkeitspsychologie (E. Fromm, J. Herzog-Dürck) als „Produktivwerden" und „Reifen" bezeichnen könnte. Eine Lebendigkeit, die auf die Anforderungen der verschiedenen Lebenssituationen aus allen uns gegebenen Kräften freudig, mutig, realistisch antwortet und sich so im Einzelnen und Vergänglichen der ewigen Fülle öffnet. Der Theologe müßte vielleicht noch präzisieren: Das Neue Testament meint damit ein Antworten nicht nur aus den durchschnittlichen Bedürfnissen und Kräften des Menschen, sondern ein Antworten aus der Verbundenheit mit dem „wahren Weinstock" Jesus Christus (Joh 15,1–16), aus den Kräften und Früchten seines Geistes. „Wache auf, der du schläfst, steh auf von den Toten, und Christus wird dir leuchten" (Eph 5,14). In dieser Sicht wird das Leben des einzelnen nicht als Stück einer endlosen Kette von Wiedergeburten oder als Laune eines blinden Fatums oder als anonymer Einzelfall des allgemeinen Menschenschicksals gesehen, sondern als einmalige Chance. Hinter allen Aufrufen des Neuen Testaments, sich zwischen Himmel und Hölle zu entscheiden, steht dieses Anliegen, den einmaligen und absoluten Sinn und Wert des einzelnen Menschenlebens bewußt zu machen[40]. Die Idee einer Wiedergeburt, und rechne sie auch nur mit wenigen Existenzen bis zu einer endgültigen Läuterung, wäre für das Neue Testament zwar kein Zweifel am Sinn des Lebens, aber doch bereits ein Nichtmehrglauben, daß das Leben des einzelnen durch die Liebe Gottes, wie sie sich in Christus mitgeteilt hat, absolut sinnvoll und wertvoll gemacht wurde. Das Leben muß nicht mehrmals gelebt werden, um erfüllt werden zu können. Eine solche Überzeugung widerspräche dem christlichen Mehr an Sinn. Erst recht die Ansicht, das Leben des einzelnen würde lediglich durch seinen Beitrag zur technischen und sozialen Entwicklung der Welt sinnvoll.

## Christliches und antikes Lebensgefühl

Das christliche Zeitbewußtsein des „Wachet und betet" und „Kaufet die Zeit aus" ist, meint Ernst Benz, weit über das antike „carpe diem" (nütze den Tag) hinausgegangen. Das Bewußtsein, in einer beschränkten, auf die endgültige Vollendung ausgerichteten Zeit zu leben, von deren Gestaltung alles abhängt, habe in säkularisierter Form auch den Anstoß gegeben für das typisch westliche Bewußtsein, in einer fortschreitenden Entwicklung zu stehen, die es durch eigene Anstrengung, durch Arbeit und Technik zu beschleunigen gelte. Technische Erfindungen gab es auch in den Kulturen des Ostens. Aber der Wille, damit den Ertrag der menschlichen Arbeit maximal zu steigern, sei typisch westlich und habe seine Wurzel auch in der Endzeiterwartung der Mönche des Mittelalters[41].

Das Verhältnis der *antiken Weltinterpretationen* zu den einzelnen vergänglichen Gütern des Lebens, ihr Verhältnis zu Krankheit und Tod, ist zwar nicht einheitlich. Aber man kann ohne unzulässige Vereinfachung sagen, daß weder der Platonismus noch die Stoa oder die Gnosis eine Hoffnung verkündet haben, in der „das kleine Wirkliche ergriffen wird als die Verheißung unendlicher Zukunft, nicht als deren Tod" (K. Rahner). Vielmehr suchen sie alle aus der Geschichte und Welt in das übergeschichtlich gedachte Ewige zu flüchten und ohne Verbitterung die Dinge und das Leben lassen zu können. Vor lauter Angst, der Abschiedsschmerz könne unerträglich werden, zieht sich der Stoiker von den irdischen Gütern zurück, anstatt in der Hoffnung auf eine ewige Zukunft mit den Talenten zu wuchern und sich damit im Himmel Freunde zu machen und Früchte zu bringen.

*„So lebt der Weise gleichsam entgeschichtlicht, entweltlicht, indem er alle Begegnungen abblendet, sich gegen jedes Schicksal verschließt. Wie ihm nichts etwas nehmen kann, so kann ihm auch nichts etwas geben; er kann nichts mehr erleben, es gibt für ihn nichts Neues, keine Zukunft. Denn alles, was ihm geschehen kann, ist für ihn das gleiche, eine Bewegung des Weltgeschehens, dessen Gesetz er kennt und von vornherein bejaht.“*[42]

Epiktet beispielsweise ringt mit Würde und Größe um Gelassenheit und Selbstbejahung trotz Leid und Tod. Für ihn gibt es wie einst für Plato einen unverlierbaren, ewigen Sinn. Aber gerade nicht das Mehr, das von sich aus auf uns zukommt und uns ergreift. Bei Seneca ist die „Providentia“, die Vorsehung der Weltvernunft, die uns trösten und tapfer machen soll, nur noch das schicksalhafte Weltgesetz, dem alles, auch das Göttliche, unterworfen ist (die Wirklichkeit gibt eben nicht mehr her). Wir können nur eines tun: Einsicht gewinnen in dieses Weltgesetz und es frei bejahen[43]. Erst auf dem Hintergrund solcher Einstellungen versteht man, wie das Christentum als verwegene, explosive Hoffnung gewirkt hat, so daß die Begründung dieses Glaubens Rechenschaft über den Grund einer gelebten Hoffnung war (1 Petr 3,15).

Es ließen sich zahlreiche Beispiele anführen, die zeigen, daß diese pessimistische Weltsicht der Antike auch das Selbstverständnis vieler Zeitgenossen heute prägt, so daß das neutestamentliche Mehr an Sinn auch für uns heute das unterscheidend und tragend Christliche sein müßte. Wie sich das äußern kann, mögen Sätze illustrieren, die der Bürgerrechts- und Friedenskämpfer Philip Berrigan 1969 in einem nordamerikanischen Gefängnis formulierte.

*„Frage: Wie verstehen Sie die Gottheit Jesu? In welchem Sinne war er Gott? Antwort: Ich bin fest überzeugt vom trinitarischen Gottesverständnis als Gegenstand des Glaubens. Ebenso bin ich von der Menschwerdung Gottes überzeugt... Ich wäre sicher voller Hoffnungslosigkeit und Verzweiflung, wenn ich daran nicht glauben könnte. Denn dann wäre* soviel weniger Sinn im menschlichen Leben oder in meinem Leben zu erkennen, *und eine volle Dimension unserer Motivation würde uns fehlen. Sie können dies bei Menschen bestätigt sehen, die nicht aus einer christlichen Tradition kommen und keine Kreuzestheologie kennen. Es scheint, daß bei ihnen eine Reihe psychischer Elemente innerer Entwicklung nie lebendig geworden sind, weil sie diesen Kraftquell nicht besitzen.“*[44]

## Zum folgenden Thema

### XXVII

„*Im Moment, da man nach Sinn und Wert des Lebens fragt, ist man krank, denn beides gibt es ja in objektiver Weise nicht; man hat nur eingestanden, daß man einen Vorrat von unbefriedigter Libido hat, und irgend etwas anderes muß damit vorgefallen sein, eine Art Gärung, die zur Trauer und Depression führt.*" S. Freud

### XXVIII

„*Aufstehen, Straßenbahn, vier Stunden Büro oder Fabrik, Essen, Straßenbahn, vier Stunden Arbeit, Essen, Schlafen, Montag, Dienstag, Mittwoch, Donnerstag, Freitag, Samstag, immer derselbe Rhythmus – das ist sehr lange ein bequemer Weg. Eines Tages aber steht das ‚Warum' da, und mit diesem Überdruß, in den sich Erstaunen mischt, fängt alles an ... Schließlich führt dieses Erwachen mit der Zeit folgerichtig zu der Lösung: Selbstmord oder Wiederherstellung.*" A. Camus

### XXIX

„*Die Haupt- und Grundtriebfeder im Menschen wie im Tiere ist der Egoismus, d. h. der Drang zum Dasein und Wohlsein.*"
A. Schopenhauer

### XXX

„*In Wirklichkeit ist nämlich den Menschen Sinn wichtiger als subjektives Wohlbefinden. Wenn man uns einen Menschen zeigte, der narkotisiert auf einem Operationstisch liegt und den man mittels kleinen Drähten im Gehirn in eine ständige Euphorie versetzt, und wenn man uns fragte, ob wir mit diesem Menschen tauschen wollten, so würden wir wohl alle lieber weiter einen langweiligen Vortrag über uns ergehen lassen als uns auf diese Weise glücklich machen lassen wollen.*" R. Spaemann

## XXXI

*Ein Psychologe, der grundsätzlich alle Motive auf unbewältigtes Geltungs- und Luststreben zurückführt, zu einem Ehepaar, das sich im Peace Corps für die Entwicklungshilfe in Afrika eingesetzt hatte: „Warum sind Sie dem Peace Corps beigetreten?" Das Ehepaar: „Wir wollten Leuten helfen, die es weniger gut haben als wir." Er: „Das heißt, daß Sie ihnen überlegen sein müssen." Sie: „Irgendwie." Er: „Und das heißt, daß Sie es nötig haben, Ihre Überlegenheit unter Beweis zu stellen. Ihr wirkliches Motiv ist also das unbewußte Bedürfnis, sich selbst und den anderen zu beweisen, wie überlegen Sie ihnen sind." Sie: „Wir haben es niemals von dieser Warte aus gesehen, aber Sie sind immerhin ein Psychologe, Sie müssen es also besser wissen."*

## XXXII

*„Alles Gelingen ernstlicher Bemühung, alles Lieben und Geliebtwerden, aller Anteil an menschlicher Größe, alle Hingebung an ideelle Ziele oder großes Geschehen zeigt dieselbe eindeutige Richtung der Abhängigkeit: es ist nicht sinnvoll, weil es beglückt, sondern es beglückt, weil es sinnvoll ist."* N. Hartmann

## XXXIII

*„Mir geht ein ‚advertisement' (Werbespruch) im Kopf herum, das ich für das kühnste und gelungenste Stück amerikanischer Reklame halte: ‚Why live, if you can be buried for ten Dollars?' (Warum leben, wenn Sie für zehn Dollar bestattet werden können?)."* S. Freud

## XXXIV

*„Wenn der Mensch in einem sommerlich blühenden Garten sich ergeht, seine Kinder darin spielen sieht und nun sagt: Was ist das für eine herrliche Sache, so ein Garten, und was ist das für ein wunderbares kleines Ding, so ein Kind, wie gefällt mir doch heute die Welt so gut und wie bin ich dankbar, daß es sie und mich und den Geber dieses Gegebenen gibt – dann ist dieses schauende Bewußthaben des Gartens nicht nur die Umsetzung von physikalischen Reizen in Erlebnisqualitäten und nicht nur ein Informationseingang von verhaltenssteuernden Signalen, sondern dieses Schauen ist ein Ansatz zur Teilhabe am Sinn-, Wert- und Bedeutungsgehalt der Welt und des Seins. Das ist es, was Boethius Glück nennt."* A. Görres

# IV.

# Sinn und Sinnlosigkeit in psychologischer Sicht

Im ersten Beitrag dieses Buches wurden Zeitkritiker zitiert, denen eine rein materiell-pragmatische Nutzung der Technik und Wirtschaft nicht genügt. In ihren Fragen und Forderungen drückt sich die Bereitschaft, ja das Bedürfnis aus, sich von höheren Werten als Profit und gesellschaftlicher Anerkennung bestimmen zu lassen, und vereinzelt (zumal bei A. Schaff, K. Kolakowski, M. Machoveč) wird auch ausdrücklich nach dem Sinn der ganzen technisch-sozialen Aufbauarbeit und damit nach dem Sinn des Lebens des einzelnen und der Gesellschaft überhaupt gefragt. Solche Fragen nach einem höheren Wert und Sinn und Antworten darauf gehören zum Menschen wie das Denken und die Kunst. Jeder Mensch hat – reflektiert oder unreflektiert, differenziert oder vereinfacht – seine Sinnfragen und seine Sinnantworten. Es ist Sache der Philosophie (vorne Kapitel II) und der Theologie (Kapitel III), die *Berechtigung und den objektiven Grund* solcher Fragen und Überzeugungen zu untersuchen.

Nun haben Sinnfragen und -überzeugungen immer auch ihre eigenen Wirkungen und Wirkungsbedingungen im seelischen Leben des Menschen. Nach dieser *psychischen und subjektiven Seite* soll im folgenden Beitrag gefragt werden. Man könnte sein Thema auch eingrenzend so formulieren: Welche Wirkungen und welche Wirkungsbedingungen, welchen Ort und welchen Rang hat die Bereitschaft, sich von einem höheren Wert und Sinn bestimmen zu lassen, im seelischen Leben der Persönlichkeit?

## Das Thema „Sinn“ in den drei Grundrichtungen moderner Persönlichkeitstheorien

Das Suchen und Erleben eines letzten Wertes und Sinns in allem einzelnen Wertvollen und Nützlichen – dieses Sinnstreben wird von den drei großen Grundrichtungen in den Persönlichkeitstheorien dieses Jahrhunderts sehr verschieden gesehen. Da sich unsere eigene Reflexion auch mit diesen Theorien auseinandersetzen muß, sollen sie zuerst in einem kurzen Überblick referiert werden.

### *1. Die tiefenpsychologischen Richtungen*

#### Sigmund Freud (Psychoanalyse)

S. Freud, der Begründer der *psychoanalytischen* Therapie und Theorie, spricht nur beiläufig von der Suche des Menschen nach einem Lebenssinn. Seine Triebtheorie – wie immer er sie im Laufe der Jahre abgewandelt hat – erlaubte es ihm auch gar nicht, ein Sinnstreben anzuerkennen, das eine eigenständige, nicht nur triebbedingte, sondern geistig-personale Motivation im seelischen Leben bilden würde. Vielmehr muß nach diesem Konzept *alle Sinnsuche und Sinnerfahrung auf das Luststreben zurückgeführt werden.*

Seit der Veröffentlichung der Schrift „Jenseits des Lustprinzips“ (1920) bis zum Ende seines Werkes war Freud überzeugt, daß sich alle Antriebe des Menschen auf zwei grundlegende Triebgruppen zurückführen lassen: 1. Die „*Lebenstriebe*“ (Eros), die die eigentlichen Sexualtriebe und die Selbsterhaltungstriebe (Hunger, Muskeltätigkeit usw.) umfassen und die bestehenden lebenden Einheiten (Zellen, Organismen) bewahren und aus ihnen umfassendere Einheiten bilden (Zellen vereinigen sich zu Organismen, Individuen paaren sich). 2. Die „*Todestriebe*“, die sich zunächst nach innen wenden und durch Zellzersetzung die lebenden Einheiten zur Destruktion führen, sich aber auch nach außen richten, wo sie sich als Aggressions- und Destruktionstrieb, als Bemächtigungstrieb und Willen zur Macht äußern.

Nun könnte man diese Annahme weit interpretieren und sagen: Gerade Erscheinungen wie Sinnsuche oder humanitäre, religiöse und künstlerische Anliegen zwingen dazu, die „Lebenstriebe“ auch als Bedürfnis nach (oder Offenheit für) geistige Weite und Objektivität (etwa im Forscherdrang), nach personaler Verbundenheit (in der Liebe) und nach idealen Werten (Gerechtigkeit) zu verstehen – als Strebungen, die die unten zu behandelnde „Humanistische Psychologie“ zu den „Wachstumsmotivationen“ zählen würde. Doch Freud hat die Selbsterhaltungstriebe immer nur organisch-biologisch beschrieben (als Drang zur Nahrungsaufnahme, zum Urinieren, zur Muskelaktivität usw.). Und er hat auch – in Reaktion auf die Prüderie seiner Zeit und aufgrund seiner einseitig an seelisch

Kranken gewonnenen Beobachtungen[45] – das Luststreben, die zweite Komponente der Lebenstriebe, trotz vereinzelter Korrekturversuche in den Spätschriften nur als Sexualtrieb gesehen und aus Triebbedürfnissen erklärt, die letztlich wie Hunger und Durst aus Stoffwechselspannungen des Organismus entstehen.

Was der Mensch als Glück und als Lebenssinn (Freud nennt es „Lebenszweck") erstrebt, ist negativ: Abwesenheit von Schmerz und Unlust, und positiv: „*das Erlebnis starker Lustgefühle*... Es ist, wie man merkt, *einfach das Programm des Lustprinzips, das den Lebenszweck setzt*"[46]. Nach dieser Theorie sind wir dann glücklich und erfüllt, wenn unser Ich einen möglichst günstigen Ausgleich hergestellt hat zwischen den Triebbedürfnissen unseres Es (der weitgehend unbewußten Triebsphäre im Innern) und den Anforderungen und Verboten unserer Umgebung, die wir in unser Über-Ich (Selbstbeobachtung, Gewissen) aufgenommen haben. Wenn der Mensch dieses Lust-Glück erreicht hat, ist er nach Freud mit sich und der Welt zufrieden. Alles weitere Suchen und Fragen – also auch das Streben nach einem höheren ethisch-religiösen Lebenssinn – kann nur als Sublimierung des Luststrebens oder als krankhafte Folge einer Triebstörung oder als illusionäre Ersatzbefriedigung verstanden werden.

*Als Sublimierung:* Denn die künstlerische und intellektuelle Arbeit (also wohl auch philosophisches und theologisches Fragen nach einem Lebenssinn) hat nach Freud im Sexualtrieb ihre treibende Kraft. In diesen kulturellen Tätigkeiten wird der Trieb auf ein neues, nicht sexuelles Ziel abgelenkt, von der Kultur umgewandelt und in Dienst genommen. (Weder Freud noch die von ihm angeregte psychoanalytische Literatur hat allerdings eine zusammenhängende Theorie der Sublimierung bilden und begründen können.)

*Als krankhafte Folge eines Triebkonflikts:* Diese Ansicht äußerte Freud in einem Brief, als er schrieb: „Im Moment, da man nach Sinn und Wert des Lebens fragt, ist man krank, denn beides gibt es ja in objektiver Weise nicht; man hat nur eingestanden, daß man einen Vorrat von unbefriedigter Libido hat, und irgend etwas anderes muß damit vorgefallen sein, eine Art Gärung, die zur Trauer und Depression führt."[47]

*Als Ersatz und illusionäre Vertröstung:* Denn wenn der Mensch unter massiven Entbehrungen leide, sich traurig, schuldig oder ohnmächtig fühle, dann – und erst dann – diene ihm auch die Idee eines ewigen Lebens und eines Gottes als Ausgleich in seiner gestörten Triebbilanz. Darum behandelt Freud die Frage nach dem „Zweck des menschlichen Lebens" in der gleichen polemischen Haltung wie die Religion: „Es scheint vielmehr, daß man ein Recht dazu hat, die Frage (nämlich nach dem ‚Zweck des menschlichen Lebens') abzulehnen. Ihre Voraussetzung scheint jene menschliche Überhebung, von der wir soviel andere Äußerungen bereits kennen.“ Man könne ja auch nicht sinnvoll nach dem Zweck des Lebens der Tiere fragen. „Es ist wiederum nur die Religion, die die Frage nach einem Zweck des Lebens zu beantworten weiß. Man wird kaum irren zu entscheiden, daß die Idee eines Lebenszweckes mit dem religiösen System steht und fällt“ (Das Unbehagen in der Kultur, Ges. Werke Bd. XIV, 433). – So klar Freud hier den inneren Zusammenhang zwischen Sinnfrage und Religion erkannt hat; seine Gleichsetzung von Sinnsuche und Religion ist nach allem, was im ersten Beitrag dieses Buches über A. Schaff, K. Kolakowski, M. Machoveč und andere dargelegt wurde, nicht mehr zu vertreten.

Das im Hintergrund stehende, „metapsychologische“ System, nach dem der Mensch hier gesehen wird, kennt weder die Kategorie der menschlichen Freiheit noch der Geistigkeit und der Personalität. Vielmehr ist in dieser Sicht das seelische Leben des Menschen durch eine „Physik der Triebe“ (A. Görres) determiniert – wie Hunger und Durst. Dieses System geht von der (eigentlich von der klassischen Physik übernommenen und auf das Psychische übertragenen) Grundüberzeugung aus, daß die Strebungen des Menschen (die ja letztlich nur Triebstrebungen sein sollen) aus Stoffwechselspannungen entstehen und letztlich nicht auf etwas Geistiges und Schöpferisch-Neues zielen, sondern nur zum spannungslosen Gleichgewicht (zur Homöostase) der Triebbefriedigung zurückstreben.

Objektiv gesehen, ist demnach das Endziel des Menschen und der ganzen Natur nicht die Lust oder ein anderer Wert, sondern die Rückkehr zum spannungsärmsten Zustand: zur Ruhe des Anorganischen, zum Tod. Objektiv ist also das Leben nichts anderes als ein sinnloser Umweg: über die Lust (die Triebspannung) zum Tod: „Es (das Ziel der Triebe) muß vielmehr ein alter, ein Ausgangszustand sein, den das Lebende einmal verlassen hat, und zu dem es über alle Umwege der Entwicklung zurückstrebt ... Das Ziel alles Lebens ist der Tod, und zurückgreifend: Das Leblose war früher da als das Lebende.“[48]

## Alfred Adler (Individualpsychologie)

A. Adler, der Begründer der *individualpsychologischen* Richtung innerhalb der Tiefenpsychologie, steht der Sinnfrage insofern aufgeschlossener gegenüber, als er – anders als Freud mit seinem physikalischen Determinismus – eine schöpferische Kraft im Individuum anerkennt, wodurch sich die Frage stellt: Welches ist die Zielrichtung (Teleologie) jedes einzelnen Lebens, das „Endziel des Lebensstils", das die einzelnen Verhaltensweisen und Motive bestimmt und verständlich macht?[49]

In seinem Spätwerk „Der Sinn des Lebens"[50] erklärt Adler das menschliche Streben längst nicht mehr wie in seiner Frühzeit aus Minderwertigkeiten, die zu kompensieren sind, oder aus dem bloßen Willen zur Macht. Vielmehr sind Minderwertigkeitsgefühl und Machtwille nur aus einem umfassenderen *„Streben nach Vollkommenheit"* in einem ganz allgemeinen (zunächst ethisch neutralen) Sinn zu verstehen. Denn Minderwertigkeiten wirken nur darum als Minderwertigkeiten, weil der Mensch ursprünglich nach einem Idealzustand, nach Vollkommenheit strebt und jeden minderen Zustand zu „überwinden" trachtet. „Das Streben jedes sich bewegenden Individuums geht nach Überwindung. Nicht nach Macht... Streben nach Macht, besser: nach persönlicher Macht, stellt nur einen der tausend Typen vor, die alle nach Vollendung, nach einer sichernden Plussituation suchen."[51]

Im Grunde vertritt Adler hier bereits eine „Wachstums"-Psychologie wie später A. Maslow, nur mit einem stark von Darwin inspirierten allgemeinen Evolutionismus: „Im Streben nach Vollendung ist der Mensch immer seelisch bewegt und fühlt seine Unausgeglichenheit gegenüber dem Ziele der Vollkommenheit. Einzig das Gefühl, eine zureichende Stelle im Streben nach aufwärts erreicht zu haben, vermag ihm das *Gefühl der Ruhe, des Wertes, des Glückes* zu geben. Im nächsten Augenblick zieht ihn sein Ziel wieder hinan" (Der Sinn des Lebens, 55).

In „Der Sinn des Lebens" mahnt Adler in geradezu beschwörender Eindringlichkeit, den richtigen Sinn des Lebens zu erfassen und zu bejahen. Diesen Sinn verfehlt und vernichtet jede Verhaltensweise, die der Kainsformel folgt: „Warum soll ich meinen Nächsten lieben?" Ihm entspricht alles, was „vom Ziele des Wohles der gesamten Menschheit geleitet ist" (S. 168). Es gibt nichts Dringlicheres, als dieses *„Streben nach Vollkommenheit"* und dieses *„Gemeinschaftsgefühl"* zu fördern. Ziel des individuellen Lebensstils ist es, das Minderwertigkeitsgefühl zu überwinden – und zwar nicht in der Scheinüberlegenheit des Herrschens, sondern im Gemeinschaftsgefühl, in der Fähigkeit zur Mitarbeit und Mitmenschlichkeit.

Damit diese „Entwicklung zum Mitmenschen" vorankomme, soll in der Erziehung und im öffentlichen Leben alles überwunden werden, was das Gemeinschaftsgefühl beeinträchtigt: die Glorifizierung des Krieges im Schulunterricht, wirtschaftliche Probleme, Todesstrafe. „Selbstmord, Verbrechen, schlechte Behandlung von Krüppeln, Greisen, Bettlern, Vorurteile und ungerechte Behandlung von Personen, Angestellten, Rassen und Religionsgemeinschaften, Mißhandlungen Schwächerer und von Kindern, Ehestreitigkeiten ... Protzerei mit Geld und Geburt, Cliquenwesen ... setzen neben Verwöhnung und Vernachlässigung der Kinder frühzeitig den Schlußpunkt in der Entwicklung zum Mitmenschen" (S. 170). Das Gemeinschaftsgefühl, in dem wir das Ziel des Lebens sehen sollten, muß utopisch über die gegenwärtige Gesellschaft hinausragen. Um unsere Entwicklung vorantreiben zu können, muß es „ein Ziel sein, das die ideale Gemeinschaft der ganzen Menschheit bedeutet, die letzte Erfüllung der Evolution" (S. 166).

Diese Sinnbestimmung scheint zunächst eher ethisch als psychologisch zu sein[52]. Ohne Zweifel enthalten Adlers Ausführungen zum Gemeinschaftsgefühl inhaltlich ein hohes Ethos der Mitmenschlichkeit. Die Begründung dieses Ethos und Lebenssinns ist allerdings weniger ethisch als vielmehr *kosmobiologisch-evolutionär* – ähnlich wie Freud seine Metapsychologie auf einer deterministischen Triebphysik aufbaute.

Die Grundtatsache, von der Adler ausgeht, hat er in dem Satz formuliert: „Leben heißt sich entwickeln" (S. 163). Damit nun die Menschheit überleben und sich weiterentwickeln kann, muß sie sich aktiv den Vor- und Nachteilen des Kosmos anpassen und in diesem Anpassungsprozeß nach Vollkommenheit streben. Das setzt Gemeinschaftsgefühl voraus: „Die Entwicklung der Menschheit war nur möglich, weil die Menschheit eine Gemeinschaft war und im Streben nach Vollkommenheit nach einer idealen Gemeinschaft gestrebt hat" (S. 171). Gemeinschaftsgefühl im Sinne Adlers ist also zuerst eine Naturnotwendigkeit der Evolution: Menschen, die nichts zum Gemeinwohl beigetragen haben, würden ausgelöscht wie unangepaßte Tierspezies, „als ob der fragende Kosmos befehlen würde: Fort mit euch! Ihr habt den Sinn des Lebens nicht erfaßt. Ihr könnt nicht in die Zukunft reichen" (S. 169). Andererseits ist das Gemeinschaftsgefühl die Entwicklungsstufe, auf der das Leben heute angekommen ist und auf der es sich trotz der Widerstände durchsetzen will (S. 172).

Gemeinschaftsgefühl und Sinn des Lebens sind für Adler also letztlich etwas Naturhaftes und Naturnotwendiges. Es gibt in dieser Sicht keine Mitmenschlichkeit um ihrer selbst willen. Höchstwert und Sinn des menschlichen Lebens ist vielmehr eine naturhafte Evolution, und die sozialethische Utopie hat – ähnlich wie beim frühen Kolakowski (siehe Kapitel I) – der Höherentwicklung eines Lebens zu dienen, das im Menschen seine Höchsttufe erreicht hat, ihn aber nicht zu einem „Zweck an sich" machen kann, weil es Selbstzweck ist: Stelle dich in die Entwicklungsrichtung der Evolution.

### Carl Gustav Jung (Komplexe Psychologie)

Noch entschiedener als A. Adler hat sich C. G. Jung von der Trieblehre S. Freuds losgesagt und um ein offenes Konzept bemüht. Aufgaben der ersten Lebenshälfte sind nach C. G. Jung vor allem die Distanzierung vom kollektiven Unbewußten und die Anpassung an die Aufgaben der Außenwelt: Sexualität, Beruf, Heirat, Nachkommenschaft, Beziehungen aller Art. Ist das geleistet, so kann sich die seelische Energie den (bis dahin mehr oder weniger beachteten) innerseelischen Realitäten zuwenden: jener *Selbstwerdung* (Individuation), die dann erreicht ist, wenn Bewußtsein und Unbewußtes in harmonischer Verbindung aufeinander bezogen und miteinander verbunden sind. Im Alter kann – ähnlich wie in der Kindheit – das Aufgehen des Ich in der Innenwelt und in der Kollektivpsyche wieder im Vordergrund stehen.

Ein wichtiges Moment, eine zentrale Kraft bei diesem Ganz- und Selbstwerden ist nun die *Fähigkeit,* mitten im Chaos auch Kosmos, *im Sinnlosen Sinnvolles,* im Vergänglichen Unzerstörbares zu ahnen und bewußt zu machen und sich so der Totalität des Lebens und des Selbst zu stellen. Was C. G. Jung hier als „Sinn" bezeichnet, enthält zwar Werte wie Liebe und Gerechtigkeit, ist aber eher eine allgemeine Einsicht in die Lebensgesetze. Es ist Lebensweisheit, die sieht, daß das zunächst willkürliche, chaotische und unverständliche Leben auch sinnvolle Zusammenhänge enthält und wie von geheimer Absicht durchwaltet wird. Solche Weisheit und Sinngebung wird von Generation zu Generation vererbt, und wir entnehmen sie einem historischen Erbe, dessen Sprache und Motive in die primitive Wunderwelt zurückführen. Die Ahnung von Sinn ist eine *archetypische Erfahrung*, an der Bewußtsein und Unbewußtes beteiligt sind und durch die wir mit dem geistigen Erbe der ganzen Menschheit verbunden sind[53].

Diese Sinneinsicht und Sinnbejahung hängt nach Jung engstens mit dem göttlichen Weltgrund zusammen. Einerseits ist die menschliche Sinndeutung (die Kraft zum sinngebenden Mythus) nicht einfach vom Menschen ersonnen, sondern sie tritt uns wie alles Archetypische spontan entgegen (beispielsweise in Form eines präkognitiven Traums), ist unserer Willkür entzogen, kommt „als Inspiration und Offenbarung des Numens der ‚anderen Seite'"[54]. Andererseits ist die Sinndeutung der spezifische Beitrag, den der Mensch zum Weltganzen, zum „Schöpfer" leistet. Denn nach Jung – hierin von A. Schopenhauer und E. v. Hartmann abhängig – ist Gott ein unbewußter, dunkler Urwille[55], der die Welt und ihre Geschichte antreibt. Der Mensch hingegen kann kraft seines reflektierenden Geistes die Welt bewußt erleben. In dieser Bewußtseinsbildung seien die „ungeheuren, anscheinend sinnlosen biologischen Veranstaltungen" sozusagen aus dunklem Drange und auf der Stufe eines differenzierten Gehirns zu etwas Sinnvollem vorgedrungen (Erinnerungen, 342).

Jung schildert, wie er diesen Aufbruch des Bewußtseins einmal nacherlebt hat, als er riesige Tierherden in einem Wildreservat bei Nairobi sah. „Gazellen, Antilopen, Gnus, Zebras, Warzenschweine usw. Langsam strömend, grasend, die Köpfe nickend bewegten sich die Herden ... Es war die Stille des ewigen Anfangs, die Welt, wie sie immer schon gewesen, im Zustand des Nicht-Seins; denn bis vor kurzem war niemand vorhanden, der wußte, daß es ‚diese Welt' war ... Da war ich nun der erste Mensch, der erkannte, daß dies die Welt war und sie durch sein Wissen in diesem Augenblick erst wirklich erschaffen hatte. Hier wurde mir die kosmische Bedeutung des Bewußtseins überwältigend klar ... Der Mensch, ich, gab der Welt in unsichtbarem Schöpferakt erst die Vollendung, das objektive Sein ... der Mensch ist unerläßlich zur Vollendung der Schöpfung, ja er ist der zweite Weltschöpfer selber, welcher der Welt erst das objektive Sein gibt, ohne das sie ungehört, ungesehen, lautlos fressend, gebärend, sterbend, köpfenickend durch Hunderte von Jahrmillionen in der tiefsten Nacht des Nicht-Seins zu einem unbestimmten Ende hin ablaufen würde. Menschliches Bewußtsein erst hat objektives Sein und den Sinn geschaffen, und dadurch hat der Mensch seine im großen Seinsprozeß unerläßliche Stellung gefunden" (Erinnerungen, 259f). Es ist eine geradezu hegelianische Weltsicht: Der Mensch gibt Gott Bewußtsein. Im Menschen kommt Gott zum Bewußtsein seines Wirkens, gewinnt ihm Sinn ab (es bleibt zwar immer ein hohes Maß an Sinnlosigkeit). „Das ist der Sinn des ‚Gottesdienstes', d.h. des Dienstes, den der Mensch Gott leisten kann, daß Licht aus der Finsternis entstehe, daß der Schöpfer Seiner Schöpfung und der Mensch seiner selbst bewußt werde" (Erinnerungen, 341).

Diese Sinngebung inmitten einer chaotischen Naturgeschichte und dieses Bewußtsein seiner Stellung im Weltganzen brauche der

Mensch zur vollen Selbstwerdung. „Sinnlosigkeit verhindert die Fülle des Lebens und bedeutet darum Krankheit. Sinn macht vieles, vielleicht alles ertragbar.“[56] Darum sei – auch wenn wir nie feststellen können, ob eine menschliche Sinngebung objektiv gültig ist – nicht die agnostische Skepsis, sondern der Mut zum eigenen Sinn-Mythus die gesündere Haltung.

Es ist klar, daß eigentlich nur diese letzte Aussage – die übrigens von Frankl und Maslow differenzierter formuliert und überzeugender belegt wurde – psychologischer Natur ist. Alle anderen Bemerkungen sind im Grunde weltanschauliche Deutungen. Sie offenbaren eine ganz von A. Schopenhauer und E. v. Hartmann geprägte Sinnphilosophie. Die Sinnerfahrung wird einseitig als Erkenntnis, d.h. *gnostisch* gesehen. Sie ist nämlich vorwiegend Einsicht in die Lebensgesetze und in die Existenz der Welt (Bewußtwerdung der Subjekt-Objekt-Spaltung); von Liebe, Gerechtigkeit oder Engagement ist dabei kaum die Rede. Diese Sinnerfahrung erlöst nicht in erster Linie von Leere und Verzweiflung, sondern vom animalischen Ausgeliefertsein an das Erlebnis eines chaotischen Lebensdranges im Menschen. Da kein bewußter und personaler Gott angenommen wird, wird diese Sinngebung betont als schöpferische Tat des produktiven Unbewußten gesehen. Dabei kommt den überwältigenden, *numinos-manahaften* Durchbrüchen in spontanen Einfällen und Träumen mehr Bedeutung zu als dem stillen, sich personal bindenden „Ergriffensein in der Tiefe“ (P. Tillich). Da der göttliche Urgrund erst im Menschen zum Bewußtsein kommt, gibt es keine personale Quelle eines letzten Sinns: es fehlt ein transzendentes Du, das Partner innerer Verbundenheit (Mit-Dir) und Adressat unbedingter Hingabe (Für-Dich) sein könnte. Was als Quelle der Geborgenheit und als Sinn bleibt, ist ein unbewußter ewiger Lebensstrom, in dem wir zwischen Geburt und Tod verankert sind und der seinen Sinn nur im Aufleuchten meines Bewußtseins findet. Doch wird mein Leben dadurch nicht zum „Zweck an sich“, sondern nur zum Mittel. Es dient der Bewußtwerdung des unbewußten ewigen Lebensstroms.

### 2. *Die Verhaltenspsychologie (Behaviorismus)*

Die *verhaltenspsychologische* (behavioristische) Grundrichtung in der modernen Psychologie lehnt es im Gegensatz zur klassischen Psychologie des 19. Jahrhunderts und zu den tiefenpsychologischen Schulen des 20. Jahrhunderts ab, durch Analyse der inneren Erfahrung (Selbstbeobachtung, Traumdeutung) Bewußtseinszustände wie Freude, Trauer, Liebe, Haß zu erforschen. Denn solche Bewußtseinszustände seien keine objektiv nachweisbaren Tatsachen. Objektiv zu erforschen seien nur *Verhaltensweisen* (behavior), die – wie in der Tierpsychologie und in der Reflexologie Pawlows – in den Kategorien von „Reiz" und „Reaktion" beschrieben und gemessen werden müssen.

Spätere Behavioristen (G. Miller, E. Galanter, K. Pribram) haben zwar auch wieder die Bedeutung des subjektiven Erlebens und der Steuerung des Verhaltens durch innere Motive, also auch die Wert- und Sinnorientierung, anerkannt. Aber die beherrschende Richtung von J. B. Watson bis zu C. L. Hull und B. F. Skinner blieb – bei allen verdienstvollen Anregungen für die Lernpsychologie und Verhaltenstherapie – einer mechanistischen Auffassung verhaftet. Diese sieht den Menschen als einen Reflexapparat, dessen Verhalten einfach aufgrund bestimmter sektretorischer (Drüsenabsonderungen) oder äußerer Reize erklärbar, voraussagbar und modifizierbar ist, ohne daß geistig-seelische Faktoren wie Planung, Motivation, Gefühle, Gewissen eine Rolle spielen.

In einem derart mechanistischen System ist für Phänomene wie Sinnsuche und Sinnerfahrung kein Platz vorhanden. Konsequente Behavioristen empfehlen den Erziehern, Werbefachleuten und Politikern denn auch nicht, an sittliche Werte oder an das Verantwortungsgefühl zu appellieren, vielmehr sei ein gewünschtes Verhalten durch materielle Belohnung oder durch Lob (Beförderung) erlernbar.

So verkündete B. F. Skinner in seinem aufsehenerregenden, aber völlig unwissenschaftlichen Buch „Jenseits von Freiheit und Würde" (Reinbek-Hamburg 1973), man müsse, um zu überleben, allein durch „positive Verstärker", d. h. durch materielle und soziale Belohnung für eine umweltgerechte Steuerung und Anpassung des Menschen sorgen.

Die Verhaltenstherapie (die bei anderen psychischen Störungen sehr berechtigt und erfolgreich sein kann) steht denn auch Fragen, die sich angesichts des bevorstehenden eigenen Todes oder des Todes nahestehender Personen stellen, ziemlich ratlos gegenüber. Die einzige Antwort ist die Aufforderung zur Ablenkung: Der Beunruhigte soll in solchen Fällen „telephonische Anrufe besorgen, auf der Wiese das Gras mähen oder Geschirr spülen, und die Betätigungen sollten vom Therapeuten gelobt oder anderweitig belohnt werden"[57].

### 3. *Die „Humanistische Psychologie"*

In den sechziger Jahren entstand in den USA eine Richtung, die sich als „Dritte Kraft" zwischen orthodoxer Psychoanalyse (Freud) und Verhaltenspsychologie verstand und unter dem Programmwort „Humanistische Psychologie" Themen behandeln wollte, „die in den bestehenden Systemen wenig Platz haben, wie Liebe, Kreativität, Spontaneität, Spiel, Wärme, Ich-Transzendenz, Autonomie, Verantwortung, transzendente Erfahrung, Mut"[58].

Gegen die verhaltenspsychologische Richtung macht die Humanistische Psychologie geltend, daß sie mit ihrem Reiz-Reaktions-Schema die *freie schöpferische Hingabe an ein Lebensziel,* wie sie Charlotte Bühler und andere in den Lebensläufen von Künstlern, Politikern und Forschern beschrieben haben, nicht verstehen könne. Der Freudschen Psychoanalyse wirft sie vor, sie habe ihre Theorie vom Menschen einseitig an seelisch Kranken abgelesen und die höheren Gefühlsregungen zu rasch als sublimierte Triebleistungen gedeutet. Neben den *Triebregungen* mit ihren *„Mangelbedürfnissen"* (Defizitbedürfnissen und -motivationen): Hunger, Durst, Schlafen, besitzergreifende, sexuelle Liebe finden wir bei der reifen, gesunden Persönlichkeit, etwa bei einem A. Lincoln, dem Polarforscher Roald Amundsen oder bei religiösen Gestalten auch die Bereitschaft zu (und damit in einem gewissen Sinn auch das Bedürfnis nach) bedürfnisloser, selbstloser Liebe (mehr bewundernd und hingebend als besitzergreifend: Liebe der Eltern zum Kind, zu Gott u. ä.), zur Erforschung der Wahrheit, zur Verwirklichung der Demokratie, zur ästhetischen Schönheit und damit auch das Streben nach ethischen Werten und nach Sinn.

Diese zuletzt genannten Strebungen unterscheiden sich (auch wenn sie im konkreten Fall untrennbar mit ihnen vermischt sind) wesentlich von den Trieben, wie sie Freud und andere beschrieben haben[59]:

- Diese höheren Strebungen sehen und erstreben einen Gegenstand oder Wert und bejahen eine andere Person als etwas in sich Stehendes, *um ihrer selbst willen.* Die Erkenntnis und das Interesse sind nicht nur subjektgerichtet und bedürfnisbezogen, nicht „autozentrisch", sondern objektgerichtet, bedürfnisfrei, *„allozentrisch"* – u. U. bis zum Altruismus, der überall das Wohl der Mitmenschen sucht[60].
- Die höheren Strebungen lassen sich nicht als triebhaft-notwendige Reaktionen auf äußere Reize verstehen, sondern sind Antworten (auf Situationen), die *eigenen, freien Zielsetzungen und Sinnge-*

*bungen* entspringen, einem Ideal oder Lebensziel. E. Fromm und K. Horney nannten diese Kerntendenz der schöpferischen Persönlichkeit „Selbstverwirklichung". K. Goldstein und A. Maslow sprechen in einem ähnlichen Sinn vom Drang zur „Selbstaktualisierung" und Ch. Bühler von „Selbsterfüllung". G. W. Allport bezeichnete es als „Eigenstreben", das völlig individuell (idiosynkratisch) ist: „Der Besitz hoher Lebensziele, die als Mittelpunkt der persönlichen Existenz betrachtet werden, hebt den Menschen über das Tier hinaus, den Erwachsenen über das Kind und in vielen Fällen die gesunde Persönlichkeit über den Kranken."[61]

- Das Erfüllende und Glückhafte an diesen Strebungen ist – gerade weil sie allozentrisch sind – nicht als Ziel zu erstreben, in der Art der Lustbefriedigung. Das Glück einer selbstlosen Liebe findet man nur *als „Nebenprodukt einer anders motivierten Aktivität"* (G. W. Allport, ebd. 64), nämlich wenn es einem nicht um das eigene Glück, sondern um das Wohl des andern geht.
- Von der Trieb- und Lustbefriedigung unterscheiden sich diese höheren Erfahrungen und Strebungen auch dadurch, daß sie nicht in sich steigernder Erregung einem orgasmischen Höhepunkt zustreben, mit dem sich die Triebspannung löst und mit dem, da das Bedürfnis befriedigt ist, die Motivation endet. Vielmehr leben sie aus einem Wollen und Sollen, das *über die einzelnen Stadien des Erreichten hinausgeht und ein nie endgültig erreichbares Ziel anstrebt.* „Die liebenden Eltern geben es niemals auf, sich um ihr Kind zu kümmern; der Vorkämpfer für Demokratie übernimmt eine Verpflichtung in seine menschlichen Beziehungen, die sein Leben erfüllt. Im tiefsten Wesen des wissenschaftlichen Berufs liegt es, daß immer mehr Fragen entdeckt werden" (G. W. Allport, ebd. 64). So berichtet R. Amundsen, daß er seit seinem 15. Lebensjahr trotz größter Schwierigkeiten von der Leidenschaft beherrscht wurde, Polarforscher zu werden. Die Erfolge, die er nach und nach errang, freuten ihn zwar, lösten aber die Spannung seiner Zielsetzung nicht, sondern beflügelten ihn, sich höheren Zielen zuzuwenden und alle Kräfte in den Dienst seiner Aufgabe zu stellen. Als ihm die Nordwest-Passage gelungen war, leitete er das Forschungsprojekt ein, das ihn zur Entdeckung des Südpols führte. Als er auch dieses Ziel erreicht hatte, widmete er sich weiterhin der Erforschung der Arktis, bis er bei dem Versuch, einen anderen Forscher, Nobile, zu retten, den Tod fand[62].

So ist nach der Humanistischen Psychologie der Mensch als eine Ganzheit von triebhaften *und* schöpferischen Impulsen zu sehen. Neben den „Mangelbedürfnissen", die auf Triebspannung und

Spannungsgleichgewicht (Homöostase) zielen, gibt es auch *Wachstumsbedürfnisse*" oder *Wachstumsmotivationen*" (A. Maslow), die den Menschen über sich hinaus zu umfassenderen Werten führen (Allozentrik statt bloßer Autozentrik) und ihn auf ein zukunftsorientiertes Wachsen und Streben, auf eine Lebensaufgabe ausrichten[63].

Mit der Annahme und Beschreibung dieser triebüberlegenen „Wachstumsmotivationen" ist innerhalb der verschiedenen Persönlichkeitstheorien ohne Zweifel die zuverlässigste theoretische Grundlage für ein Verständnis jener Sinnsuche und Sinnerfahrungen gelegt, die nach dem Ausweis zahlreicher Selbstzeugnisse und Beobachtungen wesentlich zur reifen und gesunden Persönlichkeit gehören. Von hier aus ist die Eigenart der Sinnerfahrungen und ihr Zusammenhang mit dem gesamten seelischen Leben der Persönlichkeit sachgerechter zu beschreiben als von den anderen Theorien aus, die mit vielen Vorentscheidungen und Einseitigkeiten belastet sind.

Von den Autoren, die mehr oder weniger streng zur Humanistischen Psychologie zu rechnen sind, hat sich V. E. Frankl am intensivsten mit der Sinnthematik befaßt. Seine Theorie ist allerdings nicht einheitlich durchgearbeitet und zieht manchmal zu rasch aus klinischen Beobachtungen Folgerungen für den Normalbereich. Wir werden also aus seiner „existenzanalytischen und logotherapeutischen" Konzeption nur das übernehmen können, was gesichert erscheint, und an einzelnen Stellen Korrekturen anbringen müssen.

Die folgenden Ausführungen beruhen einerseits auf der statistischen Auswertung von Umfragen und andererseits auf der Analyse von Einzelfällen. Einige Fallbeispiele, auf die wir mehrmals zurückgreifen werden, sollen hier gleich hintereinander angeführt werden.

## Beobachtungen und Zeugnisse für eine psychologische Reflexion

*Beispiel 1*
„Oft bekomme ich panische Angst vor meiner Zukunft, ich habe einfach Angst vor dem Älterwerden. Oft, wenn ich darüber nachdenke, finde ich, daß das Leben nutzlos ist. Wozu soll man eigentlich leben? Sich einen Besitz schaffen? Man stirbt ja doch. Es mag vielleicht lächerlich klingen, wenn ich Ihnen schreibe, daß ich Angst habe vor dem Sterben." – Ein 15jähriger Schüler an den Herausgeber einer Jugendzeitschrift[64].

*Beispiel 2*
„Ich wollte, ich könnte Ihnen mein Tagebuch zeigen. Sie würden dann sehen, daß meine Verzweiflung echt ist, nicht augenblicksbedingt oder gespielt. Ich bin jetzt in der Obersekunda und muß mir langsam über meine Lebensvorstellungen klarwerden. Ich will meinem Leben einen Sinn geben, aber ich bin dazu nicht in der Lage. Und weil ich weiß, daß es so nicht weitergehen kann, bitte ich Sie, mir einen Weg zu zeigen.“ – Eine 16jährige Schülerin an den Herausgeber einer Jugendzeitschrift[65].

*Beispiel 3*
Ein Jugendlicher von 15–16 Jahren: „Eines Tages, als er in einen besonders schönen und schmackhaften Apfel biß – sozusagen der ideale Apfel, der ‚Apfel an sich‘ – durchschoß ihn plötzlich ein tiefes, unbestreitbares Wissen um die Harmonie der Welt. Eine völlig überzeugende und beglückende Erfahrung von einer unzerstörbaren und sinnhaften kosmischen Ordnung durchflutete ihn und, wie er als erwachsener Mann berichtete, verließ ihn nie wieder völlig. Selbst in gefährdeten und kritischen Situationen war sie noch immer irgendwie und irgendwo im Hintergrunde lebendig.“[66]

*Beispiel 4*
Brief eines Studenten an einen Psychotherapeuten: „Ich bin 22 Jahre alt, besitze einen akademischen Grad, besitze einen luxuriösen Wagen, bin überhaupt finanziell unabhängig, und es steht mir mehr Sex und mehr Prestige zur Verfügung, als ich verkraften kann. Was ich mich frage, ist nur, was das alles für einen Sinn haben soll.“[67]

*Beispiel 5*
In einer 20 Jahre hindurch wiederholten Umfrage bei 103 männlichen Absolventen des Harvard-Colleges wurde festgestellt, daß bei etwa 25 Prozent im Alter von 42 Jahren eine Krisenstimmung beginnt, die nicht nur zeitbedingt, sondern altersbedingt ist und in der auch ein allgemeiner Sinnverlust und ein „existentielles Vakuum“ (Frankl) bewußt wird. Diese „*Krise der Lebensmitte*“ scheint damit zusammenzuhängen, daß die berufliche Entwicklung auf einem bestimmten Niveau zum Stillstand kommt, die Kinder unabhängig werden und einen nicht mehr brauchen und das Nachlassen der Kräfte erstmals spürbar wird.

Zwei typische Äußerungen: „Anstatt nur am Lebenskampf teilzunehmen, beginnt man nachzudenken über den ‚Gehalt‘ der vielen Lebensläufe, beruflichen Karrieren, Ehen usw., die man während seines Lebens kennengelernt hat. Die Frage nach dem Sinn von allem steht im Vordergrund" (S. 486). – Ein anderer, Direktor einer kleinen Fabrik, verheiratet und Vater von drei Kindern, wechselte kürzlich seine Stellung, obwohl er ein hohes Einkommen hatte. Er schreibt: „Ich glaube, ich wäre glücklicher geworden, d.h. zufriedener und ausgefüllter, wenn ich nicht in die Industrie gegangen wäre. Aber ich weiß nicht, was ich dann gewählt hätte. – Es besteht kein Zweifel daran, daß man mit Beginn der mittleren Lebensjahre mehr nach dem ‚Warum' fragt – wofür man arbeitet und eine Familie gründet; man fragt nach der Bedeutung öffentlicher Einrichtungen, die man bisher ganz selbstverständlich als lebensnotwendig angesehen hatte, fragt, ob die Überzeugungen und Werte, die man übernommen oder entwickelt hat, in unserer heutigen Welt gültig und nützlich sind. Wohin führt der Weg für uns als Individuen, als Nation usw.?" (S. 487.)

Während einige in dieser Krise resignieren und pessimistisch werden, entwickelt die Mehrzahl ein größeres Verantwortungsgefühl für öffentliche Angelegenheiten und soziale Probleme, mehr Sinn für philosophische und religiöse Fragen und zeigt mehr Bereitschaft, sich über den beruflichen und häuslichen Bereich hinaus in öffentlichen und kirchlichen Anliegen zu engagieren[68].

*Beispiel 6*

In seiner Schrift „Meine Beichte" schildert *Leo Tolstoi* eine Krise, die auch in seinen Tagebüchern einen Niederschlag findet. Gerade als er auf der Höhe seines Lebens stand, als er den Mittelpunkt einer glücklichen Familie bildete, über eine beneidenswerte geistige und körperliche Vitalität verfügte und sich erstmals eines unbestreitbaren schriftstellerischen Ruhmes erfreuen konnte, überfiel ihn mit unüberwindlicher Hartnäckigkeit, ja bis zu Selbstmordgedanken der Zweifel am Sinn des eigenen Lebens. Ihn quälte die Frage, was er mit all seinem Fortschrittsglauben, mit seinem Einsatz für ein menschenwürdigeres Leben in Rußland und mit seinem Streben nach Glück und Erfolg nun eigentlich in Händen habe.

„Meine Frage, die mich im fünfzigsten Lebensjahre zu Selbstmordgedanken brachte, war die allereinfachste Frage, die in der Seele eines Menschen ruht, vom dümmsten Kind bis zum weisesten Greis, die Frage, ohne die das Leben unmöglich ist, wie ich es tatsächlich an mir erfuhr. Die Frage besteht in folgendem: Was wird das Ergebnis sein von dem, was ich heute tue, was ich morgen tun werde – was wird das Ergebnis meines ganzen Lebens sein? – Anders ausgedrückt wird die Frage so lauten: Wozu lebe ich? Wozu begehre ich? Wozu handle ich? Noch anders kann man die Frage so ausdrükken: Ist in meinem Leben ein Sinn, der nicht zunichte würde durch den unvermeidlichen, meiner harrenden Tod?"[69]

*Beispiel 7*
Zum Advent 1944 notierte Alfred Delp im Gefängnis: „Was ist die wahre Freude? Die Philosophen sagen, es wäre die Zufriedenheit und Gehobenheit des Gemütes über ihm zur Verfügung stehende Güter. Das mag für irgendwelche Phänomene der Freude stimmen, aber die Freude ist das nicht. Wie sollte ich sonst in dieser Zeit und in dieser Lage zu einer wahren Freude kommen? Hat es überhaupt Sinn, sich über die Freude viel Gedanken zu machen? Gehört es nicht zu den Luxusartikeln des Lebens, die in dem schmalen Privatraum, den das Kriegsgespräch zuläßt, keinen Platz hat? Und erst recht nicht in einer Kerkerzelle, in der man hin und her pendelt, die Hände in Eisen... den Kopf voller Sorgen und Fragen? Und dann muß es einem in solcher Lage immer wieder geschehen, daß plötzlich das Herz die Fülle des zuströmenden Lebens und Glückes nicht mehr zu fassen vermag. Es gab und gibt Stunden, in denen man getröstet ist und innerlich gehoben, in denen man die Sachlage genauso real und aussichtslos sieht wie sonst und doch nicht gram wird darüber, sondern es wirklich fertig bringt, das Ganze dem Herrn zu überlassen."[70]

## Zur Psychologie der Sinnsuche und Sinnerfahrung

### *1. Die Frage nach einem Sinn ist kein bloßes Krankheits-, Krisen- und Triebphänomen*

Die *Frage nach einem Sinn* – gleichgültig, ob darunter nur der Zweck einer Maßnahme, das Ziel eines Wartenmüssens oder der Sinn des eigenen Lebens oder der Menschheitsgeschichte überhaupt verstanden wird – darf nicht wie in der orthodoxen Psychoanalyse als bloßes Krankheits- oder Krisensymptom aufgrund von Triebkonflikten betrachtet werden. Denn diese Frage wird auch von vielen seelisch gesunden Menschen (wie in Beispiel 4–6) außerhalb von Belastungs- und Krisensituationen (vgl. besonders Beispiel 4)[70a] mit großer persönlicher Teilnahme gestellt. Auch bei Depressiven kann die Sinnproblematik gerade in den gesunden Phasen aktuell werden und überhaupt unabhängig von Triebkonflikten und sonstigen seelischen Störungen auftreten[71]. Es ist also zu unterscheiden zwischen der Sinnsuche von seelisch Kranken und seelisch Gesunden.

In diesem Zusammenhang ist auch zu betonen, daß das Thema „Sinn" nicht nur als Problem, als Mangel, als „existentielles Vakuum" (V. E. Frankl) seelisch bedeutsam wird, sondern *auch als positive und spontane Erfahrung* des Beschenktseins, der Gewißheit, auf dem rechten Weg zu sein, des Getragenseins, der Verantwortung, der Kreativität und der Zielgerichtetheit (Beispiel 3 und 7) bewußt wird. Auch diese positiven Erfahrungen sind wohl zu unterscheiden von – auf den ersten Blick ähnlich scheinenden – Regungen bei seelisch Gestörten. Beispielsweise unterscheiden sich die in Beispiel 3, 5 und 7 genannten Sinnerfahrungen eindeutig von den gegenstandslosen, rauschhaften Glücksgefühlen und Euphorien bei Manischen, Schizophrenen, Epileptikern und Fieberkranken[72]. Der Träger „gesunder" Sinnerfahrungen kann nämlich seine Erlebnisse ruhig und kritisch prüfen, sie also mit einer gleichzeitigen Realitätskontrolle vereinbaren. Die seelisch gesunden Sinnerfahrungen sind *selbstkritisches Erfüllungserlebnis*[73].

Trotzdem wird das Thema „Sinn" häufig in Krisensituationen bewußt. Das kann im Zusammenhang mit einer Identitäts- und Rollenkrise (Beispiel 2 und 5) oder angesichts von Alter und Tod (Beispiel 1 und 6) geschehen – häufig aber auch im Streß oder (im Gegensatz dazu) bei extremer Unterbelastung: Langeweile, Freiheit von materiellen Sorgen (Beispiel 4 und z.T. auch 5 und 6), Arbeitslosigkeit infolge von Pensionierung. In all diesen Situationen leidet der Mensch nicht nur an Trieb- und Rollenkonflikten, sondern dabei und darin auch an einer eigenen Ziel- und Wertproblematik (so subjektiv die Wertvorstellungen sein mögen), ja gerade wenn keine anderen Krisen vorhanden sind, kann die Sinnfrage eine eigene Krise auslösen.

Also wird in der Sinnthematik ein eigenes „Streben nach Sinn" (G. W. Allport) und ein „Wille zum Sinn" (V. E. Frankl) bewußt, der weder auf den Willen zur Lust noch auf den Willen zur Macht (Geltungsstreben) zurückführbar ist. Er muß vielmehr als *eigenes Verlangen nach ziel- und sinngebender Werterfahrung und Wertverwirklichung* angesehen werden, als Verlangen, sich selbst und sein Tun als etwas zu erfahren, das „sich lohnt", das man um seiner selbst willen anstreben, bejahen, lieben kann. Es ist ein Verlangen, dessen Nicht-Erfüllung eine eigene Form von Frustration auslöst, eine Frustration, die nicht auf Triebversagung, sondern auf Sinnarmut oder Sinnverlust beruht, „noogen" ist (V. E. Frankl) und für

Aggressionen, Depressionen und andere neurotische Störungen anfällig macht.

In einem Experiment hat man Elektroden in das Gehirn von Ratten eingeführt. Sobald der Stromkreis durch Druck auf eine Taste geschlossen wurde, erlebten die Tiere einen sexuellen Orgasmus oder eine Befriedigung des Nahrungstriebes. Schließlich lernten die Ratten, selber auf die Taste zu drücken. Sie wurden so süchtig, daß sie sich bis zu 50000 mal am Tag auf diese Weise befriedigten und das wirkliche Futter und den wirklichen Sexualpartner nicht mehr beachteten.

Diese Möglichkeit steht grundsätzlich auch dem Menschen offen. Es gibt aber vermutlich nur wenige Menschen – unter den oben zitierten Beispielen wohl keinen einzigen –, die in diesem „Erlebnis starker Lustgefühle" (Freud) ein sinnvolles Leben sehen können. Auch die Beschaffung subjektiver Sinngefühle im Drogenrausch wird selten ernsthaft als sinnerfülltes Leben betrachtet.

Dieses „Streben nach Sinn" ist – besonders in seinen höheren Formen – bei den einzelnen Persönlichkeiten allerdings verschieden entwickelt und reflektiert. Es ist – als „Wachstumsmotivation", wie unten gezeigt wird – kein Bedürfnis, das sich wie die Sexualität naturhaft-biologisch entwickelt und gebieterisch meldet. Es hat auch nicht die Dranghaftigkeit des Geltungs- oder Nahrungstriebs (auch wenn Menschen deutlich spüren, daß sie nicht „vom Brot allein leben" können). Insofern gibt es keinen „Sinntrieb", sondern *„nur" eine Sinnbereitschaft und ein Verlangen nach Sinn.* Beide hängen von der Erziehung wie auch von der freien Zustimmung und Aufgeschlossenheit des einzelnen ab.

### 2. *„Sinn" bedeutet zunächst und im gewöhnlichen Alltag nur: ein Ziel haben*

Bei einer Umfrage[74] wurde 1000 zufällig ausgewählten Passanten auf Wiener Straßen und Plätzen die Frage vorgelegt: „Könnten Sie mir sagen, ob es für Sie persönlich etwas so Wertvolles gibt, daß Sie es als sinngebend für Ihr Leben bezeichnen würden, und wenn, könnten Sie diesen Sinn Ihres Lebens in wenigen Worten ausdrükken?" Von den 1000 Befragten zwischen 17 und 70 Jahren antworteten 51,5% sicher oder unsicher positiv. Von rund 20% (die einen Lebenssinn für ihre Person entschieden verneinten oder problematische Antworten gaben) kann man annehmen, daß sie in ihrem Leben keinen Sinn sehen können[75].

Als Bereiche, in denen die Befragten Sinn finden, wo sich also ihr „Streben nach Sinn" konkretisieren kann, werden der Wichtigkeit nach folgende Gebiete genannt: 1. Selbsterziehung; 2. angenehmes Leben; 3. Beruf; 4. Familie; 5. Besitz; 6. Soziale Aufgaben usw. Damit sind zunächst einmal nur verschiedene Wert*bereiche* angegeben, die natürlich mit verschiedener Wert*intention* erlebt und gestaltet werden können. Wird beispielsweise „Beruf" als Ort und Quelle des Lebenssinns genannt, so ist damit nicht gesagt, ob die Berufsarbeit vorwiegend als Quelle von Macht- oder Lust- oder höheren Sinnwerten gesehen wird. Trotzdem zeigt die Untersuchung, daß es wenigstens für die Hälfte der Befragten Werte bzw. eine Wertintention gibt, die über das bloße Lust- und Machtstreben hinausgehen und eine eigene existentielle Bedeutsamkeit, eine triebüberlegene Sinndimension haben.

Trotzdem darf man nicht übersehen, daß einen positiven, „sinngebenden Lebensinhalt haben" bei solchen Umfragen und in der Alltagssprache zunächst nur bedeutet, daß *man ein Ziel, einen Wert hat, auf den sich die Aufmerksamkeit und das Streben richten.* Dieser Wert muß keineswegs in Gerechtigkeit und Liebe bestehen, d.h. personal und ethisch sein. Darum darf man auch logotherapeutische Umfrageergebnisse nicht vorschnell als Aussagen über ethisch-religiöse Einstellungen werten (etwa im Sinne von: soundsoviele Menschen suchen Halt in Gott; alle suchen einen letzten Sinn).

Einen „sinngebenden Lebensinhalt" haben kann auch einfach bedeuten, daß man sich zu beschäftigen weiß, daß man gegen materielle Not und um das eigene Überleben zu kämpfen hat oder u.U. auch, daß man sich – mangels Aufgeschlossenheit für positive Werte – destruktive Ziele gesetzt hat. Nach E. Lukas (S. 258f) soll der am häufigsten genannte Sinnfaktor das Interesse am eigenen Wohlergehen sein. Möglicherweise ist gerade das Wegfallen materieller Not und des entsprechenden Kampfes ums Dasein die Ursache dafür, daß in Industrienationen und wohlhabenden Familien (siehe auch Beispiel 4) mehr Sinnleere empfunden wird. Es fehlt da an Interesse, sich Güter zu beschaffen – es gibt sie ja schon im Überfluß –, und es fehlt auch die Freude am Erkämpften und Erworbenen. In dieser Lage sucht die Persönlichkeit einen „sinngebenden Lebensinhalt", der nicht mehr – sozusagen beschäftigungstherapeutisch – aus einer neuen Betriebsamkeit, aus äußerem Druck, aus dem Willen zum bloßen Überleben erwächst, sondern nur noch in Wissensdurst, in politischen oder künstlerischen Gestaltungsaufgaben oder in ethischen und religiösen Inhalten und Zielen (die als Letztmotivation aller anderen Ziele wirken können) zu finden ist – wenn sich die

Persönlichkeit in dieser Situation für eine solche Horizonterweiterung („Wachstum“ nach Maslow) aufgeschlossen zeigt.

Was der Mensch als „sinngebenden Lebensinhalt“ sucht, kann also in Werten von verschiedener Höhe, Weite und Richtung beheimatet sein. Die Art seiner Sinngebung und Sinnfindung hängt ganz von seiner Aufgeschlossenheit und seinem Anspruchsniveau ab. Durch direktes Fragen nach Art der sozialpsychologischen Umfragen läßt sich kaum ermitteln, wie differenziert die konkrete Motivation einer Persönlichkeit ist und welche Werte bei ihr am meisten maß- und sinngebend sind. Was anspruchsvollere geistig-personale und damit auch ethisch-religiöse Motivationen einer Persönlichkeit als „sinngebender Lebensinhalt“ bedeuten können, ist – solange die Umfragen nicht verfeinert werden – nur an Einzelzeugnissen, wie sie zum Teil oben angeführt wurden, abzulesen.

### *3. Verschiedene sinngebende Motivationen: Sinn als Mittel für etwas anderes – Sinn als Dasein für andere – Sinn als Wofür und Wozu des Lebens überhaupt – Sinn als Für-Dich und Mit-Dir in religiöser Hingabe*

Wie verschiedenartig (und auch miteinander vermischt) sinngebende Motivationen sein können, läßt sich beispielsweise bei Menschen beobachten, die ihren Beruf wechseln. Man schätzt, daß etwa 30% der Erwerbstätigen in der Bundesrepublik Deutschland im Laufe ihres Lebens einen anderen Beruf erlernen. Die meisten tun es gezwungenermaßen, weil sie infolge von Gesundheitsschäden ihren erlernten Beruf nicht mehr ausüben können oder weil sich die Nachfrage an Arbeitskräften geändert hat. Ein Teil wechselt den Beruf aber auch aus eigenem Antrieb. Aus eigenem Antrieb tut man es meistens deshalb, um sich wirtschaftlich und gesellschaftlich zu verbessern oder auch um der Eintönigkeit einer bestimmten Arbeit zu entgehen. Aber unter diesen freiwilligen Berufswechslern gibt es auch eine Zahl von Menschen, die in dem neuen Beruf eine erfüllendere Tätigkeit suchen, worunter sie meistens die Möglichkeit verstehen, unmittelbarer für andere Menschen arbeiten zu können – oft in Pflege-, Sozial- und Lehrberufen. Diese letzte Gruppe der „altruistischen“ Berufswechsler zeichnet sich meistens durch stärkeres Kontaktbedürfnis, Selbstwertstreben und Verantwortungsbereitschaft aus[76].

Allen diesen Gruppen geht es um Sinnerfüllung, sogar um mehr Sinnerfüllung. Allerdings ist die Wertintention und damit der Sinninhalt bei der äußerlich gleichen Sinnsuche verschieden. Dort wo wirklich nur wirtschaftlicher und gesellschaftlicher Aufstieg angestrebt wird, besteht der gesuchte Sinn zunächst einfach in einem Gewinn an materiellen Gütern und an Ansehen[77] – also in Werten, die bei den einen möglicherweise Endzweck sind, bei anderen aber nur Mittel für etwas anderes (funktionaler, nicht absoluter Sinn) bedeuten: nämlich für das Wohlergehen ihrer Familie oder für ihren Einsatz für das Gemeinwohl oder für hilfsbedürftige einzelne. Der materielle und soziale Nutzen, in dem sich für die einen der gesuchte Sinn erschöpft, bedeutet für die anderen keinen „Zweck an sich“, sondern nur Mittel im Hinblick auf Personwerte: Solidarität, Gerechtigkeit, Liebe. Ihre Arbeit und ihr Berufswechsel werden um anderer Personen willen getan, und letztlich empfinden sie nur ein Leben mit diesem Dasein für andere (also auf der Grundlage einer gesunden Selbstbejahung) als voll sinngebend.

Dasein für andere ist nun für viele Menschen nur Dasein für bestimmte einzelne Personen, die ihnen vertraut und sympathisch sind (Sympathieethos). Wenn sie beispielsweise durch den Tod von ihnen getrennt werden, bricht ihre „altruistische“ Sinnerfüllung zusammen. Sie haben dann niemanden mehr, dem zuliebe sie leben und arbeiten möchten. Ihr Dasein für andere ist noch nicht auf der wirklich altruistischen Höhe, wo sie grundsätzlich im Maß ihrer Möglichkeiten sich für das *Wohl aller Menschen* einsetzen möchten (so daß es immer etwas zu tun gibt).

Wenn V. E. Frankl. während seines KZ-Aufenthalts oder später in der psychotherapeutischen Praxis Menschen, die zum Selbstmord entschlossen waren, wieder ein sinngebendes Motiv bewußt machen wollte, fragte er, ob es nicht ein Werk oder eine Person gebe, die etwas von ihnen erwarte. Manchmal gelang es, einen neuen Sinn darin zu entdecken, daß man einem längst verstorbenen Ehepartner, Vater oder Freund zulieb eine bestimmte Haltung einnehmen und darum weiterleben wollte. „Für viele war es das erste und letzte und ewige Du: Gott. Aber wer immer diese Stelle letzter Instanz einnahm: es galt, sich zu fragen: Was erwartet er von mir – will heißen, welche Haltung?“[78] Dabei ist natürlich zu fragen, ob beispielsweise verstorbene Personen sinngebende Instanz sein können, ohne daß man an die Ewigkeit der von ihnen repräsentierten Werte, d. h. letztlich an die Ewigkeit der Liebe glaubt (siehe unten Anm. 143).

Hier geht es nur darum, zu zeigen, daß auch (und gerade) in der seelisch gesunden Persönlichkeit die Frage aufbrechen kann, ob es genügt, nur für das eigene Wohlergehen, für eine geliebte Person oder eine Gruppe oder für die (notleidende) Menschheit dazusein und sich einzusetzen. Es gibt auch eine Sinnfrage und eine Sinnsuche, die über alle mitmenschlichen Werte hinaus (oder besser: durch sie hindurch) *aufs Ganze geht.* So wie die altruistischen Berufswechsler *in* ihrem Gewinn an Gütern und Ansehen nur ein mitmenschliches Wofür als letztlich sinngebend und motivierend anerkennen, wird hier *in* der Gerechtigkeit, Solidarität und Liebe für die Mitmenschen noch einmal nach einem letzten, übermenschlichen (deswegen aber keineswegs außermenschlichen!) und umfassenden Wofür gefragt. Ein eindringlicher Beleg für diese *Frage nach einem letzten Wofür und Wozu des Lebens überhaupt* bietet die Biographie L. Tolstois (oben Beispiel 6). Ein anderes Beispiel finden wir bei V. E. Frankl:

*Beispiel 8*
Im KZ mußte man, schreibt er, an einen Sinn appellieren, der auch durch Leiden und Sterben nicht in Frage gestellt wurde. „Während die Bekümmerung der meisten der Frage galt, werden wir das Lager überleben? Denn wenn nicht, dann hat dieses ganze Leiden keinen Sinn' – lautete demgegenüber die Frage, die mich bedrängte, anders: Hat dieses ganze Leiden, dieses Sterben rund um uns einen Sinn? Denn, wenn nicht, dann hätte es letztlich auch gar keinen Sinn, das Lager zu überleben. Denn ein Leben, dessen Sinn damit steht und fällt, daß man mit ihm davonkommt oder nicht, ein Leben also, dessen Sinn von Gnaden eines solchen Zufalls abhängt, solch ein Leben wäre nicht eigentlich wert, überhaupt gelebt zu werden."[79]

Dieser Bericht zeigt erstens, daß nicht alle Menschen, auch nicht in Krisensituationen, zur Wachheit dieser umfassenden Fragestellung durchstoßen; vielmehr muß Frankl sie darauf aufmerksam machen (in einem „appellativen" Verfahren) – was zwar auch wieder nur gelingen kann, weil die Menschen auf diese Fragestellung grundsätzlich offen sind, ja sie möglicherweise verdrängt in sich tragen. Zweitens zeigt der Bericht (zusammen mit dem zwei Abschnitte weiter oben zitierten, Anm. 78), daß von der überzeugenden Bejahung eines letzten, unbedingten Sinns die *stärkste*, *krisenfesteste Motivation und Sinnerfüllung* ausgehen kann[80].

Nun gibt es unter den Weltanschauungen, die einen letzten göttlichen Sinn annehmen, auch solche, die ein transzendentes Du ablehnen und den letzten Grund und Sinn der Welt in einem faszinierenden Ganzen und Unendlichen, in einem ewigen unbewußten Lebensstrom (C. G. Jung, A. Schopenhauer), in der abstrakten, übergegenständlichen Einheit aller Wesen (eine bedeutende Richtung im Zen-Buddhismus) oder sonst einem unpersönlichen Geistprinzip sehen. Man kann psychologischerseits nicht daran zweifeln, daß von all diesen Überzeugungen eine umfassende Sinnbegründung ausgehen kann.

Trotzdem berechtigen zahlreiche Zeugnisse zu der Annahme, daß die Suche nach Sinn, wie sie oben mit personal-ethischer Akzentuierung beschrieben wurde[81], in der Bejahung eines duhaften Guten und Unbedingten zu ihrer höchsten Erfüllung kommen kann.

### ... und durch den Glauben an ein göttliches Du beantwortet wird

Die Äußerungen von Ph. Berrigan (oben S. 74), von Tolstoi, Delp und Frankl, die sich um viele ähnliche Zeugnisse von ethisch-religiös bestimmten Persönlichkeiten aus Geschichte und Gegenwart vermehren ließen, deuten darauf hin, daß die Frage „Wofür?", wenn sie einmal so radikal aufs Ganze geht, wie es oben beschrieben wurde, erst in einem auf das transzendente göttliche Du bezogenen *Für-Dich* (will ich mich selbst bejahen, einsetzen) ihr nicht mehr hinterfragbares, weil wertemotional restlos erfüllendes und kognitiv nicht mehr übergreifbares Endziel gefunden hat. Erst wenn emotional und kognitiv, mit Herz und Verstand[82] eine, nein die unendliche Liebe in Person bejaht wurde, kann sich der Mensch in seiner Selbstbejahung und in seinem Dasein für andere getragen wissen von einem unvergänglichen, bleibenden Sinn, der ihn selbst zu einem „Zweck an sich" und die anderen zu Mitgeliebten, zu Brüdern und Schwestern, macht (siehe auch den theologischen Teil S. 68).

In dieser Sicht der Motivierung und Sinnbegründung besagt die Überzeugung von einem persönlichen Gott: Die Liebe, die wir in unserem Suchen eines unbedingten Sinns ahnen, ist wirklich Liebe, und unser Verantwortungsgefühl, unsere Dankbarkeit und unser (reflektiertes, nicht spontan-depressives) Schuldbewußtsein hat es wirklich mit einem Du zu tun, kann und soll einem Du antworten und mit ihm mitlieben in einer schöpferischen Teilhabe, einem ewigen *Mit-Dir*. „Persönlicher Gott" kann in dieser Sicht bedeuten:

Der Sinn, den wir ahnen und an dem wir zweifeln, ist so wirklich, dicht, begegnungsfähig, bindend, daß er ein Du ist.

Natürlich unterscheidet sich ein so erlebter Glaube an einen persönlichen Gott (Theismus) grundlegend von anthropomorphen Wunsch-, Angst- und Elternphantasien, die oft als Theismus ausgegeben werden. Und solcher Theismus kann auch nur reifen, wenn die Glaubenserziehung zuerst und immer wieder die Sinnfrage lebendig werden läßt. Wenn sie zuerst zur Sinn- und Wertfähigkeit erzieht, bevor sie von Gott spricht. – Folgende Beispiele können belegen und illustrieren, wie eine echt religiös-theistische Einstellung die Sinnsuche und Sinnerfahrung zu vollenden vermag.

*Beispiel 9*

„*Mit Gottes Liebe* das Leben und die Menschen *lieben* – um der unendlichen Möglichkeit willen,
warten wie er,
beurteilen wie er,
ohne zu verurteilen,
dem Befehl gehorchen, wenn er ergeht,
und niemals zurückschauen –
*dann kann er dich brauchen* – dann, vielleicht, braucht er dich.
Und wenn er dich nicht braucht: *in seiner Hand hat jede Stunde einen Sinn*, hat Hoheit und Glanz, Ruhe und Zusammenhang[83]".

*Beispiel 10*

„Der Zusammenhang mit Jesu großem Werk gibt auch dem Unscheinbarsten eine ewige Bedeutung; es wird nichts verloren sein. Ein freudiger Sinn kommt in alles Tun...

Er (Jesus) macht mir die Menschen lieb. Einige sind das ohnehin, viele andere nicht. Er sagt mir, daß er den liebt, der mir fremd, gleichgültig oder gar unsympathisch ist. Damit hilft er zu einem anderen Verhalten: gesprächsfähiger werden, den anderen so offen und ernsthaft hören, wie ich selbst gern gehört und ernst genommen werden möchte, keinen abschreiben, über keinen ein letztes Urteil sprechen, in Hoffnung immer neu es mit jedem versuchen. Damit weitet er meinen Blick auf die Fernerstehenden: auf die außerhalb meines Milieus, auf die Gesellschaftsnöte, auf die Dritte Welt. Sie alle werden zu meinen Nächsten.

Damit stört er mich ... er überläßt mich nicht meinen Neigungen und Launen. Er ringt mit mir, es kommt zum Streit, manchmal setzt er sich durch. So gestört zu werden ist das Heilsamste, was uns widerfahren kann."[84]

Tatsächlich wirkt die theistische Religiosität nicht nur bei einzelnen überragenden Persönlichkeiten, wie sie hier zitiert wurden, sondern auch beim durchschnittlichen Gläubigen auf diese Weise sinngebend. Bei einer Umfrage, die 2000 Personen fragte, warum sie religiös seien, wurde als häufigstes Motiv genannt: „Weil die Religion dem Leben einen Sinn gibt." Ähnliche Formulierungen lauteten: weil sie einen Plan und ein Ziel gibt, eine Leere ausfüllt, Führung gibt, das Leben bereichert, einen Blick nach vorn gibt[85].

### *4. Höchste Sinnerfüllung: weder Jagd nach Glück noch Masochismus oder Fanatismus, sondern „endlose Motivation" und personale Hingabe*

Die menschlich-religiöse Sinnerfahrung, wie sie unter anderem aus den Beispielen 9 und 10 spricht, ist einerseits ein Empfangen und Beglücktwerden, ist Aufgeschlossenheit für eine den Menschen bereichernde Dimension[86], und andererseits ist sie Motiviertsein zu selbstloser Tat und Hingabe. Sie ist einerseits Ich-Ausdehnung (Allport) und Teilhabe[87] (die in einem letzten Mit-Dir gipfelt) und andererseits Ich-Bindung (nach K. Girgensohn das Wesen religiöser Ergriffenheit), die sich in einem letzten Für-Dich vollendet. Diese Verbindung beider Elemente ist nun sowohl für die Sinnerfahrung allgemein wie auch für den religiösen Glauben, zumal in seiner theistischen Form, wesentlich. Darum soll hier dieser Zusammenhang näher beleuchtet werden.

Gehen wir einmal vom Verantwortungscharakter der Wert- und Sinnerfahrung in den mitmenschlichen Beziehungen aus. Wer sich verantwortlich dem Guten öffnet – zunächst dem noch anonymen Verantwortungsgefühl angesichts einer Situation mit Aufforderungscharakter, und schließlich gesteigert in der Bereitschaft, jeweils nach Kräften aus einer Situation das Beste für das Wohl der Menschen zu machen, d. h. sein Leben als Auftrag und Sendung zu sehen –, ein solcher Mensch läßt sich von einem Ziel und Motiv bestimmen, das im höchsten Maß *„allozentrisch"* und ein „Wachstumsmotiv" ist. Er findet sein „Wachstum" (seine Erfüllung, sein Über-sich-hinaus-Sein, seine Ich-Ausdehnung und Daseinssteigerung) nicht mehr nur in seinen eigenen zuständlich-lusthaften Erregungen und Befriedigungen. Wer verantwortlich fragt: „Wofür arbeite und lebe ich?", erklärt damit bereits, daß er es nicht für sich allein tun will und kann, daß es sich dann nicht lohnen würde, daß er nicht allein Bezugspunkt und Quelle von Sinn sein kann. Vielmehr sieht er seine eigene Erfüllung[88] gerade in Werten, die sein Ich übersteigern. Selbst wenn er äußerlich-praktisch nur für sich selbst arbeitet, sieht er seinen Eigenwert von anderswoher mitbegründet, in einer höheren Sphäre verankert.

Bestimmtwerdenkönnen von Wert und Sinn (Wert- und Sinnorientierung) besteht gerade in der Fähigkeit zu „allozentrischer" Einstellung: sich über die eigenen Bedürfnisse nach Besitz, Lust, Macht und Geltung hinaus anderen Anliegen und letztlich Menschen – und in ihnen dem unbedingten Guten – *um ihrer selbst willen zuzuwenden* und sie als in sich achtens- und liebenswert zu empfinden. Oder tiefenpsychologisch gesprochen: eine nicht mehr auf die frühkindliche Befriedigung der eigenen Triebbedürfnisse eingeschränkte (postnarzißtische) Aufmerksamkeit, Motivation und Einstellung zu entwickeln und sozusagen seinen Besitz, seine Lust, seine Macht und Geltung in anderen zu finden: als frei bejahte Verbundenheit (Teilhabe), als Freude, Liebe, Bestätigung, d.h. in „intentionalen Gefühlen" (H. Schultz-Hencke).

Es ist ein Grundzug jeder Sinnerfahrung, die über das Interesse am eigenen Wohlbefinden hinausgeht, daß sie ihre Erfüllung nur als „Nebenprodukt einer anders motivierten Aktivität" findet (siehe oben S. 88). Höhere Sinnerfüllung geht nur von dem aus, was wir um seiner selbst willen tun und lieben. Oder wie N. Hartmann sagt: Etwas „ist nicht sinnvoll, weil es beglückt, sondern es beglückt, weil es sinnvoll ist". Gegen die Neigung vieler humanistischer Psychologen, das Ziel des menschlichen Lebens immanent in der Entfaltung der eigenen Anlagen und in der Entwicklung eines unabhängigen und individuellen Lebensstils zu sehen, betonte vor allem V. E. Frankl, daß der Mensch nur dann den gesuchten Lebenssinn (und damit auch seine „Selbstverwirklichung") findet, wenn er sich im Dienst an einer größeren Sache oder in der Liebe zu einer anderen Person transzendiert (Der Wille zum Sinn, 16, 20, 219). „Selbsterfüllung" und Verwirklichung der eigenen Möglichkeiten könne kein Selbstzweck sein. „Je mehr er nach Glück jagt, um so mehr verjagt er es auch schon." Der Mensch wolle in erster Linie nicht glücklich sein, sondern „was er in Wirklichkeit will, ist nämlich, einen *Grund* dazu zu haben. Und hat er einmal einen Grund dazu, dann stellt sich das Glücksgefühl von selbst ein" (ebd. 20). Selbst Maslow hat Frankl zugestanden, daß auch nach seiner Erfahrung Menschen, die direkt und losgelöst von einer Aufgabe „Selbstaktualisierung" anstreben, sie nicht erreichen (ebd. 16). Sinnerfülltes Leben (in diesem anspruchsvollen Verständnis) bedeutet zwar höchst aktive Stellungnahme und Tat, und insofern könnte man (mit N. Hartmann) von

„Sinngebung“ sprechen. Aber andererseits kann sich der Mensch Sinn gerade nicht selbst geben, sondern nur in einem anderen und letztlich Größeren finden, d.h. empfangen.

Dieser allozentrische Charakter der Wert- und Sinnorientierung darf nun allerdings nicht mit der gleichsam *masochistischen Einstellung* verwechselt werden, die ein Anliegen, einen anderen Menschen, einen Führer oder auch „Gott“ darum vergötzt, weil die Persönlichkeit nie ihre eigene Kraft, ihren Eigenwert, ihren Selbstsinn bejahen gelernt hat, sondern alles, was ihren Wert ausmacht, auf andere übertragen hat, so daß sie nur über andere zu einer gewissen Selbstbejahung kommen kann[89]. Dieses Für-Dich wäre eigentlich nur ein auf dem Umweg über andere gesuchtes Für-Mich. Es wäre nicht Hingabe aus Kraft und Offenheit, sondern aus Schwäche und aus dem krankhaften Gefühl, selbst unwert zu sein, sich selbst nichts gönnen zu dürfen, nur zum Opfern geboren zu sein.

## Dasein für andere und Glaube als „endlose Motivation“

Weil die Wert- und Sinnorientierung allozentrisch ist, ermöglicht sie – je stärker sie ausgebildet ist, desto vitaler – jene „endlose“ Zielgerichtetheit und Motivation, die nach A. Maslow und G. W. Allport nur Idealen zukommt[90]. Das ist leicht einzusehen: Wenn die Bedürfnisse nach Nahrung, Lust, Besitz und Geltung einmal befriedigt sind (wie in Beispiel 4 und 6 und oben S. 95), kann nur noch von höheren, das eigene Ich überschreitenden Werten eine neue Antriebs- und Richtungsfunktion (= Motivation) ausgehen[91]. Wissenschaftliche und ästhetische Interessen, politische, wirtschaftliche und technische Gestaltungsaufgaben können hier erfahrungsgemäß in hohem Maße ziel- und sinngebend wirken und zu einem beachtlichen „Wachstum“ mit bedeutenden Leistungen führen. Es gibt aber gute Gründe für die Annahme, daß an sich das ethisch-altruistische Ideal des Daseins für andere die stärkste und dauerhafteste Erfüllung und Motivation vermittelt. Und viele Biographien sprechen dafür, daß diese allozentrisch-altruistische Erfüllung erst in der Aufgeschlossenheit für den unbedingt und unendlich Guten, im Einssein mit dem so verstandenen Gott (Teilhabe) ihre größtmögliche Kraft erlangt.

Nach den Beobachtungen von W. Gruehn[92] soll die religiöse und nicht die logische, ästhetische oder die rein (d.h. unreligiös) ethische Wertung die höchste Ichbeteiligung einschließen. „Nur hier (in der religiösen Wertung) kommt es zu stärksten und reinsten Schwingungen des Ichaktes, zu rückhaltlosester, ernstester Ichbeteiligung der Gesamtpersönlichkeit... im religiösen Erleben wird so das Ichbeziehungserlebnis buchstäblich zu einer treibenden Kraft, zu einem Quellpunkt neuen Erlebens und neuer Betätigung."

Ähnlich meint G. Allport, religiöser Glaube könne kognitiv wie emotional die umfassendste, erfüllendste Sinngebung vermitteln: „Die Religion ist das Suchen nach einem Wert, der allen Dingen zugrunde liegt; als solche ist sie die umfassendste aller möglichen Weltanschauungen."[93] „Ein (humanitäres) Anliegen mag uns in Anspruch nehmen, aber es umfaßt selten den ganzen Horizont eines reifen Menschen. Es werden Räume übriggelassen, die allein Religion absorbieren kann."[94]

Diese Dynamik zu umfassender Weite zeigt sich – kann sich und müßte sich zeigen – in der Fähigkeit, Werte, die zu Höchstwerten hochideologisiert wurden (materieller Fortschritt, dem der Mensch geopfert wird, nationaler Eroberungsruhm, Wirtschaftswachstum um jeden Preis, Rasse, Ehre), zu *relativieren*[95].

Die religiöse Dimension der Sinnerfahrung besteht in der Sicht der oben angeführten Zeugnisse wesentlich in dem Bewußtsein, zum Mit-Lieben mit dem unbedingt Guten, der durch uns allen Gutes tun will, berufen zu sein. L. Tolstoi sprach darum, Schopenhauers „Verneinung des Willens zum Leben" umkehrend, vom Prinzip der „Bejahung des Willens zum Guten" und vom „Gott Dienen"[96]. Dieses Bewußtsein macht die Motivation auch in dem Sinne „endlos", daß sie sie *universalisiert:* Wer mit dem unendlich Guten (christlich: dem Vater) mitliebt, kann seine Aufmerksamkeit nicht nur den Sympathischen oder Altvertrauten zuwenden, sondern muß für alle offen sein.

Die „endlose Motivation", von der wir im Anschluß an die humanistische Psychologie sprechen können, ist bei einem R. Amundsen, bei einem Staatsgründer wie Nehru, einem Künstler wie Picasso oder einem erfolgreichen Unternehmer ohne weiteres zu erkennen[97] – wobei man allerdings nur schwer unterscheiden kann, welche Kräfte nun vom Geltungs- und Gewinnstreben oder von ästhetischer, wissenschaftlicher oder technischer Faszination bzw. *fanatischer Übersteigerung*[98] ausgingen. Die Kraft der sozialen und ethisch-religiösen Motivation (die alle oben genannten Motivationen noch einmal umgreifen und integrieren kann) ist deshalb in vielen Kreisen weniger bewußt, weil sie in der öffentlichen Meinung weitgehend tabuisiert, verschwiegen und als ideologisch verdächtigt wurde. Sie zeigt sich am eindrucksvollsten in Lebenswerken wie dem von Albert Schweitzer, Mahatma Gandhi, Dag Hammarskjöld, Martin Luther King, Mutter Teresa und ähnlichen. Sie zeigt sich

– unterscheidbar von den oft mit ihr vermischten Motiven des Geltungsdranges – am eindeutigsten dort, wo ein Mensch trotz Undank und Widerstand und trotz persönlicher Nachteile sich für das Wohl anderer eingesetzt hat und seinen Lohn sozusagen nur von dem empfing, „der ins Verborgene sieht und vergilt" (Mt 6,4)[99].

Doch ist auch hier wieder nüchtern an die Tatsache zu denken, die G. Allport einmal so ausgedrückt hat: „Vielen Individuen, das ist unbedingt richtig, fehlt die Bindung an ideale Ziele. Für sie bedeutet die Zukunft nicht mehr als die Erwartung unmittelbarer Lust. Aus einer Erhebung geht hervor, daß 25% normaler College-Studenten erklären, daß sie keine Begeisterung für irgendeine Art von Lebenswerk besitzen."[100]

## Entwickeltes und gestörtes Sinnerleben

Das Eigenartige am Gefühl der *Sinnlosigkeit* und der Gegensatz zur Sinnerfüllung scheint nicht die Verzweiflung (die ja Erwartung und Hoffnung voraussetzt) zu sein, sondern die *Gleichgültigkeit,* die Unfähigkeit zum freudvollen und sich engagierenden Über-sich-hinaus-Sein. Wo die Fähigkeit zu allozentrischer Einstellung entwickelt ist, die Fähigkeit, die Welt, die Mitmenschen, sich selbst und in all dem das unbedingte Gute freudvoll zu erleben und zu bejahen, da ist die Unfähigkeit zur Ich-Ausdehnung und Ich-Bindung, der Autismus, die „intentionale Hemmung" und Gleichgültigkeit überwunden und die *Fähigkeit zur Sinnerfahrung* grundgelegt.

Es wäre allerdings logotherapeutische und theologische Einseitigkeit („Noologismus", wie Frankl es nennt) zu meinen, die emotionale Bereicherung der Sinnerfahrung und ihre Förderung der seelischen Gesundheit hinge nur von der Sinnüberzeugung ab. Die Überzeugung von einem unbedingten Lebenssinn kann zwar die Sinnerfahrung und damit die Motivation und seelische Gesundheit fördern und vollenden. Aber sie setzt andererseits auch eine grundlegende seelische Gesundheit voraus: sie kann nur auf der Grundlage einer allgemeinen Ansprechbarkeit des Gemüts wirken, d.h. nur dort, wo das seelische Leben nicht durch Gemütsverdrängung oder psychisch (nicht noogen) bedingte Angst, Zwanghaftigkeit und Depressivität völlig gestört ist.

Ch. Bühler berichtet einmal von einem Mann, der in den ersten Lebensjahren von seiner Mutter stark verwöhnt und dann nach ihrem Tod von seinem verständnislosen Vater überstreng erzogen und entmutigt wurde. Er scheiterte im Berufs- wie im Eheleben, weil er überhaupt nicht gewohnt war, andern zulieb etwas von sich zu verlangen, anderen etwas zu geben und sich nicht nur bedienen zu lassen bzw. sich nur unter Druck fügen. Die Fähigkeit zur Wertorientierung (Bühler: das „Wertpotential") kann also so unterentwickelt sein, daß einer Wert- und Sinnverwirklichung, zu der hier die Therapie hinführen sollte, zeitlebens Grenzen gesetzt sind[101].

### Das Zeit- und Lebensgefühl des Sinnerfüllten

Wo eine grundlegende Erlebnis- und Bindungsfähigkeit vorhanden und durch die Sinnorientierung weiterentwickelt worden ist, da erhält die Sinnerfahrung (und ihre Allozentrik) durch die religiöse Tiefe ein letztes Woraufhin, das als beseligende Weite und Zukunft erfahren wird. Die „endlose Motivation" führt hier nicht zu einer ewigen leeren Unruhe und zu faustischem Umgetriebensein, sondern zur erfüllenden Gegenwart des „je größeren Gottes" (E. Przywara im Anschluß an Augustinus), dessen Herrlichkeit schon „nahegekommen", aber noch nicht vollendet ist (Mk 1,15; Röm 8,19). Das wird in den Beispielen 7–9 klar ausgesprochen. P. Ricœur beschreibt es einmal so:

*Beispiel 11*
„Gleichwie ich Anzeichen meiner Wahrnehmungsenge erhalte – und wäre es nur, weil ein anderer mir widerspricht –, so erhalte ich Anzeichen meiner Bestimmung zur Glückseligkeit. Das sind jene ungewöhnlichen Erfahrungen, jene kostbaren Augenblicke, in denen mir Gewißheit wird, daß ich auf dem rechten Wege bin; mit einemmal ist der Horizont freigegeben, unbegrenzte Möglichkeiten öffnen sich vor mir; das Gefühl des ‚Unermeßlichen' antwortet dialektisch dem Gefühl der ‚Enge'." Glückseligkeit sei nicht in einem Akt gegeben, sondern in einem „Richtungsbewußtsein" angezeigt. „Die Ereignisse, die von der Glückseligkeit sprechen, sind solche, die Hindernisse wegräumen, eine weite Daseinslandschaft auftun; das Übermaß an Sinn, das Zuviel, das Unermeßliche, das ist das Zeichen, daß wir ‚hingelenkt' sind zur Glückseligkeit."[102]

Man kann wohl ohne unzulässige Grenzüberschreitung sagen, daß die religiös gefüllte und ausgerichtete „endlose Motivation" die psychische Seite von dem ist, was philosophisch und theologisch als Verwiesenheit des Erkennes und Liebens auf die Transzendenz und auf das „absolute Geheimnis" (K. Rahner) bezeichnet wird[103].

Dieses Bewußtsein, in jeder überwundenen Enge auf dem Weg zur Glückseligkeit zu sein, begründet auch ein eigenes Verhältnis zur Zeit. Das *Zeit- und Lebensgefühl* des Sinnerfüllten ist im flüchtigen glücklichen Augenblick des bleibenden, mit-gegebenen (oder biblisch: „verheißenen") Ganzen gewiß[104].

Damit unterscheidet es sich beispielsweise vom Evolutionsbewußtsein A. Adlers, der das Glück und den Sinn der Gegenwart nur in ihrer Hinordnung auf die endlos fortschreitende Entwicklung des Lebens, also eher zweckhaft als sinnerfüllt, sehen kann. Es unterscheidet sich damit auch von jeder Form eines *gegenwartsflüchtigen Utopismus*, der in der Gegenwart keinen Inhalt, bei dem zu verweilen sich lohnte, sieht, sondern nur ein Hindernis für die sich verzögernde und ersehnte Zukunft, die allein sinnerfüllt sein soll – im Grunde ein Leben in Wunschphantasien.

Das Zeit- und Lebensgefühl des Sinnerfüllten unterscheidet sich aber ebenso vom *depressiven Zeiterleben*, das nur noch in der Vergangenheit Halt findet, weil sein Zukunftsbezug, sozusagen seine Kraft zu hoffen, so gemindert ist, daß ihm die Gegenwart keinen Aufenthaltsort mehr bieten kann[105]. Das Zeit- und Lebensgefühl des Sinnerfüllten unterscheidet sich schließlich auch von jener *präsentistischen Einstellung*, die in der Sehnsucht nach vollendetem Glück (in der Zukunft) nur „Unrast" und „Wahn" (N. Hartmann) sehen kann und darum die Unterdrückung dieser Sehnsucht und die forcierte Hingabe an die „glückhaften Augenblicke" des Lebens empfiehlt[106].

## *5. Sinnerfahrung und Glaube als Quelle von Identität. Gläubige Sinnerfahrung ist dialogische Verbundenheit: weder Selbstherrlichkeit noch Ausgenütztwerden, weder urmütterliche Einheit noch Einsamkeit*

Während der Kindheit kann sich die erst schwach entwickelte Persönlichkeit nur dann als von anderen unterschiedenes und zum Selbstsein ermächtigtes Ich fühlen, wenn sie sich von Bezugspersonen – gewöhnlich Mutter und Vater – wie in einem Spiegel gesehen und anerkannt erfährt: „Esse = percipi", Sein bedeutet gleichsam Wahrgenommenwerden[107]. Auch der Jugendliche braucht andere, Gleichaltrige und Erwachsene, um seine *Identität*, d.h. seine Übereinstimmung mit sich selbst und mit seiner Umgebung zu finden[108]. In gewandelter Form (und wohl zu unterscheiden von krankhafter Ich-Schwäche) besteht dieses Bedürfnis nach Bestätigung durch andere Bezugspersonen und Instanzen, die einem etwas bedeuten, auch während des ganzen Erwachsenenlebens, soll sich die Persönlichkeit nicht in trotziger Selbstherrlichkeit und damit in Vereinsamung verkrampfen.

Gerade wenn wir fragen, wozu wir leben und wofür wir arbeiten, weigern wir uns, den Weg der Selbstgenügsamkeit und Selbstherrlichkeit zu gehen, und suchen die *Quelle von Sinn und Bestätigung außerhalb unseres Ich.* Hier erfahren wir – je radikaler die Sinnfrage gestellt wird, desto tiefer – die Tatsache: Esse = percipi. Wir suchen Teilhabe, Verbundenheit. (Das ist die allozentrische Seite und Anlage im Geltungsstreben, so wie sich das Luststreben allozentrisch weiterentwickeln kann zur Freude über andere und das Besitzstreben zur Dankbarkeit und zur Bereitschaft weiterzuschenken.) In den zitierten Äußerungen von Delp, Tolstoi, Hammarskjöld, Gollwitzer und Ricœur ist nun eine Erfahrung ausgesprochen, die sich über alle möglichen menschlichen Bezugspersonen hinaus auf eine *letzte Instanz und „Bezugsperson"* bezieht. Was in dieser Beziehung erlebt wird, kann vielleicht so ausgedrückt werden: „Du liebst mich. Ich darf aus Dir leben. Ich möchte gut sein wie Du und so mit Dir verbunden bleiben."

„Gott" wird hier als sinngebende Gegenwart erfahren, die zugleich erfüllt und verpflichtet: höchste Teilhabe (Mit-Dir) und Hingabe (Für-Dich), Ich-Ausdehnung und Ich-Bindung, letzte, übermenschliche Quelle von Identität und anspruchsvollster „Gegenstand" menschlicher Identifikationswünsche, Bestätigung und Korrektur, Antrieb und Richtung.

Die Urfrage, „wie die Getrenntheit überwunden, wie man das eigene individuelle Leben transzendieren und eins werden kann"[109], ist hier beantwortet durch die (immer wieder zu erneuernde) Erfahrung *dialogischer Verbundenheit.* Hier überwindet der Mensch sein Getrenntsein und seine Vereinsamung also *nicht*

- durch trotzige *Selbstherrlichkeit,* die das Bedürfnis nach (kritischer, korrigierender) Bestätigung unterdrückt;
- durch den Versuch, zu einer *urmütterlichen Geborgenheit* zu finden, die einem jene problemlose Einheit zurückbringt, die man in der frühkindlichen, vorpersonalen Phase der Entwicklung mit der Mutter hatte;
- durch den Versuch, in jene *Allmachtsillusion* zurückzukehren, die das Kind in den ersten Lebensjahren unter dem Zwang der Wirklichkeit nur schwer verläßt und in die sich der Erwachsene durch das magische Bewußtsein, alles müsse ihm gelingen, wieder hineinsteigern kann[110];
- in dem Versuch, innerweltliche Dinge und Personen so zu *überhöhen,* daß sie praktisch fetischisiert und idolatrisiert werden, so

daß von Werten wie Sexualität, Ehre, Rasse, Nation, Kollektiv, Fortschritt, Wirtschaftswachstum, Geld, Revolution die rauschhafte Faszination eines Idols ausgeht[111].

Dialogische Verbundenheit bedeutet, daß die schöpferische und verantwortliche Persönlichkeit ihre Zielsetzungen und Initiativen von einem Letzten und absolut Guten her als *Berufung*, Auftrag und Sendung sehen kann. Religiöse Sinnerfahrung kann darum auch das Bewußtsein einschließen, daß Gott den Menschen braucht: „Wie furchtbar, unsere Verantwortung. Wenn du versagst, dann ist es Gott, der durch deinen Betrug an ihm vor der Menschheit versagt. Du bildest dir ein, du könntest die Verantwortung Gott gegenüber tragen; kannst du die Verantwortung tragen *für* Gott?" (D. Hammarskjöld)[112].

Verantwortungsbewußtsein und religiöser Glaube, so zeigte sich, sieht die Quelle der Sinnerfüllung „außerhalb" des eigenen Ich und erfährt sich von Gott berufen. Dieser Bezug zum Anderen sollte aber nicht mit *Fremdbestimmung* (Heteronomie) und göttlicher Willkür gleichgesetzt werden. V. Frankl erklärt einmal seine Auffassung von einem göttlichen „Über-Sinn" mit folgendem Vergleich: „Ein domestiziertes Tier weiß nicht um die Zwecke, in die der Mensch es einspannt. Wie sollte nun der Mensch wissen können, welchen ‚Endzweck' sein Leben, welchen ‚Über-Sinn' die Welt als Ganzes hat? ... Nehmen wir das Beispiel eines Affen, dem schmerzhafte Injektionen gegeben werden, um ein Serum zu gewinnen. Vermöchte der Affe jemals zu begreifen, warum er leiden muß? ... müssen wir nicht annehmen, daß die menschliche Welt selber und ihrerseits überhöht wird von einer nun wieder dem Menschen nicht zugänglichen Welt, deren Sinn, deren Übersinn allein seinem Leiden erst den Sinn zu geben imstande wäre?"[113]

Hier sieht Frankl (ganz im Gegensatz zu anderen Äußerungen in seinen Werken) die transzendente Sinninstanz als etwas *Äußerliches und Willkürliches und damit Ausbeuterisches.* „Sinn" und „Über-Sinn" werden hier einseitig als Dasein für einen höheren Zweck (in einer instrumentalen, nicht personalen Beziehung) gesehen, der den Menschen in seinem Wertstreben völlig uneinsichtig ist und sie darum auch nicht bereichern kann. Angesichts dieses „Gottes" kann sich der Mensch gerade nicht als um seiner selbst willen geliebt, als „Zweck an sich" erfahren, sondern nur als Mittel, als etwas, das „verheizt" wird im „Opfer". Hingegen erleben die oben angeführten Autoren (besonders auch Hammarskjöld, der häufig und in einem ganz anderen Sinn von „Opfer" spricht) Gott als den unbedingt Guten, der sie bei aller Eigenständigkeit gerade in ihrem Besten vollendet, sie durchdringt, bereichert, sie trägt in ihrem Kampf gegen das Leid und das Böse – uns innerlicher, als wir uns selbst sind: „er in uns – wir in ihm“[114].

### 6. *Sinnerfahrung und Glaube als Freiheit nach außen (Autonomie) und nach innen (Integration)*

Wenn es nun für eine Persönlichkeit eine Quelle der Identität und Bestätigung gibt, die sie jenseits der Bezugspersonen ihrer Umgebung finden kann, dann kann sie dadurch auch *unabhängiger werden gegenüber dem Erwartungsdruck ihrer Umgebung*. Je lebendiger die Beziehung zu dieser übermenschlichen und zugleich innerseelischen Instanz ist, desto stärker kann die *Autonomie und Freiheit* gegenüber der Umgebung sein, die Fähigkeit zu einer innengeleiteten Verhaltenssteuerung. Die Persönlichkeit kann sich – lernpsychologisch gesehen – sozusagen selbst belohnen und belobigen und so ihr Verhalten auch dann noch motivieren, wenn ihr die Umgebung die Anerkennung versagt.

Die Kinderpsychotherapeutin Nicole Fabre hat beobachtet, daß schon 8jährige Kinder, die eine sorgfältige religiöse Erziehung erhalten haben, auch gegen die Meinung ihrer Umgebung ihr eigenes Urteil aufrechterhalten, weil sie sich, wenn ihre guten Absichten nicht verstanden werden, wenigstens von Gott bestätigt fühlen[115]. „Gott“ kann auch innerlich rehabilitieren: Ein der Erziehungsanstalt entflohener 15jähriger Junge nahm vor dem Haus eines Bäckers einen Laib Brot weg, weil er in einer Nebengasse von einer weinenden Frau mit einem Säugling angebettelt worden war und selbst nichts zum Geben hatte. Als er gefaßt worden war und dem Untersuchungsbeamten vorgeführt wurde, sagte er: „Macht mit mir, was ihr wollt. Mich reut nur, daß ich das Brot der Frau nicht habe geben können. Aber der liebe Gott weiß, was ich beabsichtigte.“[116]

Natürlich kann sich auch ein irrendes Gewissen auf Gott berufen und dadurch in einer unberechtigten Entscheidung inneren Halt finden. Aber das ist nur die durch mangelnde Wert- und Sinnreflexion mißbrauchte Möglichkeit zur Autonomie, die jedem Gläubigen grundsätzlich gegeben sein muß: „Man muß Gott mehr gehorchen als den Menschen“ (Apg 5,29). „Und dein Vater, der ins Verborgene sieht, wird es vergelten“ (Mt 6,4).

Die Persönlichkeit steht aber nicht nur unter dem Erwartungsdruck von Bezugspersonen ihrer Umgebung draußen, sondern auch unter dem Druck ihrer verschiedenen bewußten und unbewußten

Antriebe im eigenen Innern. Jeder Mensch steht immer wieder vor der Frage: soll ich mich von meinem Luststreben, vom Geltungsdrang, vom Besitztrieb oder von meiner Bereitschaft, für andere dazusein, bestimmen lassen? Nach der psychoanalytischen Triebtheorie muß das Ich zwischen dem triebhaften Druck von innen und dem Zwang von außen (die Gebote und Verbote der sozialen Umgebung werden ja ins Über-Ich aufgenommen) einen Kompromiß schließen. Das verlangt in einem hohen Maß Unterdrückung bzw. Sublimierung der Triebregungen.

Nun gibt es nach allem, was oben gesagt wurde, gerade durch die Sinnorientierung auch noch eine andere Möglichkeit, die einzelnen Triebstrebungen zu einen und über sich hinauszuführen, nämlich von innen her. Die Sinnorientierung kann sich so stark entwikkeln, daß sie zu einem *führenden* Antrieb im Leben der Persönlichkeit wird.

So waren die in den obigen Beispielen zitierten Persönlichkeiten ganz von ihrer sinngebenden Lebensaufgabe beseelt. In ihrem Leben gab es eine „Hierarchie der Werte" (nach Erikson eine wichtige Voraussetzung für die Identitätsfindung jedes Menschen), es gab eine „Leitidee" (Allport).

Aber auch bei haltlosen, desintegrierten, ihren Triebregungen preisgegebenen Persönlichkeiten kann die Wert- und Sinnorientierung – je stärker und personaler, desto sicherer – dem gesamten seelischen Leben eine neue Richtung geben: Bei Rauschgiftsüchtigen scheint die logotherapeutische Behandlung, die auf die Erschließung eines Sinnes hinarbeitet, eine höhere Erfolgsquote zu erzielen als andere Verfahren [117]. Auch kann man die Erfolge der Heilsarmee und der Jesus-Bewegung, zumal der Teen-Challenge-Gruppen, bei der Rehabilitierung von Alkoholikern und Drogenabhängigen nicht leugnen [118].

Die Bekehrungsberichte zeigen, daß die Befreiung von der völligen Trieborientierung und Süchtigkeit nicht allein auf eine besondere Anspannung des Willens oder auf Zwang von außen zurückzuführen ist, sondern im Kern auf einer Sinnerfahrung beruht, die die rauschhafte, zuständlich-ichbezogene Erregung (Autozentrik) überflüssig macht [119]. Befreiung durch höhere Erfüllung. Hier zeigt sich ein wichtiger Grundzug der Sinndynamik: sie erzielt ihre integrierende und leitende Wirkung *nicht einfach durch Unterdrückung und Verdrängung* der anderen Triebregungen, sondern durch deren *allozentrische Weiterentwicklung* [120]. (Um so verkehrter ist eine Erziehung, die die religiöse Motivierung zur bloßen Triebverdrängung mißbraucht.)

Je mehr eine Persönlichkeit auf Werte bezogen ist, desto weniger ist sie dem Drang zu zuständlicher Erregung (Lust, Sucht) ausgeliefert, d.h. auch gegenüber den Führungsansprüchen der eigenen Triebe und Vorprägungen frei: fähig zu triebüberlegener Integration und Zielorientierung[121], zum „Wachstum" und zu „endloser" Motivation (siehe oben S. 101–104).

Das bedeutet, daß Sinnorientierung zur *seelischen Gesundheit* beiträgt. Doch muß andererseits auch gesehen werden, daß sie – wie oben ausgeführt – ihrerseits eine grundlegende Ansprechbarkeit des Gemüts und damit ein Minimum an seelischer Gesundheit voraussetzt.

Die Lernprozesse, durch die sich die Sinnorientierung entwickeln kann, können hier nicht im einzelnen besprochen werden. Es sind hier *verschiedenartige Lernvorgänge* beteiligt, deren Bedeutung für eine „Logopädagogik" kaum untersucht ist. Am wichtigsten ist vermutlich die Befähigung zur Sammlung, das Lernen am Vorbild (Identifikation, nicht nur Imitation), das Lernen durch Anerkennung und Lob (sekundäre Verstärkung), das Lernen durch Einfühlung und Nachempfinden (von fremder Freude, fremdem Leid), das Lernen durch Anforderung von persönlicher Entscheidung und persönlichem Einsatz sowie eine Art Lernen durch Desillusionierung (von Schein-Sinn, Überhöhungen, minderwertigen Sinngebungen).

### *7. Ist Sinn nur das, was einer jeweils dafür hält?*

Der Philosoph A. Schaff spricht sicher eine weitverbreitete Ansicht aus, wenn er meint, die Frage, was Sinn oder Glück im Leben bedeuten, sei etwas völlig Subjektives. Denn Glück sei ein „Gemütszustand eines Menschen, der *aus irgendeinem Grund* intensive Zufriedenheit empfindet" (Marx oder Sartre?, 163). Es lasse sich zwar allgemeingültig feststellen, was Menschen unglücklich mache. Man könne aber nicht positiv sagen, aus welchem Grund Menschen glücklich seien. Ähnlich erklären auch Psychologen, die das Suchen nach Sinn für ein wichtiges Thema des seelischen Lebens halten, was von einer Persönlichkeit als sinngebend aufgefaßt werde, sei völlig beliebig[122].

Auch in dieser Reflexion wurde betont, daß die einzelnen Menschen Werte von sehr unterschiedlichem Rang als „sinngebenden Lebensinhalt" ansehen, ja daß sie auch in sehr verschiedenen Richtungen ihren Höchstwert suchen können. Der Freizeitbürger, der

Drogenabhängige oder Pensionierte können ebensogut in der Erweiterung des Wissens durch Lesen wie in der Unterstützung eines Wohltätigkeitswerkes oder in der Brieftaubenzucht eine erfüllende Aufgabe finden.

Die Therapie an Depressiven arbeitet darüber hinaus auch mit suggestiven Mitteln und läßt beispielsweise im Rahmen des autogenen Trainings die Vorsatzformel einüben: „Ich sehe die Welt in ihren Farben“[123] – mit Erfolg. Oder sie sucht an Werte zu binden, die als *überindividuell und zeitlos* erlebt werden, so daß das Zukunftsgefühl über den eigenen Tod hinaus (und damit die psychosomatische Spannung, der Biotonus) aktiviert wird. Diese überindividuellen Werte brauchen aber keineswegs absolut und ewig im metaphysischen Sinn zu sein. „In der Sowjetunion z.B. werden die alten Leute im Sinne eines Chiliasmus auf die Zukunft ihres Landes und politischen Systems hin orientiert, auf die glückliche Welt, in der einst Kinder und Kindeskinder leben sollen. *Entscheidend* bleibt immer das *subjektive Bewußtsein,* sich in ein verbindliches Absolutum hineinzuintegrieren. Geistig interessierte Menschen gewinnen zuweilen ein tröstliches Gefühl für überzeitliche und überindividuelle Dimensionen durch historische Studien. So begeisterte sich ein alter Arzt für Medizinhistorie, ein frommer Beamter für die Geschichte seiner Heimatkirche; ein pensionierter Studienrat baute ein Archiv seiner alten Schule auf. *Religiöse Menschen,* in eine überindividuelle Werthierarchie eingebettet, sind gegen so strukturierte Depressionen verständlicherweise *am besten gefeit*“ (ebd. 328f).

Trotz all dieser unbestreitbaren Tatsachen ist zu betonen, daß es *auch in psychologischer Sicht nicht völlig gleichgültig* und gleichwertig ist, worin ein Mensch den Sinn seines Lebens sieht und sucht.

1. Ist das Sinnerleben und -streben einer Persönlichkeit nur auf das eigene Wohlbefinden oder auf ein Hobby beschränkt[124], so können durch diese Zielsetzungen zwar beachtliche seelische Energien aktiviert und auf eine Aufgabe gerichtet werden. Aber es wird gerade jenes personale (letztlich auf Liebe ausgerichtete) Wertempfinden und -streben nicht angefordert und entwickelt, dessen Lebendigkeit und „Endlosigkeit“ die oben zitierten Zeugnisse illustrieren. Diese *Verkümmerung* ist nicht nur in der Sicht einer philosophisch-theologischen Wertung ein Verlust, sondern auch unter psychologischer Rücksicht. Denn wenn sich eine Persönlichkeit überhaupt nicht für einen letzten und höchsten Wert aufgeschlossen zeigt, steht ihr auch *nicht die Kraft zur Freiheit nach außen (Autonomie) und nach innen (Integration)* zur Verfügung, wie sie nach den obigen Ausführungen von der ethisch-religiösen Sinnorientie-

rung ausgehen kann. (Sie muß solche Kräfte aus anderen Motiven zu schöpfen suchen.)

2. Dasselbe gilt auch, wenn „überindividuelle“ Werte ohne ihren Bezug zum letzten absoluten Guten nahegebracht werden oder wenn man das Lebensgefühl durch autosuggestive Formeln aufzuhellen sucht. Solche Beeinflussung kann, besonders wenn das Lebensgefühl seit der Kindheit depressiv war, eine bewußt und überzeugt bejahte Sinnerfahrung (endlich auch) seelisch wirksam werden lassen. Sie kann auch den Blick über das eigene Ich hinaus weiten – so weit, daß es für ein zufriedenes Leben ohne Depressionen voll und ganz reicht.

Soll die „überindividuelle“ Wertwelt aber jene Erfüllung, jenes Lebens- und Zeitgefühl und Sendungsbewußtsein begründen, das oben (Punkt 3 und 4) als Möglichkeit religiöser Sinnorientierung nachgewiesen wurde, dann stellt sich folgende Frage. Enthält das nahegebrachte „Überindividuelle“ (die Zukunft des Landes, die Geschichte der Medizin, der Heimatkirche oder Schule ...) die angezielte „letzte Erfüllung“ und „endlose Motivation“ auch *gemäß dem kritischen Urteil der Realitätskontrolle* (die fragt: ist meine Freude und meine Hingabebereitschaft auch begründet, proportioniert, wahr?) – oder ist sie nur um meiner subjektiven Erhebung und Anspannung willen erhofft, d.h. *überhöht*?

Eine Sinngebung, die nie oder ungenügend dieser *metaphysischen Realitätskontrolle* unterworfen wurde, kann zwar stark motivieren. Aber das oben beschriebene „selbstkritische Erfüllungserlebnis“ kann sie nicht vermitteln. Das bedeutet: eine solche subjektive Sinngebung muß sich im Kampf gegen Widerstände, Belastungen und Krisen entweder zum Wahn – als einer Form der Abwehr – entwikkeln (siehe Anm. 98, 111) oder aber zusammenbrechen. Außerdem: wird der Höchstwert einer Persönlichkeit nur durch einen überhöhten innerweltlichen Wert gebildet, so bestimmt dieser ihre einzelnen Wertungen. Sie hat keine Instanz, von der aus sie alle nicht-letzten Werte und Ansprüche – seien sie nun von einer Ideologie, von der Werbung, vom Milieu oder auch von den eigenen Triebwünschen suggeriert – relativieren und so zu einer innengeleiteten und integrierten Verhaltenssteuerung kommen kann.

So ist eine metaphysische Realitätskontrolle auch in psychologischer Hinsicht von Bedeutung. Denn auch psychologisch ist es nicht einerlei, ob jemand nach dem objektiven Rang seiner Ziele fragt oder nicht: Letztlich kann sich niemand den Sinn des Lebens selbst geben; er muß ihn suchen und empfangen.

## XXXV

*„Der moderne amerikanische Psychotherapeut wird heute nicht mehr ausschließlich und vielleicht überhaupt nicht mehr in erster Linie von seelisch Kranken aufgesucht. Statt dessen sieht er in zunehmendem Maße Menschen, die das Leben verwirrend finden, mit ihrer eigenen Entwicklung und Erziehung unzufrieden sind und die Hilfe für eine angemessene Lebensführung suchen. Voller Zweifel im Hinblick auf die ihnen überlieferten Werte und gegebenen Autoritäten, bemühen sie sich, innere Wahrhaftigkeit und adäquate Zielsetzungen unter kompetenter Leitung zu finden."* Ch. Bühler

## XXXVI

*„Manchen Menschen wird es ein Ideal, hinter dem Steuerrad zu sitzen und die ganze Aufmerksamkeit dem Verkehr zuzuwenden, womit sie sich dem heikelsten Problem entziehen: über sich selbst nachzudenken. Aus diesem Grund sucht der moderne Mensch fortwährend bestimmte äußere Zwänge ... Er ist nur dann zufrieden, wenn er völlig in die Welt der Dinge verstrickt ist. Doch erwekken tausend Tage solcher ‚Zufriedenheit' in ihm schließlich doch das Gefühl der Unzufriedenheit und Leere, das er mit noch stärkeren Reizen übertönen möchte. So lebt er ohne den inneren Dialog, also eigentlich ohne sich selbst."* M. Machovec̆

## XXXVII

*„Ob überhaupt und auf welche Weise die Menschheit den Übergang zu der ganz neuen Lebensweise finden wird, läßt sich nicht voraussagen. Zunächst wäre es wohl gut, Meditation zu üben, um mit den Kräften des Inneren überhaupt wieder vertraut zu werden."*

H. Sachsse

## XXXVIII

*„Es wächst hienieden Brot genug / Für alle Menschenkinder, / Auch Rosen und Myrten, Schönheit und Lust / Und Zuckererbsen nicht*

*minder, / Ja, Zuckererbsen für jedermann, / Sobald die Schoten platzen! / Den Himmel überlassen wir / Den Engeln und den Spatzen."* H. Heine

## XXXIX

*„Das zu Liebende ist früher als das Lieben: unser Lieben findet aber kein Genüge an all dem, was es innerhalb der Welt vorfindet; das nun, woran unser Lieben ja Genüge finden könnte – das nennen wir Gott; und insofern ist Gott. Oder: das zu Verehrende ist früher als das Verehren; nun, wir verehren so manches, so vieles, und doch enttäuscht es uns zuletzt; das nun, was uns nicht enttäuschen könnte, das nennen wir auch Gott und auch das – muß früher sein; und auch insofern muß Gott sein ... Amo (Deum) ergo (Deus) est."*

V. E. Frankl

## XL

*„Wir können hier von anderen lernen. Ich war ... unlängst in einem anthroposophischen Heim für spastisch gelähmte und geistig behinderte Kinder. Die Menschen, die dort arbeiten und unter nahezu klösterlichen Bedingungen leben, sind nicht imstande zu verstehen, was die meinen, die sagen, das Leben solcher Kinder sei sinnlos, solche Kinder sollten lieber nicht sein. Was mich am meisten beeindruckte, war die Aufmerksamkeit dieser Menschen für das, was die Kinder ihnen zu geben imstande waren. Durch diese gesteigerte Aufmerksamkeit wird es ihnen möglich, dem, was hier an Sinn in sozusagen verstümmelten Texten latent ist, zur Wirklichkeit, zum Dasein in der Welt zu verhelfen. Das ist die Weise, wie wir Sinn wahrnehmen: wir müssen ihm beistehen."* R. Spaemann

# V.

# Meditation: Sinnfindung durch Lebensbetrachtung

*Anregungen für die eigene Praxis*

Meditation ist in den letzten Jahren für viele Menschen zu einem wichtigen Bestandteil ihres Lebensstils geworden. Man schätzt, daß in der Bundesrepublik Deutschland einige Zehntausend ziemlich regelmäßig Yoga-Übungen machen und rund 20000 das Sitzen und Atmen nach der Methode des Zen (Zazen) üben. Die „Transzendentale Meditation" des Inders Maharishi Mahesh Yogi, eine straff organisierte und clever werbende Bewegung, hatte zu Beginn des Jahres 1973 in der Bundesrepublik zirka 25000 karteimäßig erfaßte Mitglieder und näherte sich auf Weltebene der Halbe-Million-Grenze.

Meditation wird von Jugendlichen wie Erwachsenen, Areligiösen wie Religiösen, Kirchlichen wie Unkirchlichen als *Weg zur Selbstfindung* betrachtet. Viele stecken sich einfach das Ziel, vom Zwang zu gespannter Aktivität nach außen, vom Zwang zu vorprogrammiertem und rein zweckbezogenem Denken und vom Zwang zur Konsumhaltung wegzukommen und sich umzustimmen auf Entspannung, auf ursprünglicheres Erleben aus den Kräften des Innern und auf zweckfreie Kreativität. Insofern scheint Meditation mehr und mehr Bestandteil einer neuen Humankultur des technischen Zeitalters zu werden.

Nicht wenige suchen aber auf dem gleichen Weg eine *Sammlung* und eine regenerierte Erlebnisfähigkeit grundlegender, auch religiöser Art. Die Erfahrung lehrt, daß für Menschen mit dieser anspruchsvolleren Zielsetzung Meditation kein bloßes Beschäftigen mit sich selbst geblieben ist, sondern ein neuer Zugang zu grundlegenden Fragen und Einsichten wurde, Quelle einer religiösen Orientierung, die nicht in angelernten Formeln und Formen, sondern in vitaler, persönlicher Erfahrung wurzelt.

## Vorbemerkung I

### *Meditation ist nicht nur Versenkung, sondern auch Verarbeitung und Antwort*

Meditation wird nach *verschiedenen Methoden* versucht. Diese Methoden sind bei den einzelnen Richtungen und Vertretern der heutigen Meditationsbewegung noch unterschiedlicher als die Zielsetzungen und psychologisch wenig geklärt – ein vielfältiges Suchen und Experimentieren.

Man kann ohne allzu grobe Vereinfachung feststellen, daß sich diese Versuche in den vergangenen Jahren sehr stark auf die *Versenkungstechniken der Yoga- und Zen-Schulen* konzentrierten. Es wurden vor allem Übungen übernommen, die durch das Sich-dem-Atem-Überlassen, durch das Sitzen und Gehen im Stil der Zen-Tradition, durch den fixierenden Blick auf einen Punkt oder in den Schein einer Kerze sowie durch die Wiederholung eines Wortes oder Satzes (Mantra) die Aufmerksamkeit von außen nach innen umschalten und zu verschiedenen Graden der Sammlung und Versenkung führen: zu verschiedenen Stufen entspannter Wachheit und gesteigerter Empfänglichkeit für die Gefühlsregungen aus dem eigenen Innern[125]. Durch diese Methoden, so hat sich gezeigt, kann auch der heutige westliche Mensch der Verkopfung, zu der ihn das technisierte Leben zwingt, entgegenwirken – ebenso kräftig wie das gleicherweise gefragte autogene Training, das auf denselben psychologischen Grundgesetzen beruht und zu ähnlichen hypnoiden Versenkungszuständen führt.

Die positiven Ergebnisse dieser Versenkungstechniken und dieser „Hypnotherapie“ sind gewöhnlich: Aktivierung der verkümmerten oder ins Unbewußte abgedrängten Gefühlskräfte und damit eine allgemeine Regeneration der Erlebnisfähigkeit; und bei religiöser Zielsetzung und Einstellung auch: Förderung eines „inständlichen Bewußtseins“ (K. Graf Dürckheim) von einer schlechthin umgreifenden und bergenden Wirklichkeit sowie intensiveres Erleben von Aussagen, Gebeten, Bildern und Gesten der religiösen Überlieferung. Das bedeutet natürlich auch, daß die auf Versenkung zielenden Meditationsweisen auch die Fähigkeit fördern können, Freude, Werte, Geborgenheit, kurz: Sinn zu erleben.

Trotzdem wäre es einseitig, Meditation mit Versenkung gleichzusetzen und Selbstfindung ausschließlich auf hypnotherapeutischem Weg zu suchen. Denn dieser Weg – wie immer er in den einzelnen Verfahren und Schulen begangen wird – kann die ersehnte Selbstfindung und Erleuchtung nur unter Verzicht auf andere Bewußtseinsfunktionen erreichen. Wie beim autogenen Training wird bei den verschiedenen Versenkungstechniken zuerst einmal die Aufmerksamkeit gegenüber äußeren Sinnesreizen, aber auch gegenüber dem kritischen Denken des Wachbewußtseins ausgeschaltet. Erst wenn diese Abschirmung gewährleistet ist, kann sich das Bewußtsein ungestört und intensiv wie im Traum dem inneren Erleben hingeben.

Freilich können dabei frühere Erfahrungen des realen Lebens nachwirken: Begegnungen und Erlebnisse, an die man sich erinnert. Auch kann auf diese Weise seelische Energie für die Beantwortung und Gestaltung zukünftiger Situationen gesammelt werden. Aber dieser *Bezug zu den realen Begegnungen und Erfahrungen,* die die Lebensgeschichte des Meditierenden bestimmen (oder bestimmen müßten), ist einerseits gewöhnlich *minimal,* kann er sich doch auf die pure Gegenwart des Ich mit seinem Körper- und Atemerlebnis beschränken. Für die Versenkung durch den Atemrhythmus oder durch die Wiederholung eines Lauts (Mantra) ist es ohne Belang, ob der Meditierende in seiner Umgebung eine Geburt oder einen Todesfall erlebt hat, ob er eine Berufswahl treffen oder einem Verzweifelten helfen muß, ob ihn eine politische Partei um seine Mitarbeit bittet oder ob er silberne Hochzeit feiert. Die Versenkungsmeditation als solche ist *ungeschichtlich:* sie übt nicht das vertiefte Hinsehen auf Ereignisse der eigenen Lebensgeschichte, sondern das Absehen von ihnen. Darum läuft sie auf die Dauer Gefahr, zu einer Introvertiertheit zu führen, die von den Realerfahrungen mitmenschlicher Begegnung weitgehend losgelöst ist und die inneren Kräfte zu wenig darauf richtet, auf wichtige Situationen, zumal auf soziale Aufgaben, zu antworten. Die Weite und Übergegenständlichkeit, zu der diese an personalen Werten weniger interessierte Versenkung führt, ist u.U. eine sehr formale, kalte Gemeinsamkeit mit allen Wesen im Sein und zu wenig eine werthafte Ausrichtung auf die unbedingte Gerechtigkeit und Liebe[126].

Außerdem geschieht die – minimale – Verarbeitung von vergangener Lebenserfahrung und die innere Sammlung für die Beantwortung künftiger Situationen in der Versenkungsmeditation *ohne die Realitätskontrolle* des kritischen Wachbewußtseins. So läuft der Meditierende mit der Zeit Gefahr, in seinem Innern mehr und mehr seine eigene Traum- und Scheinwelt aufzubauen, die dann bei der ersten Bewährungsprobe im Alltag zusammenbricht.

Wer nicht konsequent vor und nach der Versenkungsmeditation das Selbst- und Inständlichkeitserlebnis mit realen Lebenssituationen verbindet, wird kaum die neuen und wahren Aufgaben und Erfahrungen sehen und von ihnen her seine Einstellungen korrigieren können[127]. Der einseitigen Extraversion wird dann eine ebenso einseitige Introversion entgegengestellt.

Alle praktische Erfahrung und alle Meditationspsychologie spricht für eine *Verbindung und Ergänzung* von Innenerleben *und* Außenerfahrung, von Versenkung *und* Reflexion. Diese Verbindung und Ergänzung kann gerade durch eine Meditation gewährleistet werden, die durch Verarbeitung von Realerfahrungen Sinn erschließt bzw. Unsinn bewußt macht und so die Fähigkeit zur Wahrnehmung und Verwirklichung von Sinn fördert.

Solche *verarbeitende und sinnerschließende Meditation* oder schlicht *Lebensbetrachtung* kann sich organisch mit Versenkungsmeditation verbinden. Wer eine der bewährten Versenkungstechniken gelernt hat, kann dadurch jene grundlegende Innenaufmerksamkeit und Erlebnisfähigkeit verstärken, auf die jede Wert- und Sinnorientierung angewiesen ist. Er kann dadurch auch jenes „inständliche Bewußtsein" finden, ohne das die religiöse Tiefe des Lebens nicht richtig wahrgenommen werden kann. Durch die verarbeitende und sinnerschließende Meditation wird jedoch die Kultur der inneren Erlebnisfähigkeit weitergeführt zu einer Wert- und Sinnreflexion, die die wichtigsten Begegnungen und Situationen des Lebens einbezieht und durchdringt. Das „inständliche Bewußtsein", zu dem der Meditierende durch dieses Suchen nach Wert und Sinn gelangt, dürfte stärker als in den östlichen Meditationsschulen als Getragen- und Gedrängtwerden vom unendlich Guten erlebt werden, der uns zuerst geliebt hat und der uns zum Mitlieben beruft, d.h., an dessen Güte wir teilhaben, indem wir in allen Begegnungen des Lebens in ihm und mit ihm (in schöpferischer Inständlichkeit) Gutes schaffen und empfangen (siehe oben Kapitel IV).

Es scheint, daß diese Verbindung von Sinnfrage und Meditation bisher zu wenig gesehen wurde und daß man diese Art von Lebensbetrachtung nicht genügend gefördert hat. Die Anregungen dieses Kapitels wollen dazu einladen, diesen Weg mutiger zu beschreiten.

## Vorbemerkung II

### *Zuerst auf die Höhepunkt- und Tiefpunkterfahrungen aufmerksam werden – dann den durchschnittlichen Alltag tiefer sehen lernen*

Es ist wichtig zu sehen, daß wir eigentlich nicht erst in Stunden ausdrücklicher Sammlung meditieren, sondern mitten im Alltag, wenigstens in besonderen intensiven *Höhepunkt- oder Tiefpunkterfahrungen.* Sinnerschließende Meditation treibt ein wacher Mensch spontan immer dann, wenn er eine Wirklichkeit erahnt, die ihn in einem letzten religiösen Sinn dankbar, sehnsüchtig, verantwortungsbereit, kritisch (frei) oder glücklich macht.

In jedem Menschen lebt eine Frage, eine Wahrnehmungsfähigkeit, eine Bereitschaft für solche Erfahrungen. Diese Wahrnehmung wird in besonders wachen und dichten Höhepunkt- oder Tiefpunkterfahrungen bewußt: wenn wir die Geburt eines Kindes erleben, bei der Rettung eines Ertrinkenden mitwirken, beim Geburtstag die Solidarität anderer erfahren – aber auch wenn wir infolge von Krankheit einen Plan nicht mehr ausführen oder den erlernten Beruf nicht mehr ausüben können und immer wenn unsere Bereitschaft, für etwas Großes und Gutes dazusein, frustriert wird. Wenn wir eine letzte Leere und Langeweile oder Entrüstung gegen offensichtliches Unrecht oder auch persönliche Schuld empfinden.

Man sollte damit beginnen, daß man diese deutlichen, sich aufdrängenden Erfahrungen, über die man meistens viel zu rasch hinweggeht, aufgreift, auf sich wirken läßt und bis zu der letzten Grenze vertieft, wo sie zum absolut Guten, Sinnhaften führen. Wer so beginnt, der *lernt allmählich auch, die Dimension des Sinns (und des Unsinns) in weniger deutlichen Erfahrungen des Alltags zu entdekken.* So können die einzelnen, flüchtigen Erfahrungen sich zu einer bleibenden Sinnfähigkeit und -einstellung entwickeln. Dieser Weg entspricht wohl der alten Empfehlung des Ignatius von Loyola, in der täglichen Gewissenserforschung und auch in den Exerzitienbetrachtungen auf die Erfahrung von religiöser Ansprechbarkeit bzw. innerem Widerstand und Unbehagen zu achten, wie er es selbst zu Beginn seiner geistlichen Entwicklung auf dem Krankenlager in Loyola gelernt hat[128].

Erste und einzige Voraussetzung für diese Art von Meditation ist zunächst einfach der Wille und die Fähigkeit, sich täglich oder wöchtentlich einen *Freiraum* auszusparen, wo man sich so sammelt, daß man auf die angedeuteten Erfahrungen aufmerksam werden kann und Erlebnisse ausschwingen und vertieft werden können. Diese Sammlung wird gewöhnlich in persönlicher Meditation, manchmal aber auch im Gespräch mit einem oder mehreren anderen geschehen. Sie kann – wo das hilfreich und vielleicht sogar notwendig ist – durch eine Versenkungstechnik (autogenes Training, Atmen, Zazen, Mantra) oder durch einen Spaziergang, durch Musik, durch Malen (beispielsweise mit Fingerfarben), durch das Herstellen einer Collage, durch Blumenstecken oder andere Hilfen vorbereitet werden.

Die folgenden Texte, Fragen und Denkanstöße möchten Anregungen für die eigene verarbeitende und sinnerschließende Meditation geben. Sie sind nicht dazu bestimmt, in einem Zug durchgelesen zu werden. Man sollte so weit lesen, bis man einen Impuls findet, der einen in der Situation, in der man gerade lebt, weiterführen kann. Diese auswählende Lektüre kann man ebenso gut bei der Anregung 4/5 oder 11 oder 1 beginnen. Das Kernstück, die Anregungen 5 bis 10, sollte man jedoch auf jeden Fall verarbeiten.

## Anregungen

### *Grundlegung (1–10)*

#### 1. „Daseinslust" oder Faszination?

*Gilbert Maire*[129] *berichtet aus seiner Kindheit ein Verzauberungserlebnis, das er als 7- bis 9jähriger hatte, wie er in einem Flur warten mußte, bis seine Mutter ein Gespräch mit der Hausmeisterin beendet hatte.*

*„Am hinteren Ende des Hausflurs schloß eine Tür den Eingang eines Innenhofes oder irgendeines engen Gartens mit kümmerlichen Sträuchern. Aber die Glasfüllung dieser Tür bestand aus farbigen Quadraten, die von einer sommerlichen Sonne erleuchtet wurden, die in dem dunklen Flur eine buntfarbige Freude verbreitete, deren Quelle jenseits der geheimnisvollen Tür zu sein schien. Diese Tür blendete mich.* Sie bannte mein ganzes Wahrnehmungsvermögen und meine Gefühlskräfte auf ihre Glasscheibe; *ich ging alle Farbnuancen des Prismas durch und entdeckte in jeder einen mir bisher unbekannten Farbton meiner selbst: ich vollzog, ohne es zu wissen, symbolistische Übertragungen.*

*Dann kam mir die Wahrheit in den Sinn, einfach, direkt, klar und deutlich, und sie entriß mich langsam meiner Faszination: diese Tür trennte offensichtlich zwei Welten voneinander, eine Welt der Dunkelheit, in der ich verkümmerte, und eine Welt des Lichts, nach der ich mich sehnte, die mir aber verboten blieb. Ich erlebte auf meine Weise das Höhlengleichnis (Platons), und je länger ich das leuchtende Glas betrachtete, desto sicherer wurde ich in der – eher frühreifen als kindlichen – Idee, daß nur ein einziges Ziel in unserem irdischen Leben unsere Anstrengung verdient: das Ziel, die Türe zu öffnen und dem Flur zu entfliehen, will sagen:* sich immer mehr dem vom Fenster verheißenen Licht zu nähern."

*Vergegenwärtigung:* Für eine ergiebige Betrachtung wäre hier vor allem eines wichtig: daß man sich vor dem Weiterlesen und Deuten von diesem Bericht dazu anregen läßt, sich ähnliche Erlebnisse aus der eigenen Kindheit oder Jugendzeit ins Gedächtnis zu rufen, auch wenn sie nicht so stark wie bei G. Maire gewesen sein mögen.

Habe ich in meiner Kindheit und Jugend ähnliche Verzauberungen, Faszinationen erlebt? Worüber konnte ich mich von ganzem Herzen freuen, wofür mich so begeistern, wie man es eben nur als Kind und Jugendlicher vermag? Mit anderen Kindern spielen, die Lieblingsspeise essen, schwimmen, rodeln, den Hund füttern, Karneval, nächtliche Wanderungen ...? (Es kann eine Hilfe sein, sich durch ein Fotoalbum oder durch das Zeichnen bestimmter Örtlichkeiten die Vergangenheit zu vergegenwärtigen.) Gab es Höhepunkterfahrungen wie im hier zitierten Bericht (oder wie im Kapitel IV, Beispiel 3)?

*Reflexion:* Was ist aus dieser Fähigkeit zur Faszination geworden? Was bedeutet sie mir heute?

Einerseits wäre es verkehrt, wenn wir uns als Erwachsene das Ziel setzten, uns genau so „wie ein Kind zu freuen". Ein Kind freut sich oft unverhältnismäßig, wahllos, willkürlich über alle möglichen kleinen Dinge. Seine Begeisterungsfähigkeit ist noch undifferenziert: es kann in Dingen sein Glück sehen, die es in Wirklichkeit gar nicht wert sind. Es kann etwas leicht überbewerten und überhöhen.

Andererseits zeigt der Bericht von G. Maire und zeigen uns unsere eigenen Erinnerungen eine grundlegende Fähigkeit, ohne die wir auch als Erwachsene das Dasein nicht freudvoll erleben und als sinnerfüllt bejahen können. Was sich beim Kind undifferenziert an fast zufälligen Gegenständen entzündet (dem Licht im Flur, einem saftigen Apfel oder auch einem Teddybär), entspringt einer allgemeinen *Bereitschaft und Fähigkeit,* über die einzelnen Dinge und Personen hinaus *vom Leben überhaupt entzückt zu sein.* Nicht umsonst spricht G. Maire im letzten Satz von „Verheißung" (auch S. de Beauvoir – unten Nr. 18 – verwendet denselben biblischen Ausdruck). In dem geschilderten Verzückungserlebnis brechen zwei Fähigkeiten auf: 1. Die Fähigkeit zur Ich-Ausdehnung (zum Über-sich-hinaus-Sein, fast bis zur Verschmelzung mit dem Gegenstand), 2. die Fähigkeit zur Ich-Bindung (das Licht wirkt bereits zielgebend, als „Verheißung", sozusagen als Grund für eine „endlose Motivation"). Das sind – trotz des rauschhaften, überflutenden Charakters dieses Erlebnisses – die Grundzüge der Fähigkeit zur Sinnerfahrung.

Diese Fähigkeit des Kindes zur Faszination ist die bleibende Grundlage für alles künstlerische, erotische, sittliche und religiöse Erleben, auch wenn es nicht damit gleichzusetzen ist, sondern erst noch sich weiterentwickeln, differenzieren muß.

Diese Grundfähigkeit ist, wenn sie nicht durch eine freudlose, gefühlsfeindliche und lieblose Umgebung zerstört wird, bei Kindern oft stärker (wenn auch kurzlebiger) als bei Erwachsenen. Oft verläuft die Entwicklung so, daß wir uns so vollständig an die rein praktischen Erwartungen unserer Umgebung und an die Erfordernisse einer Karriere anpassen, daß jede Poesie und tiefere Lebensfreude verkümmern. „L'enfant abdique son extase" (Mallarmé)[130].

Hat sich bei uns diese Grundfähigkeit, sich bis zur Glückseligkeit zu freuen, zu begeistern und nach etwas zu sehnen, weiterentwikkelt? Ist sie wertbewußter, kritischer, differenzierter geworden?

Oder ist sie allmählich zur emotionalen Unfähigkeit, zu einer allgemeinen *Gleichgültigkeit* verkümmert?

Abgeflacht zum bloßen Vergnügen? Erstickt in reiner Geschäftigkeit (so daß vielleicht auch ein objektiv wertvoller sozial-karitativer Einsatz letztlich freudlos geschieht)?

Abgedrängt in Randbereiche, wo sie lebt, ohne die Mitte der Persönlichkeit zu bestimmen: im Hobby, im Fernweh, im Geschwindigkeits- oder Höhenrausch, in den quasi-unendlichen Weiten der Archäologie oder der Science-fiction?

## 2. Wandlung des Lebensgefühls durch „Kristallisationskerne"

*Wie sich Faust in Goethes gleichnamiger Tragödie zum Selbstmord entschließt, wird er in dem Augenblick, wo er die Giftschale an seine Lippen ansetzt, durch den Klang der Osterglocken und durch Chorgesang so stark in die Welt seiner Kindheit zurückversetzt, daß ihm daraus die Kraft zum Weiterleben zuwächst*[131].

Die Erfahrung mit depressiv Verstimmten kennt diese Erscheinung ebenfalls: Die gedrückte Lebensgrundstimmung eines Menschen kann nicht nur durch Bewußtmachen der negativen Einflüsse in der Vergangenheit bewältigt werden. Wenn man bestimmten positiven Erlebnissen seine Aufmerksamkeit zuwendet, können diese wie „Kristallisationskerne" ähnlich getönte Erfahrungen um sich sammeln. Dadurch kann das Lebensgefühl wirksam erhellt werden[132].

Wenn Marc Chagall in seinen Bildern immer wieder eine alte Wanduhr, seine Heimatstadt Witebsk oder eine Kuh malt, sind das vermutlich ähnliche Kristallisationskerne und Symbole eines ganzen Lebensgefühls, das sich einmal in seiner Kindheit gebildet hat und das ihm die Kraft gibt, die Welt auch heute richtig zu sehen.

Es kann auch hier nicht einfach darum gehen, sich in die „sonnige Kindheit" zurückzuversetzen. Aber wenn jemand – beispielsweise im Anschluß an die vorausgegangene Anregung (1) – zu der Erkenntnis kommt, daß er gewöhnlich von einer allzu melancholischen Grundstimmung beeinflußt wird, wäre es falsch, sich einfach damit abzufinden oder die Augen davor zu verschließen. Ein Blick zurück in unsere Kindheit und Jugend zeigt uns nicht nur die Ursachen seelischer Beeinträchtigung, sondern auch die Quellen einer Korrektur.

Insofern könnte eine Rückbesinnung eine Hilfe sein.

Wo gibt es in meiner Kindheit und Jugend Erlebnisse, „Visionen", von denen für mich auch heute eine erhellende Kraft ausgeht? Aufbrüche und Ansätze einer Lebensfreude und Lebensbejahung, die den Tatsachen – so wie ich die Welt heute bei ausgeglichener Stimmung und ruhigem Nachdenken sehe – besser entspricht, richtiger ist als mein gewöhnliches Lebensgefühl? Erlebnisse und „Weltanschauungen", die verstärkt werden sollten? Szenen mit den Eltern oder Kameraden, ein Lied ...?

Wo kann ich heute Erfahrungen machen, von denen ich mir sage: Hier erlebe ich nicht nur ein flüchtiges Vergnügen, sondern eine Freude, in der ich das ganze Leben anders, richtiger sehe?

### 3. Sinnerleben durch Befreiung von Zwängen und von religiöser Überfütterung

*Ein Lehrer, Mitte 40, lebte seit Jahren dauernd am Rande des Selbstmords. Er empfand sich selbst als verkrachte Existenz und war mehr und mehr zu einem Lebensverneiner geworden. Der Besuch der Sonntagsmesse war ihm regelrecht verhaßt, denn er glaube, sagte er, überhaupt nicht mehr an den ganzen „Klimbim". Aber für ihn war die Erwartung seines überstreng katholischen Milieus ein so starker Zwang, daß er es nicht wagte, gegen die Norm zu handeln, obwohl er sich ärgerte, ein solcher Feigling zu sein.*

*Die Gespräche mit einem verständnisvollen Psychotherapeuten ergaben, daß der Lehrer von frühester Jugend an sich nicht gegen die Zwänge und die religiöse Überfütterung seiner Umgebung hatte durchsetzen können. Er wurde von einer bigotten Mutter erzogen und hatte das Pech, in einer traditionell katholischen Stadt zu wohnen und an einer katholischen Schule zu unterrichten, wo beispielsweise beim Schuljahr-Eröffnungsgottesdienst genauestens beobachtet wurde, ob auch jeder daran teilnahm und zur Kommunion ging.*

*Der Psychotherapeut ermutigte ihn, ehrlich nach seiner Überzeugung zu leben. Er führte seine religiöse Praxis dann mehr oder weniger weiter, und es geschah folgendes: Nach der entscheidenden Wende in der Behandlung fuhr der Lehrer ins Ausland zu einem Sprachkurs, wo ihn kein Mensch kannte. Und da ertappte er sich buchstäblich dabei, daß er ungefähr zweimal in der Woche in eine kleine Kirche ging, dort* mit Freude *am Gottesdienst teilnahm und zur Kommunion ging. Er schrieb dem Psychotherapeuten von dort eine Karte: „Ich erlebe sehr schöne Tage.* Zum ersten Mal in meinem Leben konnte ich Gott *dafür danken, daß ich bin.*“[133]

Diese Entwicklung zeigt eine allgemeine Voraussetzung: Wir können das Sinnerfüllende und Positive an unserem Dasein oder an einer Aufgabe nur dann erleben und bejahen, wenn wir überhaupt fähig sind, echt, aus eigener Ursprünglichkeit zu empfinden und uns Ziele zu setzen.

Auch wer nicht unter neurotischer Zwanghaftigkeit leidet und wer freier erzogen wurde als der zitierte Patient, muß sich immer wieder fragen, ob er nicht durch Unselbständigkeit gegenüber dem Erwartungsdruck seiner Umgebung (gleichgültig, ob ihn dieser Druck zur religiösen Praxis oder zu einer areligiösen Einstellung zwingen will) oder durch eigene totale Verplanung seiner Zeit unfähig wird, aus ursprünglichem Empfinden und Werten zu leben.

Wie läßt sich diese Fähigkeit erhalten und entwickeln? Wo erfahre ich spontan, daß ich „Gott dafür danken (möchte), daß ich bin ...“? Im Urlaub ... oder wenn ich etwas ganz aus eigenen Stücken geplant und durchgeführt habe ...?

## 4. Von einer unbestimmten Sehnsucht zur Entdeckung echter Liebe

*P. Teilhard de Chardin hat in der noch unveröffentlichten Schrift „Le Cœur de la Matière“ seine menschlich-religiöse Entwicklung und Weltsicht auf zwei Quellen zurückgeführt. Vitale Grundlage seines Glaubens war eine fundamentale Freude, die schon früh zur* leidenschaftlichen Sehnsucht nach etwas Beständigerem und Absolutem *wurde.*

*„Das Bedürfnis, in allem etwas ‚Absolutes' zu besitzen, war seit meiner Kindheit der Kernpunkt meines ganzen inneren Lebens. Bei allen frohen Erlebnissen dieses Alters war ich nur glücklich in der Beziehung zu einer* fundamentalen Freude, *die im allgemeinen darin bestand, daß ich etwas Kostbareres, Beständigeres, Unzerstörbareres besaß (oder dachte) ... Ich hatte damals das unüberwindliche (belebende und beruhigende) Bedürfnis, ständig in etwas Greifbarem und Endgültigem zu ruhen, und ich suchte überall dieses beseligende Etwas. Die Geschichte meines inneren Lebens ist die Geschichte dieses Suchens, das sich immer universaleren und vollkommeneren Wirklichkeiten zuwandte."*

*Dem etwa 6jährigen schien dieses ersehnte Ewige und Unendliche besonders in Gegenständen aus Eisen aufzuleuchten. Er sammelte Pflugbolzen, Granatsplitter und andere Eisenstücke und verehrte sie in stiller Andacht wie Götterbilder. Als er mit Schrecken beobachtete, daß die Eisenstücke rosteten, suchte er vor verschiedenen besonders harten Steinen seine Anbetung des Festen und Ewigen fortzusetzen.*

*Teilhard war rückblickend überzeugt, daß sich so eine „Hingabe" und ein „Sinn für das Ganze" entwickelte, ohne die er nie zu seiner optimistischen Weltsicht und zu seiner lebendigen, kosmisch-weiten Christusfrömmigkeit gekommen wäre. Andererseits habe ihn diese Hingabe an die Natur und ihre Unendlichkeit lange daran gehindert, die Werte des Personalen und Humanen zu sehen und zu einer* „echten Liebe" *zu finden. Erst durch die tiefe Jesusfrömmigkeit seiner Mutter sei die schwärmerische, unbestimmte, stark auf die Materie fixierte Leidenschaft seiner Kindheit* „personalisiert" *und „amorisiert" worden, d.h. zur Wahrnehmung der unendlichen Liebe Gottes in Christus fähig geworden*[134]*. Ohne diesen Einfluß seiner Mutter wäre die Urleidenschaft des Kindes vielleicht nur zu einem Sammlertrieb verkümmert.*

Dieses Beispiel zeigt noch einmal – wie das von G. Maire oben (1) –, daß es in jedem Menschen eine Anlage zu totaler Lebensbejahung gibt, die in jedem einzelnen Gegenstand eine „Verheißung" des Ganzen und Unendlichen sehen kann. Diese Grundfähigkeit lebt auch, vielleicht in verkümmerter Form, in uns Erwachsenen. Der Rückblick Teilhards offenbart aber auch, daß sich diese Grundfähigkeit nicht von selbst in die Richtung einer „echten Liebe“ entwickelt.

Die Bereitschaft zu totaler Faszination und unendlicher Sehnsucht richtet sich zunächst auf eine unbestimmte, verschwommene, vieldeutige Unendlichkeit. Sie kann ebensogut in faustischer Unruhe wie in Naturschwärmerei, in Schaudererlebnissen des Okkultismus, in krankhaftem Sammlertrieb[135], im Drogenrausch, im magischen Bewußtsein des Glücksspielers oder im Kult von Schönheit, Macht, Sexualität oder Familienehre – aber auch in „echter Liebe“ zu den Menschen und zum absolut Guten, Gott, gesucht werden.

Was ist aus unserer Fähigkeit zu unendlicher Sehnsucht geworden?

Gibt es in unseren Briefen, in unseren Gesprächen, in unserem Tagebuch, in unserem gegenwärtigen Verhalten Äußerungen solcher Faszination und Leidenschaft?

Wie müßte ich den Satz weiterführen: „Restlos glücklich fühle ich mich immer, wenn ...“ Oder: „Ich bin bereit, (fast) alles hinzugeben für ...“ „In den vergangenen Monaten bedeutete es mir immer wieder die tiefste Befriedigung, wenn ich ...“

Erweisen sich diese faszinierenden Werte bei nüchterner Überlegung als Idole: ich bin ihnen verhaftet, und eigentlich ist das lächerlich? Oder machen sie mich dankbar (siehe dazu die folgende Anregung) und bereit zu einem verantworteten Engagement, frei zu erfüllenderer Bindung?[136]

Entfachen sie nur Strohfeuer oder nähren sie eine beharrliche Leidenschaft für das Gute und Sinnvolle?

## 5. Von der anonymen zur religiösen Dankbarkeit – Dasein als Gabe und Aufgabe

*Eines Tages kam eine junge Frau zur Beichte und erklärte dem Priester, sie wolle sich durch diese Beichte auf einen besonderen Gottesdienst vorbereiten. (Es war in einem Monat ohne kirchliche Feiertage.) Da sie nach langem Warten ihr erstes Kind habe zur Welt bringen können, dränge es sie, an einem feierlichen Gottesdienst teilzunehmen, wo sie Gott von Herzen danken könne, sie sei so glücklich.*

Viele Eltern erleben die Geburt eines Kindes, besonders des ersten, ähnlich: Ich durfte an einem Werk und Geschehen teilnehmen, das weit über mein Vermögen hinausgeht, und ich wurde durch dieses Kind beschenkt.

Diese Erfahrung kann auch bei anderen Gelegenheiten aufbrechen:
- Wenn man ein besonders herrliches Stück Natur erleben konnte.
- Wenn man im Urlaub das „Leben genießen" oder im Sport seine Vitalität und Konzentration intensiv erfahren konnte.
- In einer erfüllenden erotischen Beziehung.
- Wenn man einem Verzweifelten wieder einen Ausweg zeigen, als Arzt einem Kranken helfen, als Erzieher Kindern eine Freude machen oder ein gemeinnütziges Werk durchführen konnte.
- Wenn man in Krankheit, beim Geburtstag oder bei sonst einer Gelegenheit die „unverdiente" Solidarität anderer jenseits aller Nützlichkeitserwägungen erfahren konnte.

Bei all diesen Gelegenheiten kann man das Gelingen und den Reichtum des Lebens so stark erfahren, daß einem über das Wohlbefinden und das Erfolgserlebnis hinaus auch ganz unmittelbar der *Geschenkcharakter* des Daseins im ganzen und damit eine Überfülle an Sinn aufgeht: *Es drängt einen ganz spontan, irgendwie* (und über die menschlichen Vermittler seines Glücks hinaus) *dem letzten Ursprung dieses Guten zu danken.* Wie es K. Jaspers in seinem Lebensrückblick einmal aus agnostischer Sicht bekannte: „Ich bin dankbar, weiß aber nicht welchem Grund der Dinge."[137]

Dankbarkeit ist einerseits Gefühlsregung und gleichzeitig Einsicht. Danken ist Denken – im Empfinden. Wenn ein Mensch dankbar wird, freut er sich nicht nur – für sich – über eine empfangene Gabe, sondern denkt in dieser Freude auch daran, daß diese Gabe nicht selbstverständlich ist, sondern daß er sie einem Geber verdankt. So kann aus der ersten Welle „anonymer Dankbarkeit" die Einsicht in den Ursprung des empfangenen Guten und eine Bindung an diesen Ursprung, an den Geber erwachsen[138]. Danken heißt gerade: an den Geber denken und sich ihm zuwenden. Das gilt von der Dankbarkeit gegenüber Mitmenschen wie auch vom Dank gegen den letzten Ursprung alles Guten, das wir empfangen.

Im Danken und Staunen anerkennt der Mensch unreflex und intuitiv, was man im „Satz vom zureichenden Grund" (Leibniz) so ausdrücken kann: daß alles, was ist (zuallererst ich selbst, aber auch die Mitmenschen und die ganze Welt), einen Grund haben muß, daß es ist und nicht nicht ist. Im Dank geht uns auf und anerkennen wir, daß wir unser Dasein und die Welt mit ihren Chancen (trotz ihrer Grenzen und trotz allen Leids) nicht für etwas Selbstverständliches halten dürfen.

Wenn wir in unserer Dankbarkeit bis zum letzten, umfassenden Ursprung vorstoßen, dann bleiben wir also auch nicht bei einer unbestimmten Lebensfreude und Faszination stehen, sondern „denken“ daran, daß wir uns und alle Urfreude am Leben anderen und durch sie einem letzten göttlichen Ursprung verdanken, dem wir uns damit zuwenden und an den wir uns binden. Die unbestimmte Lebensbejahung (und Sehnsucht), die jeden seelisch gesunden Menschen irgendwie erfüllt, kann so in einer unbedingten Güte, die uns „zuerst geliebt“ hat, ankommen und ihr Ziel finden. Der Mensch wird gerade durch das Danken religiös: „Ihn (Gott) kennt der Dank“ (F. Hölderlin).

Wenn wir uns dem Dank öffnen, nehmen wir gerade in unserer höchsten Eigenaktivität (und nicht in der Angst, die u. U. nur einen Lückenbüßer-Gott sucht) wahr, daß wir aus einem Kräftepotential – unsere Begabung sowie das Material und die Energie der Welt – wirken, das nicht von uns stammt, sondern vor-gegeben ist. Daß wir, gerade wenn wir aus innerster Freiheit heraus uns zu selbstloser Güte entschließen (bzw. wenn andere uns gegenüber so handeln), aus einer größeren Güte leben, die uns anzieht und verpflichtet und so erst zu unserer kleinen Güte befreit. Ein Mann bei einer Umfrage zum Thema religiöse Erfahrung: „Man macht die Erfahrung, daß man ihn (den Einsatz für andere) nicht aus sich selber, aus eigener Kraft vollbringt, aber daß etwas da ist – wie eine Gabe, die von einem Größeren stammt.“[139] Daß wir mit unserem guten Willen den anderen gegenüber einer „Sache“ dienen, die unser Ich und seinen Wert übersteigt – und sich nicht nur in den anderen irgendeine „überindividuelle“ Sinngebung sucht (um aus psychohygienischen Gründen von sich wegzukommen), sondern auf eine letzte Güte zielt, durch die wir gewahr werden: „Was ihr dem geringsten meiner Brüder getan habt, das habt ihr mir getan.“

Dankbarkeit kann eine sehr starke, aber auch ebenso *kurzlebige Regung* sein. Zu einer vitalen Sinnorientierung und Religiosität kommt nur, wer aus diesen Regungen eine ständige, haltungsmäßige Aufmerksamkeit erwachsen läßt. Darum sollte es zu einem Bestandteil einer regelmäßig geübten Sammlung werden, daß man immer wieder diese Aufmerksamkeit übt:

Bei welchen Erfahrungen dieses Tages (oder der letzten Zeit) kam mir die spontane (aber vielleicht bald wieder vergessene) Einsicht, daß ich, trotz aller Grenzen und allen Leids, von einem Größeren, Guten beschenkt, getragen und angezogen werde?

Ich wurde – eigentlich unverdient – beschenkt, als …

Es war nicht nur ein Ich-Muß, sondern letztlich ein Ich-Darf, als ich …

Wenn man auf diese oder ähnliche Weise die herausragenden

Erfahrungen immer wieder bewußt macht und zu Ende denkt (dankt), entwickeln sich auch folgende Fähigkeiten stärker:

- Wir lernen auch dort eine uns übersteigende Güte am Werke sehen, wo wir sie gewöhnlich nicht wahrnehmen: in den flacheren *alltäglichen Erfahrungen* und in der *technisierten Welt*. (Wir haben für die Begabung der Ingenieure, die Errungenschaften der Medizin, das verantwortliche Handeln von Politikern und die Möglichkeiten des Autos genauso zu danken, wie Israel in seinen Psalmen für „Korn und Obst" gedankt hat.)
- Wir lernen von den einzelnen Ereignissen her mehr und mehr *unser Dasein überhaupt* – auch unabhängig von besonderem Wohlergehen und einzelnen glückhaften Ereignissen – *als Gabe* sehen: „Es glimmt noch in dir dieses: du könntest ebensogut nie gewesen sein."[140]
- Wir werden bereit, nicht nur zu empfangen, sondern auch zu geben: in einem Einsatz für andere, der nicht nur ein anerzogenes, freudloses Ich-Muß ist, sondern in der inneren *Bereitschaft zum Weiterschenken und Mitlieben* wurzelt. Das ist dann ein Leben, das – biblisch gesprochen – kein verspießertes, gedankenloses „Sattwerden" und „Gottvergessen" ist (5 Mos 8, 10–20; 32, 15; Hos 13, 6), sondern ein „Genießen in Dankbarkeit" (1 Tim 4, 3–5) und ein Weitergeben. Diesen inneren Zusammenhang mag ein Text nahebringen, in dem Albert Schweitzer die biographische und spirituelle Wurzel seiner späteren Tätigkeit im Dienste der afrikanischen Bevölkerung beschreibt.

„*Schon auf der Schule hatte es mich bewegt, wenn ich Einblick in traurige Familienverhältnisse von Klassenkameraden gewann und die geradezu idealen, in denen wir Kinder des Pfarrhauses zu Günsbach lebten, damit verglich. Auf der Universität mußte ich in meinem Glücke, studieren zu dürfen und in Wissenschaft und Kunst etwas leisten zu können, immer an die denken, denen materielle Umstände oder die Gesundheit solches nicht erlaubten. An einem strahlenden Sommermorgen, als ich – es war im Jahre 1896 – in Pfingstferien zu Günsbach erwachte, überfiel mich der Gedanke, daß ich* dieses Glück nicht als etwas Selbstverständliches hinnehmen dürfe, *sondern etwas dafür geben müsse. Indem ich mich mit ihm auseinandersetzte, wurde ich, bevor ich aufstand, in ruhigem Überlegen, während draußen die Vögel sangen, mit mir selber dahin eins, daß ich mich bis zu meinem dreißigsten Lebensjahre für berechtigt halten wollte, der Wissenschaft und der Kunst zu leben, um mich von da an einem unmittelbaren menschlichen Dienen zu weihen.*

*Gar viel hatte mich beschäftigt, welche Bedeutung dem Worte Jesu, ‚Wer sein Leben will behalten, der wird es verlieren, und wer sein Leben verliert um meinet- und des Evangeliums willen, der wird es behalten', für mich zukomme. Jetzt war sie gefunden.* Zu dem äußeren Glücke besaß ich nun das innerliche.

*Welcher Art das für später geplante Wirken sein würde, war mir damals noch nicht klar. Ich überließ es den Umständen, mich zu führen. Fest stand mir nur, daß es ein unmittelbar menschliches, wenn auch noch so unscheinbares Dienen sein müsse."*[141]

### 6. Ein bleibendes Wofür

*„Eine Patientin konnte einmal nicht einsehen, daß der Tod dem Leben nicht den Sinn nimmt. Daraufhin wurde sie gefragt, ob sie denn nicht einen bedeutenden Menschen kennt, der zwar tot ist, aber eine besondere Leistung vollbracht hatte. ‚Ja ... ein Hausarzt ... Wie ich ein Kind war ... Ein guter Mensch ...' Woraufhin sie gefragt wurde: ‚Nehmen Sie an, die Patienten, die noch am Leben sind, sind vergeßlich. Vielleicht sind sie senil, und niemand erinnert sich an das viele Gute. Wird es durch die Vergeßlichkeit, ja, wird es auch nur durch den Tod der vergeßlichen Patienten aus der Welt geschafft?' Und die Patientin antwortete:* ‚Nein ... Es bleibt ...'"[142]

Wo wird uns manchmal unabweisbar klar, daß Verantwortung nicht nur eine Last und Selbstlosigkeit kein Verlust ist, sondern unser Tun erst sinnvoll machen? Daß es ein *bleibendes und unbedingtes Wofür* für unseren Einsatz für andere (aber auch für unsere Selbstbejahung und Selbstverantwortung) gibt?[143]

Eine „Instanz", um deretwillen sich Selbstlosigkeit und Leben überhaupt immer „lohnt" – auch wenn die Menschen, für die wir unmittelbar da sind, nicht mehr danken können, selbst wenn wir erfahren müssen, daß „Undank der Welt Lohn" ist...

„Und dein Vater, der ins Verborgene sieht, wird es vergelten" (Mt 6, 4).

### 7. Die Gegenwart eines Dritten

*Der Genfer Arzt und Tiefenpsychologe Paul Tournier beschreibt einmal folgende Erfahrung. „Es gibt eine Gegenwart, eine unvorhergesehene, unerwartete Präsenz, die wir alle beide spüren, mein*

*Besucher und ich, ohne daß wir sie erklären könnten und ohne daß wir genau wüßten, woher sie kommt oder warum.*

*Wir sprachen zusammen, ganz einfach. Mein Gesprächspartner stellte die Probleme dar, die ihn quälten, aber gerade, als wir schwiegen, geschah etwas ganz Neues; gerade dann, als wir darauf verzichteten, diese Probleme zu analysieren und darüber zu diskutieren, sie vielmehr einfach miteinander erlebten. Und dann auf einmal stehen nicht mehr die Probleme an erster Stelle, sondern die Personen, die Person meines Freundes, die meine und* noch eine andere geheimnisvolle Person, *die sich mit uns vereint hat und die unser Gespräch transzendiert ...*

*In dem Augenblick ist dieser Mensch kein Objekt mehr für mich, kein Studienobjekt oder ein Objekt zum Analysieren mit allen seinen Problemen und all seinen psychologischen Mechanismen. In der Sprache Martin Bubers: Er ist kein ‚Das' mehr, sondern ein ‚Du'. Und ich fühle, daß auch ich für ihn kein ‚Das' mehr bin, sondern ein ‚Du'. Schließlich ist auch die lebendige Gegenwart dessen, was unser Miteinandersein transzendiert, kein Das mehr, sondern ein Du für uns beide.*"[144]

Diese Erfahrung muß nicht auf Gespräche eingeschränkt sein, sondern kann einem bei und nach allen tieferen Begegnungen mit anderen (Kindern, Jugendlichen, Erwachsenen) bewußt werden. Nur zeigt sie sich gewöhnlich im Gespräch am deutlichsten. Da kann es Augenblicke geben, wo man spürt: Das, was ich dem anderen jetzt sage, sage ich auch im Namen eines Größeren, mit dem wir beide verbunden sind und der unser Bestes will, der mit uns ist. Oder: was der andere sagt und tut, gilt zwar ganz und echt mir, aber es geschieht auch in der Verbindung mit einem anderen ... Wären wir nicht mit Ihm verbunden und nicht Ihm verpflichtet, so hätten wir auch nicht die Kraft, gemeinsam der Wahrheit und dem Rechten verpflichtet zu sein, gemeinsam zu suchen und auch etwas Unbequemes voneinander zu verlangen. Ohne Ihn würde ich leichter der Versuchung erliegen, den anderen abzufertigen bzw. für die eigenen Zwecke einzuspannen. Durch Ihn wird mir der andere erst ganz zu einem „Zweck an sich", zu einem Selbstzweck.

„*Liebe ist nicht nur eine biologische oder soziologische Kategorie, sondern auch eine* religiöse. *Die Quelle der ‚Nächstenliebe' befindet sich nicht in Gefühls- und Triebregungen des Menschen, sie ist eine Gabe transzendenten Ursprunges, Folge und Geschenk des Glaubens. Sie schafft nicht nur eine persönliche Verbindung zwischen den beiden Partnern, sondern ebenfalls eine ‚überpersönliche'... Die Nächstenliebe will nicht binden, sondern der Verbindung des Befreiten mit seiner Umgebung dienen. Die Verantwortung des Arztes vor der Sozietät und vor Gott tut not, um Dominationsregungen, erotische Anziehung in den Schranken zu halten.*"[145]

Man kann das immer wieder üben: sich an diesen Dritten wenden und mit ihm auf die Menschen blicken, mit denen man zu tun hat – und auf sich selbst. Im Blick dieses Dritten kann man frei werden für eine neue, wesentliche Sicht der anderen und seiner selbst. Für eine neue Verbundenheit mit den anderen[146].

Dank dieser täglichen Übung kam Dag Hammarskjöld, der frühere Generalsekretär der Vereinten Nationen, zu einer Sicht des eigenen Standorts, wo er sich durch drei Grundhaltungen „vor", „mit" und „in" einem Dritten verbunden erfuhr:

„Vor dir in Demut,
mit dir in Treue,
in dir in Stille."[147]

8. Das Ewige des Augenblicks

„*Ein Mann, der in seiner Kindheit eine christliche Erziehung erhalten hatte, wurde nach Jahren rationalistischen Unglaubens wieder mehr oder weniger gläubig. Er hatte sich in ein Mädchen verliebt und saß bei einer seiner ersten Begegnungen in einem Bahnhof neben ihr, knapp vor seiner Abreise; in kurzen Augenblicken intensiver Klarheit hatte er zweimal das unbeschreibbare Gefühl, daß das Leben nicht vergehen könne, daß es die Zeiten überdauern muß und an einer unvergänglichen, transzendenten Wirklichkeit teilhabe.*"[148]

Es gibt diese Erfahrung, in der wir uns sagen können: Das ist nicht nur meine vage Sehnsucht, daß der Lebensstrom nicht abreißen möge, nicht enden darf. Das ist nicht der Wunsch meines sozusagen ewigen Lebenswillens, sondern das sichere Wissen, an einer unvergänglichen Wirklichkeit teilzuhaben. Wir können dieses Unvergängliche auch in alltäglicherer, weniger ekstatischer Form erfahren: als ein „*Es bleibt*" *in dem, was wir empfangen* (nicht nur in dem, was wir schaffen, wie oben 5).

Eine Frau, die, 27jährig, nach kurzer, überaus glücklicher Ehe ihren Mann durch eine unheilbare Krankheit verloren hat, hängt in ihrer Wohnung und an ihrem Arbeitsplatz sein Photo auf. *Sie kann immer noch „für ihn" leben und arbeiten,* obwohl ihr – das zeigt sich im Gespräch – vollkommen klar ist, daß ihr früheres Glück der Vergangenheit angehört. Ist also das Photo nur eine schwache Erinnerung an Unwiderbringliches? – Sie sieht darin bei allem Verlust etwas, das ihr immer bleiben wird. Das vergangene Glück war nicht nur Vergangenheit, sondern enthielt, verkörperte auch eine *Gegenwart und Erfüllung, die über den geliebten Mann und über die Zeit hinausragt. Ein Glück, das uns immer gegeben, angeboten, bleibend ist.*

Solches Glück und solche Augenblicke nimmt nur wahr, wer seine Aufmerksamkeit dafür übt.

Bei welchen Erfahrungen meines Lebens würde es sich lohnen, daß ich sie aus diesem Grunde im Bild oder in einem Tagebucheintrag festhalte ...? Welches sind die Kalenderblätter unseres Lebens, die uns, auch nachdem sie von der Zeit abgerissen wurden, etwas Bleibendes brachten?

## 9. Sinnbejahung „trotz allem"

*Eine sechzigjährige Frau, die seit ihrem sechsten Lebensjahr an beiden Beinen gelähmt war, hatte einem ausländischen Theologiestudenten Sprachunterricht gegeben. Als er zur Priesterweihe in seine Heimat fuhr und sich von ihr verabschiedete, sagte sie in ihrem Rollstuhl mit großem Ernst: „Erfüllen Sie mir eine Bitte. Danken Sie bei Ihrer ersten Messe Gott in meinem Namen, daß er trotz allem mein Leben so schön gemacht hat. Ich kann ihm dafür nie genug danken."*

„Trotz allem"

So unabweisbar einem der Sinn des Lebens in Einzelerfahrungen, wie sie bisher (1–7) angedeutet wurden, aufgehen kann, es können einen auch Enttäuschungen und Schicksalsschläge treffen, die diese Einsicht in Frage stellen. Unsere Bereitschaft, das Leben dankbar zu bejahen und empfangene Güte weiterzuschenken, wird dadurch erschüttert. Wir fühlen uns dann nicht beschenkt, sondern haben den Eindruck, gerade noch einmal davongekommen zu sein. Wir fühlen uns nicht getragen, sondern bedroht und akzeptieren die Mitmenschen nur noch als Genossen eines Schutz- und Trutzbündnisses.

Man kann leicht sagen, daß durch eine einzelne Enttäuschung

nicht unwahr wird, was einem durch ein einzelnes Glückserlebnis aufgeht: daß unser Leben im ganzen, unser Dasein überhaupt, eine unverdiente Gabe ist, trotz allem Leid. Dieses Zufrieden- und Dankbarsein muß auch mit dem Herzen gelernt werden. Und meistens spüren wir da zuerst einmal, daß wir bisher nur gelernt haben, für einzelne Glückserfahrungen dankbar zu sein (siehe oben Anm. 140). Den Sinn des Lebens sehen und bejahen heißt, „trotz allem" an ihm festhalten können – so wie die hier erwähnte Frau oder wie A. Delp (oben S. 92). Erst so können wir mit Gelassenheit und Hoffnung, ohne das Ressentiment des Enttäuschten, gegen das Sinnwidrige in der Welt kämpfen – aus Entschiedenheit für das Sinnvolle und Gute.

„Ich finde es sinnlos und schrecklich (und kann nicht dafür danken),

daß durch Autounfälle Menschen fürs Leben blind oder querschnittgelähmt werden,

daß Kinder an Leukämie erkranken;

daß zwei Drittel der Menschheit hungern müssen;

daß bei Seuchen und Überschwemmungen in unterentwickelten Ländern Tausende von Menschen sterben müssen;

daß...

daß..."

Setzen Sie die Reihe fort, indem Sie formulieren, was Sie persönlich am meisten am Sinn des Lebens zweifeln läßt.

Lesen Sie die ganze Reihe nochmals durch, setzen Sie sich mit der oben zitierten Einstellung der gelähmten Sechzigjährigen auseinander und versuchen Sie dann weiterzudenken (und zu schreiben): „. . . trotzdem glaube ich, daß..."

Wie brachte es Paulus fertig, trotz körperlichen Leids („wurde mir ein Stachel für das Fleisch gegeben"), trotz dreimaligen Schiffbruchs, trotz Verfolgung und Enttäuschungen in seinen Gemeinden in jedem Brief den Glaubensbrüdern und Gott zu danken und in einer Haltung des Lobpreises zu leben und sich der „Herrlichkeit" teilhaftig zu wissen? – In welchen Äußerungen Jesu zeigt sich diese Fähigkeit am deutlichsten (siehe oben S. 65)?

## 10. Sinngewißheit über den Tod hinaus

*Mit 31 Jahren, vier Jahre vor seinem Tod, schrieb W. A. Mozart an seinen Vater: „Da der Tod, genau zu nehmen, der wahre Endzweck unseres Lebens ist, so habe ich mich seit ein paar Jahren mit diesem wahren, besten Freund des Menschen so bekannt gemacht, daß sein Bild nicht allein nichts Schreckendes mehr für mich hat, sondern recht viel Beruhigendes und Tröstendes. Und ich danke meinem Gott, daß er mir das Glück gegönnt hat, mir die Gelegenheit zu verschaffen, ihn als den* Schlüssel zu unserer wahren Glückseligkeit *kennenzulernen. Ich lege mich nie zu Bett, ohne zu bedenken, daß ich vielleicht, so jung als ich bin, den andern Tag nicht mehr sein werde. Und es wird doch kein Mensch von allen, die mich kennen, sagen können, daß ich im Umgange mürrisch oder traurig wäre. Für diese Glückseligkeit danke ich alle Tage meinem Schöpfer und wünsche sie von Herzen jedem Mitmenschen" (Brief vom 4. 4. 1787).*

Der Tod als „Schlüssel zu unserer wahren Glückseligkeit" – diese Zuversicht überfordert den durchschnittlichen Modernen, der weitgehend mit Panik oder Zynismus auf das Thema „Tod" reagiert. (Es ist ähnlich, wie wenn Franz von Assisi vom „Bruder Tod" spricht.)

Wenige von uns werden ehrlicherweise sagen können, daß sie diese Zuversicht haben. Aber wir können alle spüren, daß wir ein Stück von dieser Zuversicht haben, daß wir uns ihr nähern dürfen. Zumal wer durch die Offenbarung des auferstandenen Christus die Gewißheit hat, daß diese Zuversicht auf die unbedingte göttliche Güte bauen kann und nicht nur auf unseren Optimismus. Der Weg zu dieser Mozartschen Zuversicht führt über den Glauben an die Vollendung des Menschen und der Welt in der Herrlichkeit des auferstandenen Christus.

Es lohnt sich, daraufhin ein Werk Mozarts zu hören und zu fragen, wie es auf der im Brief beschriebenen Grundhaltung aufbaut und sie verkörpert[149]. Wie unterscheidet es sich unter dieser Rücksicht von Beethoven oder Wagner?

Die bisherigen Anregungen dienten mehr einer Grundlegung. Die folgenden Anstöße kommen mehr in der Art von Testfragen und von verschiedenen Lebensbereichen aus darauf zurück, um die Grundlegung zu konkretisieren. Zum Schluß (21–22) wird versucht, sie christusbezogen weiterzuführen.

## *Konkretisierungen – Tests (11–20)*

### 11. Versuche zu einer Lagebestimmung

Die folgenden Fragen können nur dann zu einer realistischen Einsicht in die eigene Lage anregen, wenn sie in zwei Schritten verarbeitet werden: Zuerst die spontane *Reaktion,* in der ich ausdrücke, wie ich wirklich denke und empfinde – ohne zu überlegen, ob das „ideal" ist oder mit dem übereinstimmt, was ich früher einmal dachte. Dann die *Reflexion,* welche Einstellung hinter meiner Antwort steckt und wie ich mich in Zukunft dazu stellen soll. – Die Spontaneität und Echtheit bei diesen Übungen kann gefördert werden, wenn man zuvor Entspannungsübungen macht (autogenes Training, Eutonie usw.) oder Musik hört, die zur Sammlung führt[150].

1. (Vorübung) Zeichnen Sie auf ein Blatt eine „*Lebenslinie*", die darstellt, wie Sie Ihre Entfaltung in Beruf und Privatleben in den letzten Jahren sehen: als Aufstieg oder Abstieg, Fortgang auf gleicher Höhe ... und wo stehen Sie heute? Könnten Sie das *Lebensgefühl und Rollenbewußtsein,* das Sie zur Zeit bestimmt, in einem kurzen Satz (z. B. „Ich habe noch viele Pläne" o. ä.) oder in einem bildhaften Vergleich ausdrücken (z. B. „Ich fühle mich wie ein sonnenüberflutetes Tal ... wie ein bellender Hund ... Mauerblümchen ... allseits beliebter Star ... unverstandener Prophet ...).

2. Kreuzen Sie bitte an, wie oft und warum Sie in letzter Zeit die folgenden Erlebnisse gehabt haben[151]:

– Das Gefühl ohnmächtigen Zorns, weil Sie glaubten, alles Bisherige umsonst getan zu haben.
  sehr oft hie und da nie
  wenn ja, bei welchen Gelegenheiten? ____________
– Den Wunsch, nochmals Kind zu sein und das Leben noch einmal neu anfangen zu können.
  sehr oft hie und da nie
  wenn ja, aus welchem Grund? ____________
– Die Beobachtung, daß Sie versuchen, Ihr Leben vor sich selbst oder anderen Personen gehaltvoller und bedeutender darzustellen, als es wirklich ist.
  sehr oft hie und da nie
  dabei geht es meistens um folgenden Punkt: ____________

– Die Abneigung, sich mit tiefen und eventuell unbequemen Gedanken über Ihr Tun und Wirken zu belasten.
sehr oft    hie und da    nie
um welche Gedanken handelt es sich gewöhnlich? __________
– Das Gefühl einer Unruhe, die sich aufdrängt und quälende Interesselosigkeit an allem, was sich Ihnen anbietet, hervorruft.
sehr oft    hie und da    nie
wie läßt sich diese Unruhe beschreiben? ______________
– Den Gedanken, daß Sie im Angesicht des Todes sagen müßten, es habe sich nicht gelohnt zu leben.
sehr oft    hie und da    nie
wenn ja, was kommt Ihnen dabei am nutzlosesten vor? ______

3. Oft machen wir uns etwas nur deshalb zum Ziel, weil es lebensnotwendig ist (siehe oben S. 95) und nicht weil wir darin wirklich einen Inhalt und einen Sinn sehen. Darum folgende Frage: Gesetzt den Fall, Sie hätten die sichere Garantie, daß Sie sich in Zukunft weder für sich noch für Ihre Angehörigen um ein angemessenes Einkommen, um die gesellschaftliche Stellung oder den Gesundheitszustand zu sorgen brauchen, also ab morgen wie ein allseits abgesicherter und angesehener Frührentner leben können. Was würden Sie tun, welche Ziele würden Sie sich setzen?

(Was würden Sie tun, wenn Sie sicher wüßten, daß Sie nur noch zwei Jahre zu leben haben?)

4. Angenommen, Sie entdecken auf einem wenig befahrenen Waldweg einen schwerverletzten Autofahrer. Wenn Sie keine Hilfe leisten oder holen, hat er keine Chance zu überleben. Andererseits kostet Sie das wertvolle Zeit, da Sie es eilig haben, und es erfordert auch lästige Gespräche mit den Behörden. Sie sind weit und breit allein, und der Verletzte ist ohnmächtig. Welcher Gedanke würde Sie wohl, ehrlich gesagt, am stärksten zur Hilfe motivieren:

Ich könnte u. U. sonst wegen unterlassener Hilfeleistung bestraft werden.

Der Verletzte oder seine Angehörigen werden sich irgendwie erkenntlich zeigen.

Ich bekomme sicher die Lebensrettungsmedaille und komme in die Zeitung.

Der arme Kerl und seine Angehörigen werden vor einem großen Leid bewahrt, wenn ich helfe.

________________________________________

________________________________________

5. Vollenden Sie die beiden folgenden Sätze:
Ich bin eigentlich immer am meisten mit mir zufrieden,

wenn __________________________________

wenn __________________________________

wenn __________________________________

Ich bin mit mir ernstlich unzufrieden,

wenn __________________________________

wenn __________________________________

wenn __________________________________

6. Ein 15jähriger Schüler schrieb dem Herausgeber einer Jugendzeitschrift: „Oft bekomme ich panische Angst vor meiner Zukunft, ich habe einfach Angst vor dem Älterwerden. Oft, wenn ich darüber nachdenke, finde ich, daß das Leben nutzlos ist. Wozu soll man eigentlich leben? Sich einen Besitz schaffen? Man stirbt ja doch. Es mag vielleicht lächerlich klingen, wenn ich Ihnen schreibe, daß ich Angst habe vor dem Sterben."

Versuchen Sie, in einigen Sätzen auf die Frage des Jugendlichen zu antworten: „Wozu soll man eigentlich leben?" Schreiben Sie nieder, worin Sie den Sinn des Lebens sehen.

## 12. Wie erleben wir – „grundsätzlich“ – die Mitmenschen?

Grundsätzlich und überwiegend gleichgültig? – Meistens als mögliche Konkurrenten, denen man mißtrauen muß? – Als mögliche Mittel für unsere Ziele?

Wo können wir überzeugterweise, gern und selbstlos etwas einem anderen zulieb tun? Nicht nur darauf hinarbeiten, daß er sich für mich interessiert, sondern mich für ihn interessieren? Wo geht uns wirklich auf, daß der andere unverfügbare Person, „Zweck an sich“ ist? Jemand, der meine Aufmerksamkeit und Hilfsbereitschaft verdient, so daß mich der Einsatz nicht reut, sondern zufrieden macht? Erfahren wir in bestimmten Beziehungen, daß Geben ein Empfangen sein kann: „Gebt – und euch wird gegeben werden“ (Lk 6, 38, siehe oben S. 66)? Ein „es bleibt“ (wie oben 6), die Gegenwart eines Dritten (oben 7)? Man kann es auch ganz anders ausdrücken... Jugendliche erfahren das manchmal im Umgang mit Behinderten...

Wann ist uns Verantwortung für andere nicht nur eine Last, sondern auch Kreativität und Teilnahme an einem unbedingt Guten...? Auch Verantwortung für das Gemeinwohl...? Welche politischen Ziele sind mehr als nur Vorteile einer Gruppe und Programmpunkt einer Partei, nämlich Probleme der Gerechtigkeit und eine Frage der Selbstpreisgabe oder Selbstbejahung der Menschen?

## 13. Sexualität – Erotik – Liebe

Wann ist Sexualität ganz menschliche und erfüllte Sexualität geworden? Können meine Triebspannung oder die erotische Anziehung, die von der seelischen Lebendigkeit des Partners ausgeht, für sich allein die ganze Erfüllung schenken? Oder gilt: Glück kann man gar nicht direkt anstreben und machen; es stellt sich nur als Folge und Begleiterscheinung einer Hingabe ein, die man selbstlos schenkt oder dankbar empfängt? (Siehe oben S. 102) Wo finden wir das Glück?

Glück als Konsumgut, das nur eine sexualtechnische Anstrengung, aber überhaupt nicht das eigene Herz kostet? Als Beziehung zu einem Objekt und Mittel der eigenen Lust? Ohne Bindung.

Glück als Verliebtheit in die seelischen Eigenschaften des Partners? Als Genuß der eigenen sich erweiternden Gefühlsfähigkeit?

Glück als Überhöhung, als forcierte Faszination – damit eine Leere überdeckt wird?

Glück als Beziehung zwischen Partnern, die den andern jeweils

„um seiner selbst willen“ lieben. So daß Lust und seelische Anziehung zu einer Beziehung gehören, die diese Anziehung und Lust als Geschenk erlebt, dafür dankbar wird, sich an den Partner bindet?

Glück als Empfangen und Geben einer Solidarität, die in dem wurzelt, der ursprünglich und ohne Einschränkung Solidarität ist und dazu befähigt? Glück als Mit-Erfahrung eines Dritten und Ewigen (siehe oben 7 und 8) – „trotz allem“?

## 14. Arbeit – Beruf

Was kann ein Grund dafür sein, am Morgen, bei Arbeitsbeginn oder beim Rückblick auf eine Woche in der Arbeit nicht nur einen äußeren Zwang zu sehen? Was bedeutet mir bei meiner Berufsarbeit etwas? Wo kann ich (und sollte mehr) das berechtigte Bewußtsein haben, etwas schaffen zu können, das „bleibt“? Worauf kommt es dabei an – welche Schwerpunkte müßte ich setzen (was läßt sich aus meiner Arbeit alles machen)?

Was ist an meiner Arbeit reiner Zwang? Wodurch wird sie sinnlos – objektiv, nicht nur weil ich irgendeinem Traumberuf nachhänge und dabei übersehe, daß es in jedem Beruf auf die richtige Zielsetzung ankommt? Was ist zu ändern? An der Arbeit selbst oder an meiner Einstellung zu ihr?

## 15. Identifikationen und Feiern

Wir wollen, daß „unsere“ Familie gut dasteht, daß „unsere“ Fußballmannschaft siegt, daß „unsere“ Partei die Mehrheit gewinnt, daß „unser“ Land auf internationalen Konferenzen Vorteile heraushole. Wir identifizieren uns immer wieder mit Anliegen, Personen und Gruppen von sehr unterschiedlichem Wert. Wer sich gar nicht identifizieren kann, erstarrt in sinnloser Gleichgültigkeit und in Egoismus. Andererseits sieht jeder, wie fragwürdig es ist, wenn jemand nach dem Endspiel einer Fußballweltmeisterschaft „vor Glück“ weint oder eine Stunde lang hupend und tücherschwenkend durch die Stadt fährt bzw. aus Enttäuschung und Wut den Stuhl, auf dem er die Fersehübertragung ansah, zertrümmert.

Dieses Fragwürdige findet sich in irgendeiner Form im Verhalten eines jeden.

*Bewußtmachung:*
Welche Ereignisse machen uns wirklich traurig? Was macht uns glücklich? Wo sagen wir spontan: „Das muß mit einer Flasche Sekt gefeiert werden"? Was feiern wir wirklich?

___

___

___

*Reflexion:*
Was *sollte* man gerechterweise feiern; was wäre es wert, daß man es mehr feiert? Was verdient es, daß wir uns ohne Betäubung, mit Schwung und Ausdauer damit identifizieren?

___

___

___

Welches sind die beherrschenden Glücksvorstellungen unserer Umgebung; was feiert sie? Beruflichen Erfolg um jeden Preis, wirtschaftliche Macht, körperliche Vitalität, sexuelle Attraktivität, intellektuelle Überlegenheit ...?

Es gibt aber nicht nur fragwürdige und berechtigte Identifikationen. Wir sollten uns auch von Zeit zu Zeit nach unseren Nicht-Identifikationen fragen – um sie bestätigen oder auch korrigieren zu können:

Worüber *entrüsten* wir uns am meisten? Wenn wir Nachrichten hören oder lesen? Wenn wir mit Andersdenkenden reden? – Wo beruht unsere Entrüstung eigentlich nur auf Ängsten, Vorurteilen und Besserwisserei? Und bei welchen Punkten protestieren wir darüber hinaus gegen eindeutiges Unrecht, gegen Lieblosigkeit, gegen ...? Wie zeigt sich also u.U. in unserer Entrüstung schon eine klare Einsicht in die Tatsache, daß gewisse Grundwerte ohne Rücksicht auf Bequemlichkeit und Profit, unbedingt, zu gelten haben? Um ihrer selbst willen.

## 16. Freizeit auf dem Hintergrund einer „Sonntagsneurose"?

Sportveranstaltungen, Unterhaltungssendungen, Wochenenden, Jahrmarktsrummel und Volksfeste, Feiertage, Urlaub – all dies wird von den verschiedenen Menschen verschieden erlebt. Dabei spielt auch die Gesamteinstellung zum Leben eine Rolle (ähnlich wie beim Erleben der Sexualität, oben 13).

Eine Freizeitbeschäftigung, die für die einen einfach Abwechslung, frohe Entspannung, ruhiger Genuß, Ausdruck ihrer Lebensfreude, Zustimmung zum Dasein und seinem Sinn ist, ist für einen anderen u.U. ein Rummel, ein Rausch („Faszination Fußball") und ein Spannungszustand, den er braucht.

Die mehrfach zitierte Umfrage von E. Lukas an verschiedenen Standorten in Wien ergab, daß der Anteil der Antworten, die einen Lebensinhalt verneinen, im „Prater", dem Vergnügungszentrum der Stadt, am höchsten war. V. E. Frankl sprach schon vor Jahren von jenen Menschen, „welche die ganze Woche angestrengt arbeiten und am Sonntag – angesichts der Leere und Öde und Inhaltslosigkeit ihres Lebens, die dann in ihrem Bewußtsein aufbricht – depressiv werden oder sich mit einem horror vacui (panischer Angst vor einer Leere) in irgendwelche Rauschzustände hineinflüchten"[152]. Er nannte diesen Notstand drastisch „Sonntagsneurose".

Diese Frage ist immer wieder zu stellen: Kann ich die *Freizeit* als eine Art Fest erleben, oder ist sie Flucht in die Zerstreuung? Brauche ich einen forcierten Unterhaltungsbetrieb, oberflächliche Spannung und Identifikationen (oben 15), Reizzufuhr – ähnlich jenem Druck, der uns über der Sorge um eine Abschlußprüfung oder einen angefangenen Hausbau die innere Leere vergessen läßt? Etwas, das die quälende Einsicht überdeckt, daß wir – in der Freizeit wie in der Arbeit – gar nicht mehr die Substanz haben, um aus tragenden inneren Antrieben und Inhalten das Leben zu gestalten, so daß es nur noch vom äußeren Druck und von der elementaren Sorge ums Überleben bestimmt wird (siehe Testfrage 3, oben 11).

Wie erfahren wir *Stille und Einsamkeit?* Nur als quälende Langeweile? Oder auch als Gelegenheit, die Welt und mein Dasein in ihr tiefer zu sehen und auf Inhalte aufmerksam zu werden, bei denen man sich aufhalten, die man feiern kann, die etwas „Ewiges" (oben 8) enthalten?

Wie können wir *Musik* von Bach, Mozart, Beethoven innerlich ausfüllen, „vollziehen"?

Wenn wir in dem Raum, wo wir den größten Teil unserer Freizeit verbringen, eine *Schauwand* aufstellten, an der wir Zeitungsausschnitte, Bilder, Postkarten, Briefe, Kinderzeichnungen und dergleichen aufstecken können, um bestimmte Eindrücke längere Zeit auf uns wirken zu lassen – gäbe es Themen, Tatsachen, Bilder und mitmenschliche Erfahrungen, mit denen wir uns gern längere Zeit beschäftigen würden? Themen, die uns etwas zu sagen haben? Welche? (Wollen Sie es einmal versuchen?)

Oder wenn wir solche Themen, Tatsachen und Bilder mit dem *Photoapparat* festhalten wollten – was würden wir mit Vorliebe aufnehmen?

*Der Maler August Macke in einem Brief vom 16. 5. 1907 an seine Braut: „Ach, wenn ich doch mit Dir durch die Wiesen gehen könnte und Dir das alles zeigen könnte. Aber aus Deinem Brief strahlt dasselbe Glück, die Sehnsucht nach Schönheit ... Komm, laß uns ruhig werden, so ruhig wie dieser stille Frühlingsabend, wo nur zwischen Blüten etwas golden leuchtet und wo Blüten heimlich glühen. So sollen unsere Augen sein. Ja, unsere Augen sind unsere Seele. Wenn wir so sehen,* sind wir ruhig. *Und Gott sei Dank sehe ich vieles so. Ja, kann man sich reineres Glück denken. Was haben wir Schönheiten entdeckt ... Ich sehe mir jetzt alle Tage den japanischen Blütenzweig an, den grauen bei den Holzschnitten. Er ist wundervoll, solch ein frommes Werk ... Es ist komisch, ich bin so ruhig jetzt, innerlich so still, ich sehe so Schönes ...“*

*Zwei Äußerungen von Paul Cézanne: „Die Kunst ist eine* Harmonie *parallel zur Natur. Der Künstler ist ihr parallel, wenn er nicht willentlich dazwischenkommt ... er muß in sich schweigen machen alle Stimmen der Vorurteile, vergessen,* Stille machen, ein vollkommenes Echo sein ... *Die Landschaft reflektiert sich, humanisiert sich, denkt sich in mir. Ich objektiviere und fixiere sie auf meiner Leinwand.“*[153]

*„Man behandle die Natur gemäß Zylinder, Kugel und Kegel und bringe das Ganze in die richtige Perspektive, so, daß jede Seite eines Objekts, einer Fläche, nach einem zentralen Punkt führt. Die mit dem Horizont parallel laufenden Linien geben die seitliche Ausdehnung, das heißt einen Ausschnitt der Natur oder, wenn Ihnen das lieber ist, des* Schauspiels, das der Pater Omnipotens Aeterne Deus *(der „allmächtige Vater und ewige Gott“)* vor unsern Augen ausbreitet.“[154]

Das Erleben der Natur gehört für viele Menschen ganz wesentlich zu einem erfüllten Menschsein. Nun sind die Blumen in der Vase, der Baum im Park und das Gebirgstal oder die Meeresbucht im Urlaubsland zunächst einmal einfach ein anregendes, sinnliches Spiel von Farben und Formen. Viele erfassen nur diese gefällige Seite, das Netzhauterlebnis und seinen „Erholungswert“. Andere verarbeiten die Eindrücke aber weiter und genießen auch die Erkenntnis ästhetischer Beziehungen: den Reichtum der Farbnuancen, Kontraste, Gewichtsverhältnisse (Proportionen), die kompositorische Einheit des Ganzen.

Nicht wenige erfassen, wie die zitierten Maler, über die gefällige und ästhetische Seite hinaus etwas, das auch ihr *Verhältnis zum Ganzen der Welt, zur Schöpfung ausdrückt und das sie in ihrem Ja zum Leben* und ihrer Sehnsucht nach Vollendung bestärkt (siehe auch oben S. 123). So sagte einmal eine schwer krebskranke Patientin, die von ihrem Bett aus nur noch auf eine Wand und auf einen Baum vor dem Fenster sehen konnte, wenn sie den Baum betrachte, gehe ihr immer auf, daß das Leben unvergänglich sei. Macke spricht von „Sehnsucht nach Schönheit" und von einem Glück, das ihn ruhig macht. Cézanne von „Harmonie", die er wahrnehmen kann und der er „ein vollkommenes Echo" sein will, indem er still wird und auf die Botschaft der Dinge lauscht. Die Farben sind für ihn, wenn er nach langem Suchen eine entsprechende Landschaft gefunden hat, „leibhaftige Ideen", ja das „Fleisch der Ideen Gottes", und der Raum ist ihm ein Schauspiel Gottes vor unseren Augen.

Beide Maler haben dieses tiefere Sehen der Welt in ihren Werken immer wieder geübt. Das „Durchfreuen der Natur", das Mackes Ziel war, läßt sich intuitiv in der Durchlichtung seiner Motive (durch die sog. fenêtres) und in der kontemplativen Haltung der dargestellten Personen erfassen. Immer wieder geht es ihm um diese Durchlichtung...

Daß die Harmonie und Weite einer Landschaft als Raum und Schauspiel Gottes gesehen werden kann, zeigen die Landschaftsbilder Cézannes. Aber auch seine Stilleben – am deutlichsten wohl das Stilleben mit der Kommode, 1883–1887 (München, Bayer. Staatsgemäldesammlungen) – verraten die Fähigkeit, eine Harmonie wahrzunehmen, bei der sich unsere Aufmerksamkeit mit voller Befriedigung aufhalten kann, zur „Ruhe" (nach A. Macke) kommt. Ein Stück Welt, das nicht durch vordergründige Gefälligkeit den Blick auf sich zieht, sondern dadurch, daß es etwas von einer größeren Gegenwart andeutet...

Mit Mackes und Cézannes Augen unsere Umgebung sehen lernen. „Wenn wir so sehen, sind wir ruhig." „Ein vollkommenes Echo sein."

Man kann die Natur (und die eigene Wohnung) auch anders sehen als diese beiden Maler:

- rein ästhetisierend...
- Nostalgisch: Natur als Insel, auf die man aus der Verzwecktheit und auch aus den Aufgaben des heutigen Lebens fliehen kann, um Träumen nachzugehen, die keine Kraft zu einer Gestaltung des normalen Lebens vermitteln.
- Rauschhaft, überhöhend: Natur als Paradies, in das man sich hineinsteigert, um der Banalität des Alltags zu entfliehen, dessen

wahre Tiefe einem noch nicht erschlossen ist. Natur als Anlaß zu gleichsam manischer Hochstimmung: sich von einer Welt beflügeln lassen, die im Unterschied zur menschlichen Umwelt der eigenen Gefühlssteigerung keinen Widerstand leistet, nicht enttäuscht[155]. Gegenwelt durch Poetisierung eines Details und durch Dingrausch?

– Apersonal: Natur nicht als Raum, aus dem ich – wie Cézanne – die Botschaft eines letzten Du *empfange*, sondern als Welt, mit der ich wie mit einem Lichtmeer verschmelze.

## 18. Was erwarten wir – was erwartet uns?

*In ihrem ersten Memoirenband beschreibt Simone de Beauvoir, wie sie mit etwa 16 Jahren ihre Zukunft sah. „Sie (die Zukunft) war noch fern genug, um mich nicht zu erschrecken, aber sie faszinierte mich schon. Dieser Sommer vor allen anderen berauschte mich mit seinem Glanz. Auf einem grauen Granitblock saß ich an den Ufern des Teiches, den ich im Vorjahr in La Grillère entdeckt hatte ... ich lehnte mich an die Haselnußhecke, der Abendwind umschmeichelte die Spindelbäume, strich über mich hin, peitschte mich, und ich vertraute mich ganz seiner Süße und seiner Heftigkeit an. Die Haselnußsträucher erhoben raunend ihre Stimmen, und ich verstand ihr Orakel:* ich wurde erwartet, erwartet von mir selbst. *Von Licht überströmt, die Welt zu Füßen wie ein großes vertrautes Tier, lächelte ich dem jungen Kinde zu, das morgen sterben und in neuer Glorie auferstehen würde: kein Leben, kein Augenblick irgendeines Lebens hätte all die* Verheißungen erfüllen *können, mit denen ich damals mein* gläubiges Herz betörte."[156]

*39 Jahre später, als 55jährige weltbekannte Schriftstellerin, schreibt sie rückblickend am Ende ihres dritten Memoirenbandes: „Manchmal ist mir der Gedanke, mich ins Nichts aufzulösen, genauso abscheulich wie früher. Voller Melancholie denke ich an all die Bücher, die ich gelesen, an all die Orte, die ich besucht habe, an das Wissen, das sich angehäuft hat und das nicht mehr da sein wird. Die ganze Musik, die ganze Malerei, die ganze Kultur, so viele Bindungen: plötzlich* bleibt nichts mehr... *dieses einzigartige Ganze, meine persönlichen Erfahrungen ... die Pekinger Oper ... die Morgendämmerung der Provence ... Castro, der zu 500000 Kubanern spricht ... die Glocken der Befreiung, ein organgefarbener Mond über dem Piräus ... das alles wird niemals wieder auferstehen. Wenn ich wenigstens die Erde bereichert, wenn ich etwas geschaffen hätte ... was denn? Einen Hügel? Eine Rakete? Aber nein. Nichts wird stattgefunden haben. Ich sehe die Haselstrauchhecke vor mir, durch die der Wind fuhr, und höre die Versprechungen, mit denen ich mein Herz berauschte, als ich diese Goldmine zu meinen Füßen betrachtete, ein ganzes Leben, das vor mir lag.* Sie wurden erfüllt. *Aber wenn ich jetzt einen ungläubigen Blick auf dieses leichtgläubige junge Mädchen werfe, entdecke ich voller Bestürzung, wie sehr ich* geprellt worden bin." [157]

Die „Verheißungen" der 16jährigen waren wohl genau so unbestimmt und offen wie bei G. Maire und Teilhard de Chardin (oben 1 und 4). Aber diese Fähigkeit zu einer begeisterten und totalen Sinnbejahung hat sich bei S. de Beauvoir anders entwickelt als bei Teilhard. Sie hat ihr reiches Leben nicht so erfahren und gestaltet, daß es „bleibt" (siehe oben 6–8), vielmehr gilt hier am Ende: „Plötzlich bleibt nichts mehr", „das alles wird niemals wieder auferstehen". Die Entwicklung und der Rückblick verlaufen nicht in Richtung „Dank", „Mitlieben" (oben 4), „Amorisierung" (Teilhard de Chardin). Es wird keine Gegenwart gesehen, die ewige Quelle des Empfangenen und bleibender Adressat des Erstrebten sein könnte.

Jeder kennt solche Verheißungen angesichts großer Lebensabschnitte oder „*Anfänge*", die vor uns liegen:

Ist es richtig, sich solche Verheißungen und solche Sehnsucht zu verbieten, weil man ja doch nur „geprellt" wird?

„Ich wurde erwartet, erwartet von mir selbst." Was und wer erwartet uns (vgl. oben 6–8)? Nur unsere eigene Selbstentfaltung?

Es gibt eine Unendlichkeit, die begeisterungsfähige Menschen gerade bei „Anfängen" erhoffen und die nur die Überhöhung des Gefühls von der eigenen körperlichen und geistigen Vitalität in das Unbestimmte der Zukunft hinein ist. Und es gibt eine Unendlichkeit, die im Bewußtsein eines unbedingt Guten verankert ist (Ich-Bindung). Was hat Franz von Assisi von seinem Leben erwartet? Wovon hat Martin Luther King „geträumt"? Welche „Träume" müssen wir träumen, um das Richtige zu tun? Wodurch werden hingegen unsere Erwartungen zu einem „Berauschen" des eigenen Herzens (S. de Beauvoir) [158].

Wie erleben wir „Anfänge" wie die folgenden, und wie könnten wir darüber beten?

*„Eine Ernennung etwa scheint mir Glück zu verheißen, weil sie mir erlaubt, eine fruchtbare, segensreiche Wirksamkeit zu entfalten,*

*deren Möglichkeiten ich mir unbegrenzt denke. – Jene Heirat ist in meinen Augen eine unerschöpfliche Quelle der Freude und des harmonisch-schönen Mitdaseins. – Den Sohn, der mir geboren wurde, stelle ich mir als ein ausnehmend reich begabtes Wesen vor. Ich erwarte, daß er überall Erfolg haben wird, wo ich gescheitert bin; daß er alle Hindernisse überwinden wird, die meine Wirksamkeit begrenzt haben usw. – Die Rückkehr aus der Gefangenschaft bedeutet für mich nicht das Ende eines elenden Zustandes, sondern vor allem einen gigantischen Wiederaufstieg, einen Aufschwung meines Daseins als einzelner und als Glied einer Volksgemeinschaft. – Mit dem Treffer in der Lotterie glaube ich unbegrenzte Möglichkeiten zu besitzen, um meine materiellen Wünsche zu befriedigen. – Das Kind unterm Weihnachtsbaum steht einer Überfülle von glänzenden, leuchtenden, bunten, bezaubernden, fesselnden Dingen gegenüber; es ist glücklich – nicht, weil es sich reich, sondern weil es sich überreich fühlt. – Was also die sogenannten ‚Ursachen des Glükkes' kennzeichnet, das ist die Tatsache, daß sie uns unendliche Perspektiven eröffnen. Sie lassen uns eine konkrete Unendlichkeit erschauen.*“[159]

## 19. „Kaum denken wir je an die Gegenwart“

*Blaise Pascal beschreibt einmal das durchschnittliche Verhältnis des Menschen zur Zeit so: „Niemals halten wir uns an die Gegenwart. Wir nehmen die Zukunft vorweg, als käme sie zu langsam, als wollten wir ihren Gang beschleunigen; oder wir erinnern uns der Vergangenheit, um sie aufzuhalten, da sie zu rasch entschwindet … Wer seine Gedanken prüft, wird sie alle mit der Vergangenheit und der Zukunft beschäftigt finden.* Kaum denken wir je an die Gegenwart, *und denken wir an sie, so nur, um hier das Licht anzuzünden, über das wir in der Zukunft verfügen wollen. Niemals ist die Gegenwart Ziel, Vergangenheit und Gegenwart sind Mittel, die Zukunft allein ist unser Ziel. So* leben wir nie, sondern hoffen zu leben, *und so ist es unvermeidlich, daß wir in der Bereitschaft, glücklich zu sein, es niemals sind.*“[160]

Wie erleben wir die Zeit? Nur als etwas Zerrinnendes, oder erfüllt (S. Dalís „weiche Uhren“ oder M. Chagalls geflügelte Uhren, siehe oben S. 71)?

Können wir Wert und Sinn nur im Vergangenen finden?

Fliehen wir in eine Zukunft der ichbezogenen Wunschphantasien, anstatt die Gegenwart in echter Sehnsucht und Hoffnung ganz zu ergreifen?

Wo gibt es Augenblicke, die so dicht und voll Inhalt sind, daß gerade unser anspruchsvolleres Suchen (also nicht unsere Einfallslosigkeit) sich erfüllt, so daß wir uns bei ihnen aufhalten, Halt finden können? Übergehen wir solche glückhaften Augenblicke, die die Ewigkeit und Vollendung des Besten in unserem Leben ahnen und ersehnen lassen (wie oben 8), zu rasch – zugunsten utopistischer Wunschphantasien oder depressiver Flucht in die Vergangenheit?

„Mein sind die Jahre nicht, die mir die Zeit genommen;
Mein sind die Jahre nicht, die etwa möchten kommen;
Der Augenblick ist mein, und nehm ich den in acht,
So ist der mein, der Jahr und Ewigkeit gemacht."

(Andreas Gryphius)

In welchen Situationen verstehen wir das Zeitgefühl des Neuen Testamentes: „Die Zeit (und damit die höchsten und legitimsten Verheißungen) ist erfüllt; die Gottesherrschaft ist genaht" (siehe oben S. 71f)?

## 20. Macht der Tod das Leben sinnlos?

*Ein Psychotherapeut sprach einmal in einem Zuchthaus vor Schwerverbrechern über den Sinn des Lebens. Sie baten ihn, einem Mitgefangenen, der in wenigen Tagen hingerichtet würde und verzweifelt sei, einige Worte zu sagen. Der Psychotherapeut zu ihm: Er kenne die Konfrontation mit einer Gaskammer aus seiner KZ-Zeit. Aber das Leben habe einen Sinn, ob es nun kurz oder lang sei. „Denn entweder das Leben* hat *einen Sinn – dann muß es ihn behalten, unabhängig davon, ob es lange dauert oder nicht. Oder aber das Leben ist sinnlos – dann würde es auch nicht sinnvoll werden, wenn es noch so lang dauerte!"*[161]

Können Sie sich mit dem Gedanken abfinden, daß Sie voraussichtlich um das Jahr... herum sterben werden? Ist das eine feste Größe in Ihren Plänen, daß Sie noch circa... Jahre zu leben haben – oder schließen Sie die Augen, sobald diese Grenze sichtbar wird?

Das eben zitierte Gespräch mit dem Todgeweihten stellt auch für uns Freie die Frage: Was erwarten wir eigentlich, wenn wir insgeheim hoffen, daß gerade unser Leben doch länger dauern wird, als es aller Voraussicht nach dauert?

Wo leben wir immer wieder in der Illusion, unser Leben werde dadurch sinnerfüllt und lebenswert, daß es einfach in der gewöhnlichen Weise unendlich lange dauert? So daß wir die mögliche Sinnerfüllung der Gegenwart und die Vollendung durch den Tod nicht wahrnehmen (siehe oben 8 und 10)?

## „Experimentelle Christologie“

### 21. Aufmerksamkeit und Einsicht durch das Beispiel anderer

*Mutter Teresa, die mit Mitgliedern der von ihr gegründeten Schwesterngemeinschaft in Kalkutta ausgesetzten und verwahrlosten Kindern, verlassenen Sterbenden, Leprakranken und Bewohnern der Elendsviertel hilft, erklärte einmal dem englischen Publizisten M. Muggeridge, daß sie die sozialen Versäumnisse der Regierung nicht ersetzen könne und auch nicht ersetzen wolle. Ihr gehe es um etwas anderes: um christliche Liebe, die jeder Person gelte, die in Not sei. Muggeridge fragte sie auch, ob es angesichts der Tatsache, daß es in Indien zu viele Menschen gibt, überhaupt der Mühe wert sei, einige wenige verlassene Kinder, die sonst aller Voraussicht nach an Unterernährung, Vernachlässigung oder daraus folgenden Krankheiten sterben würden, retten zu wollen.*

*„Wie sich anschließend herausstellte, war das* eine Frage, die ihrer ganzen Anschauung vom Leben so sehr widersprach, daß sie Schwierigkeiten hatte, sie zu verstehen. *Die Auffassung, daß es unter irgendwelchen Umständen zu viele Kinder geben könnte, war ihr genauso unfaßbar, als wenn man ihr gesagt hätte, es gäbe zu viele Sterne am Himmel. In dem Film, den wir in Kalkutta drehten, gibt es eine Aufnahme von Mutter Teresa, wie sie einen winzigen Säugling in Händen hält; so winzig, daß schon sein Dasein ein Wunder scheint. Während sie dieses Kind hält, sagt sie mit einer Stimme und einem Ausdruck wundervollster und bewegender Verzückung: ‚Seht! Es ist Leben in ihr!‘ Ihr Gesicht leuchtet und triumphiert …“*

*Als Muggeridge Mutter Teresa bei ihrer Tätigkeit begleitete und filmte, machte er, wie er sagt, drei Phasen durch. „Die erste war Schrecken, gemischt mit Mitleid, die zweite reines und einfaches Mitgefühl, und die dritte, die weit über Mitgefühl hinausging, war etwas, was ich nie zuvor verspürt habe:* die Einsicht, *daß diese sterbenden und verkommenen Männer und Frauen, diese Aussätzigen mit Stümpfen statt Händen, diese unerwünschten Kinder nicht be-*

*mitleidenswert, abstoßend oder verloren waren, sondern* eher teuer und köstlich; *gleichsam Freunde seit langem*, Brüder und Schwestern. *Wie soll man es erklären, dies eigentliche Herz und Geheimnis des christlichen Glaubens? Diese geschundenen Köpfe streicheln, diese armen Stümpfe berühren, diese den Abfalltonnen übergebenen Kinder auf den Arm nehmen*, weil es sein Kopf ist, *so wie es seine Hände und seine Kinder sind, von denen er gesagt hat, daß jeder, der ein solches Kind in seinem Namen aufnimmt*, ihn aufnimmt."[162]

Die Einsicht, daß die Sterbenden und Ausgesetzten „teuer und köstlich waren, Brüder und Schwestern", war dem an sozialen Fragen interessierten M. Muggeridge theoretisch kaum neu. Neu war aber offensichtlich die persönliche innere Aufmerksamkeit für solche Menschen und die Einstellung zu einer karitativen Tätigkeit, wie sie Mutter Teresa ausübt. Hier kam er *durch ihr Beispiel* zu einer ganz neuen Sensibilität.

Das wirklich Sinngebende in unserem Tun und Lassen qualitätsbewußter sehen und entschiedener suchen – das gelingt uns nur, wenn wir die verschiedenen Situationen unseres Lebens auch im Lichte der Werteinstellung und Sinnfähigkeit betrachten, die überzeugende Menschen unserer Umgebung (oder auch der Geschichte) leben. Bei diesem Wachstumsprozeß ist bis ins höchste Alter das „*Lernen durch Nachahmung und Identifikation*" nötig, traditionell gesprochen: Vorbild, Beispiel, Zeugnis, die uns im Glauben und Tun bestärken. Darum ist Sinnerfahrung auch immer an die Begegnung und das Gespräch mit Gleichgesinnten, in manchem Sehenderen und Entschlosseneren, gebunden.

Es bedarf also auch einer *Meditation über Menschen aus unserer Umgebung*, die uns in einem wichtigen Punkt durch ihre Haltung und Tat etwas Wesentliches sagen können. Es geht hier nicht um Heldenverehrung oder um eine totale Identifikation mit einem Vorbild in allen seinen Eigenschaften. Vielmehr darum, daß man Menschen auf sich wirken läßt, insofern sie einen auf Übersehenes aufmerksam machen können, und daß man im Verlauf solcher Lebensbetrachtung für sich selbst die „Einsicht" (wie Muggeridge) gewinnt, daß etwas richtig und sinnvoll ist, und die Kraft entdeckt, aus der man es (selbst) tun kann.

Wie Muggeridge über Mutter Teresa meditiert hat, Menschen unserer Umgebung betrachten und auf uns wirken lassen ... bezeichnende Handlungen, Gesten, Worte ... sich mit ihrer Einstellung auseinandersetzen ...

*„Jesus von Nazaret ist für mich der Mensch, von dem ich nie loskommen werde. Sein Menschsein besitzt für mich eine* letzte Gültigkeit, *die keiner anderen Begründung bedarf als des schlichten Blickes auf das Neue Testament. In Jesus von Nazaret endet mein Fragen, und ich bin ruhig. Dieser Mensch Jesus von Nazaret stellt mich vor bzw. in das Geheimnis Gottes, dem ich sonst nur auf mühseligen Denkwegen nahe komme.“*[163]

*„Jesus, Du bist die* Güte und die Liebe in Person. *Du bist* jene Person, die ich selber gern sein wollte. *Du bist mein Selbst. Nie habe ich eine Person getroffen so menschlich wie Dich.“*[164]

Wie immer man zu diesen beiden Zeugnissen steht, aus ihnen spricht ohne Zweifel eine Beziehung zu Jesus Christus, die vitaler, für das persönliche Leben sinngebender ist als das Jesusverhältnis vieler christlich Erzogener, für die (trotz einer verschwommenen Sympathie für ihn) Jesus eigentlich ein Fremdkörper oder eine legendäre Gestalt geblieben ist: eher eine äußere als eine innere, eher eine vergangene als eine gegenwärtige, bedeutsame Wirklichkeit, eher eine Katechismusformel als „ein Stück von mir“ oder „mein Selbst“.

Ganz anders in den beiden angeführten Äußerungen oder bei Paulus, für den Leben „In-Christus-Sein“ bedeutete.

Eine solche Beziehung zu Jesus Christus kann man sich nicht befehlen, man kann sie nicht machen. Sie muß wachsen. Wie?

Bei den hier (1–21) vorgelegten Anregungen zeigte sich immer wieder, wie das Suchen nach Wert und Sinn ganz von innen heraus, ohne dogmatisch-ideologische Vorentscheidung, auf Jesus blickt und dort die endgültige Antwort findet. Ob die Betrachtung um das Thema Dankbarkeit, bleibendes Wofür, Sinnbejahung trotz allem oder Mitmenschlichkeit kreiste, immer begann sie bei menschlichen Grunderfahrungen und endete, der eigenen Logik folgend, beim Blick auf Jesus. Auch die vorbildhaften Persönlichkeiten, die zitiert wurden: Paulus, Teilhard de Chardin, A. Schweitzer, D. Hammarskjöld, hatten ihre wegweisende Haltung gerade durch die Ausrichtung an Jesus gewonnen. Wie groß oder gering nun unsere Erfahrung in diesem Hinblicken auf Jesus sein mag, jeder weiß aufgrund seines Umgangs mit dem Neuen Testament, sozusagen *experimentell,* daß dieser Jesus immer wieder als der entdeckt werden kann, der uns mehr als alle anderen das sensiblere und entschiedenere Erfassen des Lebenssinnes offenbart und von dessen Vorbildkraft die meisten Vorbilder in unserer Umgebung leben (siehe oben 21).

Wer nach Sinn und Wert des Lebens fragt, hält ja bewußt oder unbewußt Ausschau nach der Gestalt, die solchen Sinn am intensivsten wahrnimmt und verwirklicht. Hier trifft die Blickrichtung unserer modernen Sinnfrage natürlicherweise die Blickrichtung Jesu: Was wir als zaghafte und anonyme Bereitschaft zu Dankbarkeit, Verantwortung und Hingabe erfahren, ist bei Jesus dasselbe, aber in höchster Intensität und Entschiedenheit – nämlich Hingabe an den „Vater".

Dieses „Mehr an Sinn" wurde in Kapitel III (oben S. 63–74) in einer theologischen Betrachtung umrissen. Was dort über Jesu Praxis und Botschaft ausgeführt wurde, besitzt „eine letzte Gültigkeit, die keiner anderen Begründung bedarf als des schlichten Blickes auf das Neue Testament". Es kann uns – je wacher wir auf Jesus blikken – *unmittelbar ansprechen, den Weg zeigen,* bestärken: „Licht der Welt."

Wer so auf Jesus blickt, ohne vorgefaßte theoretische Konstruktion, einfach von den beherrschenden Erfahrungen und Fragen des Lebens aus und auch von den Anstößen des Neuen Testaments aus, der kommt allmählich zu einer „experimentellen" Christologie. Durch seine eigenen Fragen und Einsichten lernt er Jesus tiefer verstehen – und durch die zunächst fremden Wesenszüge, die das Neue Testament von ihm zeichnet, lernt er sein eigenes Leben tiefer deuten und leben. Wenn er diesen Weg so konsequent geht wie die beiden oben zitierten Christen, wird diese Christologie in einer ähnlich lebendigen Beziehung bestehen, wie sie bei ihnen wuchs...

Was sagt uns eigentlich Jesus Christus – so wie wir ihn bis jetzt sehen gelernt haben – zur Frage, warum sich das Leben (und was an ihm besonders) lohnt? Welche seiner Taten und Worte sind mir ganz persönlich „Licht" auf meinem Weg geworden? (Was hat mich früher an Jesus angesprochen? Was an seinem Leben und seinem Weg bedeutet mir heute am meisten?)

Bestärkt und dadurch weitergeführt hat mich:

________________________________________

________________________________________

________________________________________

In Frage gestellt, korrigiert, herausgefordert und dadurch verändert hat mich:

________________________________________

________________________________________

________________________________________

Wer sich von Jesus ansprechen und in seinem Besten bestärken, erleuchten und herausfordern läßt, kann auch folgendes erfahren. Jesus ist nicht ein Vorbild wie alle anderen. Mit ihm kann man sich nicht nur total identifizieren („Du bist jene Person, die ich selber gern sein wollte"). Man kann dabei und darüber hinaus auch erfahren, daß er „die Güte und die Liebe in Person" ist, wie im oben zitierten Text gesagt wird. Wir können an seiner überreichen, einzigartigen Sinnfülle teilnehmen. Sie erfüllt ihn so („in ihm wohnt die Fülle der Gottheit leibhaftig", Kol 2,9), daß *er* uns damit zu unserem Besten herausfordert[165] und befähigt: als Vorbild und Quelle zugleich. Er kann für uns – als „Sohn" würde das Neue Testament ergänzen – das letzte göttliche Für-Dich und Mit-Dir sein, der „Dritte", durch den wir mit uns selbst und allen anderen in eine neue Verbindung treten (nach oben 7), und das „Bleibende" (im Sinne von oben 6). Er kann uns durchdringen und tragen: „er in uns – wir in ihm" (Joh 6,56; 15,5).

# Anmerkungen

[1] C. F. von Weizsäcker, Die Aufgabe der Kirche in der kommenden Weltgesellschaft, in: Evangelische Kommentare 1970, 641.

[2] C. F. von Weizsäcker, Zum Weltbild der Physik, Stuttgart 1954, 197.

[3] K. Steinbuch und andere, Die humane Gesellschaft. Jenseits von Kapitalismus und Kommunismus, Stuttgart 1972, 31.

[4] Siehe K. Tuchel, Ziele und Aufgaben einer Philosophie der Gesellschaft, in: Frankfurter Hefte 25 (1970) 319–325 (zitiert bei K. Steinbuch, Mensch Technik Zukunft, 331).

[5] „Moralen, die anders als operational begründet sind, werden unglaubwürdig und unwirksam. Man kann heutzutage das Verhalten nicht mehr durch den Hinweis auf heilige Bücher kontrollieren – gleichgültig ob diese nun 2000 oder nur 100 Jahre alt sind –, sondern kann das Verhalten nur noch durch die Einsicht in die Folgen von Normenverstößen regulieren“ (Kurskorrektur, Stuttgart 1973, 68).

[6] H. Sachsse, Technik und Verantwortung. Probleme der Ethik im technischen Zeitalter, Freiburg 1972, 33.

[7] Daß mit der Konzilskonstitution „Über die Kirche in der Welt von heute“ trotzdem eine hilfreiche Grundlage für eine von Technikern und Theologen gemeinsam zu suchende Sinnbestimmung und Ethik der Technik angeboten wurde, zeigt u.a. H.-J. Schulte-Vieting in seinem Kommentar zu H. Sachsse (Technik und Verantwortung, in: Herder-Korrespondenz 1973, 202–206). Schließlich wären auch die verschiedenen Ansätze bei Desqueyrat, Brockmöller, Howe, Ellul, Müller-Schwefe, Aubert, Roqueplo u.a. zu berücksichtigen. Vgl. zu letzteren H.-J. Schulte-Vieting, Glaubenserfahrung in einer technischen Welt, in: Herder-Korrespondenz 1974, 148–156. – Zu den grundsätzlichen Schwierigkeiten, die Technik wertphilosophisch oder wissenschaftstheoretisch zu verstehen, siehe die problemgeschichtlichen Überblicke von K. Hübner, Philosophische Fragen der Technik, in: H. Lenk/S. Moser (Hrsg.), Techne Technik Technologie, Pullach 1973, 133–151, und H. Lenk, Zu neueren Ansätzen der Technikphilosophie, ebd. 198-231.

[8] Ph. Berrigan, Christen gegen die Gesellschaft, Reinbek bei Hamburg 1971, 10–15.

[9] P. L. Berger, Auf den Spuren der Engel. Die moderne Gesellschaft und die Wiederentdeckung der Transzendenz, Frankfurt a.M. 1970, 108.

[10] H. Gehrke, Entfremdung und Selbstfindung des Menschen, in: K. Steinbuch, Die humane Gesellschaft, 137–148 (Zitat 145f).

[11] Vgl. B. Grom, Gibt es eine neue Religiosität?, in: K. Rahner (Hrsg.), Ist Gott noch gefragt? Düsseldorf 1973, 98–124; ders., Fragen an die Meditationsbewegung, in: Stimmen der Zeit 192 (1974) 93–107.

[12] H. Schelsky, Auf der Suche nach Wirklichkeit, Düsseldorf 1965, 175.

[13] R. Affemann, Geschlechtlichkeit und Geschlechtserziehung in der modernen Welt, Gütersloh 1970, 96ff.

[14] B. F. Skinner, Jenseits von Freiheit und Würde, Reinbek bei Hamburg 1973.

[15] M. Horkheimer, Zur Kritik der instrumentellen Vernunft, Frankfurt a.M. 1974 (die Gedankengänge wurden erstmals 1944 als Vorlesungen vorgetragen und 1947 in New York unter dem Titel „Eclipse of Reason“ veröffentlicht. Deutsche Erstausgabe 1967).

[16] M. Horkheimer, Bemerkungen zur Liberalisierung der Religion, in: O. Schatz (Hrsg.), Hat die Religion Zukunft? Graz 1971, 118f; siehe auch H. Gumnior – M. Horkheimer, Die Sehnsucht nach dem ganz Anderen, Hamburg 1971.

[17] Vgl. A. Schaff, Marx oder Sartre? Versuch einer Philosophie des Menschen, Köln 1964; ders., Marxismus und das menschliche Individuum, Wien 1965; L. Kolakowski, Der Mensch ohne Alternative – Von der Möglichkeit und Unmöglichkeit, Marxist zu sein, München 1964; ders., Die Gegenwärtigkeit des Mythos, München 1973; V. Gardavský, Gott ist nicht ganz tot. Betrachtungen eines Marxisten über Bibel, Religion und Atheismus, München 1968; M. Machoveč, Vom Sinn des menschlichen Lebens, Freiburg 1971; ders., Jesus für Atheisten, Stuttgart 1973; H. Rolfes, Der Sinn des Lebens im marxistischen Denken, Düsseldorf 1971; P. Ehlen, Die Wende zum Menschen, in: Stimmen der Zeit 178 (1966) 344–355; ders., Emanzipation durch Sittlichkeit, ebd. 191 (1973) 249–263; ders., Die philosophische Ethik in der Sowjetunion, München 1972.

[18] Einige Beispiele für solche Einseitigkeiten, die die Autoren im Gespräch mit einer modernen, reflektierten Theologie längst hätten klären müssen: „Man stellt fest, wie sich die religiösen Bekenntnisse in wesentlichen Punkten unterscheiden – jedoch sind diese Unterschiede im Hinblick auf unsere Fragestellung irrelevant: der Sinn eines religiösen Lebens liegt *stets außerhalb dieses realen Lebens*" (M. Machoveč, Vom Sinn des menschlichen Lebens, 32). „Die religiösen Strömungen aller Zeiten und Spielarten suchen den Sinn des menschlichen Lebens in der Beziehung zu etwas außerhalb dieses Lebens Liegendem, etwas Geheimnisvollem, zumeist zu einem besonderen geistigen Reich und Wesen" (ebd. 31). – „Wo absolute moralische Grundsätze gepredigt werden, dort wird – unabhängig von der Form – religiöser Inhalt gepredigt... Wer behauptet, daß jene Werte absolut sind, weil sie vom kategorischen Imperativ, von der menschlichen Natur usw. stammen, der behauptet faktisch *dasselbe wie die Religion*, nämlich daß es sich um *heteronome Werte* handelt. Sie sind *nur scheinbar mit der Welt der Menschen verbunden;* der ihnen zugrunde liegende, ‚angeborene' Imperativ ist ungewisser, jedenfalls außermenschlicher Abstammung. Er appelliert an den mystischen ‚Geist' des Menschen, an die ‚menschliche Natur' usw.... Das Fehlen eines Schöpfers ist hier eine ausdrückliche und fühlbare Inkonsequenz" (A. Schaff, Marx oder Sartre?, 94f). – „Für die Zukunft ist nur noch eine solche Moral annehmbar, die durch Einsicht in die Folgen von Normverstößen begründet werden kann, unglaubwürdig sind aber Moralen, die sich auf *transzendente Begründungen* berufen" (K. Steinbuch, Kurskorrektur, 69). Im Grunde meinen auch die älteren Autoren A. Camus und G. Benn solche extrinsezistische Anschauungen des Vulgärchristentums, wenn sie sich gegen metaphysische und religiöse Sinnantworten wenden (vgl. D. Wellershoff, Der Gleichgültige. Versuche über Hemingway, Camus, Benn und Beckett, Köln 1963). – Es ist u.a. die Aufgabe des folgenden Beitrags, solche Mißverständnisse bzgl. des Verhältnisses von Transzendenz und menschlicher Geschichte (Erfahrung) zu bereinigen.

[19] Eine differenzierte psychologische Beschreibung und Bewertung dieser Vorgänge findet sich in Kapitel IV.

[20] J. Pieper, Über die Liebe, München 1972, S. 49. Vgl. überhaupt dieses Buch hierzu, ebenso: J. B. Lotz, Die Stufen der Liebe, Frankfurt a. M. 1971; B. Welte, Dialektik der Liebe, Frankfurt a. M. 1973.

[21] Vgl. zu dieser Problematik: F. Ulrich, Der Nächste und der Fernste – oder: Er in Dir und Mir, zur Philosophie der Intersubjektivität, in: Theologie und Philosophie 48 (1973), S. 317–350.

[22] Zu dieser religionsphilosophischen Analyse der sittlichen Forderung vgl. K. Riesenhuber, Existenzerfahrung und Religion, Mainz 1968, 59–66.

[22a] Vgl. zu der ganzen Analyse J. Splett, Schuld, in: Handbuch philosophischer Grundbegriffe, München 1973/74 Bd. III 1277–1288.

[23] Zur Phänomenologie der Sinnerfahrung vgl. H. Reiner, Der Sinn unseres Daseins, Tübingen [2]1964; M. Müller, Sinn und Sinngefährdung des menschlichen Daseins, in:

Phil. Jahrb. 74 (1966) 1–29. Zur religionsphilosophischen Analyse verschiedener Sinnerfahrungen vgl. K. Riesenhuber, Existenzerfahrung und Religion, Mainz 1968; R. Bleistein, Hinwege zum Glauben, Würzburg 1974.

[24] Zu den folgenden Analysen vgl. J. Splett, Sinn, in: Sacramentum Mundi (Freiburg 1967–69) Bd. IV 546. Außerdem R. Lauth, Die Frage nach dem Sinn des Daseins, München 1953, besonders S. 13–158.

[25] Natürlich kann das Wort „Sinn" auch eine Bedeutung haben, die den Wertbezug nicht enthält. Aber dann gehört es einem Verwendungsbereich an, der oben (S. 9) schon ausgeschlossen wurde.

[26] Ausgabe von K. Schlechta, München 1969, III 893.

[27] Vgl. zu dieser Argumentation E. Coreth, Gottesfrage heute, in: Stimmen der Zeit 181 (1968) 361–372. Vom gleichen Autor: Weltverständnis und Gottesfrage, in: E. Coreth u. J. B. Lotz (Hrsg.), Atheismus kritisch betrachtet, München 1971.

[28] So das Lexikon für Theologie und Kirche Bd. 9 (1964) 784–786 (J. B. Lotz) und Sacramentum Mundi Bd. IV (1969) 546–557 (J. Splett).

[29] Vgl. auch H. Gollwitzer (Krummes Holz – aufrecher Gang, München 1970, 162): „Was ist meine Sendung? Lohnt es sich wirklich? Jesu ‚Ich bin gekommen …' ist das große Beispiel eines Lebens, das mit seiner Sendung und seiner Aufgabe ganz identisch ist. Sein Wozu ist sein Für-sein für die Menschen."

[30] Ähnlich meint H. Kessler (Erlösung als Befreiung, Düsseldorf 1972, 84f): „Die Hoffnung aber, daß Güte sich als der letzte Sinn aller Wirklichkeit erweisen wird, und die gleichzeitige praktische Realisierung dieser Güte in seiner Umgebung, sie gründen bei Jesus in seiner gegenwärtigen Gotteserfahrung, d.h. darin, daß er sich von einer – letztlich nur personal deutbaren – Güte angenommen weiß, die genauso auch jedem anderen gilt. Diese Güte ist sein Halt und das Motiv seines Handelns …
Solange dieses andere nicht erfahren wurde, half es nichts, ihm einen Namen zu geben und direkt von ihm zu reden … Darum weigerte sich Jesus, zu Außenstehenden von dem, was er als letzten Halt und Sinn erfuhr, direkt zu reden. Er selbst aber hat diesen Halt und Sinn mit ‚Abba' angeredet."

[31] Konsequenter kann man den Mitmenschen nicht gegen eine Verzweckung schützen und als „Zweck an sich" anerkennen, als wenn man fordert, ihn auch noch zu lieben, wenn er ein Feind der eigenen Interessen geworden ist. Daß diese Forderung auch in einem „nachchristlichen" Humanismus keine Selbstverständlichkeit geworden ist, zeigt u.a. der Neomarxist A. Schaff, der den Haß gegen die Klassenfeinde „im Namen der Liebe zum Menschen" für möglich und nötig hält: „Im Namen der Nächstenliebe und des allgemeinen Wohlwollens verkündet er (der Anhänger des sozialistischen Humanismus) den Klassenkampf, verkündet er – obwohl dies wie ein Widerspruch klingt – Haß gegen die Unterdrücker im Namen der Liebe zum Menschen" (Marx oder Sartre?, 74).

[32] Vgl. H. Schürmann, Das Lukasevangelium. I. Teil, Freiburg 1969, 361.

[33] Das ist sozusagen die Steigerung der Erfahrung, die Spinoza in seiner Ethik (Teil 5, Propositio 42) so formulierte: „Die Glückseligkeit ist nicht der Lohn der Tugend, sondern selbst Tugend; und wir erfreuen uns ihrer nicht deshalb, weil wir die Gelüste hemmen, sondern umgekehrt, weil wir uns ihrer freuen, deswegen können wir die Gelüste hemmen."

[34] Gegen Schwärmerei, Ästhetizismus und Intellektualismus betont das Neue Testament, daß *das Entscheidende und letztlich Sinnvolle allein in der Liebe* zu suchen sei. In seinem Kommentar zu Mt 5,46f bemerkt W. Grundmann, der Gedanke der Nachahmung Gottes („vollkommen sein wie euer Vater im Himmel") sei auch von Plato, Seneca und den Rabbinen vertreten worden. Aber nirgends sei so klar wie in der Bergpredigt gesagt worden, daß diese Nachahmung in der Liebe bestehe. So seien denn auch die Frommen von Qumran und die Pharisäer zu größter Liebe untereinander angehalten worden, während es ihnen erlaubt wurde, Außenstehende zu verachten (W. Grundmann, Das Evangelium nach Matthäus, Berlin 1968, 177ff). Der Glaube an die Vaterschaft Gottes

(verstanden als Ursprung unbedingter Güte) begründet im Neuen Testament eine Brüderlichkeit zwischen allen Menschen, die sich durch eine besondere Entschiedenheit und Uneingeschränktheit auszeichnet. Diese Brüderlichkeit hebt sich sowohl vom Alten Testament als auch von der Stoa und später der Aufklärung und dem Marxismus ab, die doch durchaus einen Blick für das allen Menschen Gemeinsame und für die daraus folgende Solidarität hatten. Vgl. dazu J. Ratzinger, Die christliche Brüderlichkeit, München 1960; M. Scheler, Die christliche Liebesidee und die gegenwärtige Welt, in: Vom Ewigen im Menschen, Bern 1954, 355–401.

[35] Siehe K. Rahner, Selbstmitteilung, in: Sacramentum Mundi Bd. IV (1969) 521–526.

[36] In der Sprache der theologischen Tradition ausgedrückt: Christliche Sinnbejahung ist Selbst- und Fremdbejahung in der Dynamik der übernatürlichen Gnadenerfahrung, im „übernatürlichen Formalobjekt“, das unser ganzes Erkennen und Streben überformt und ihm eine letzte Gerichtetheit auf das Gute hin gibt. Vgl. J. Alfaro, Formalobjekt, übernatürliches, in: Lexikon für Theologie und Kirche Bd. 4 (1960) 207f; K. Rahner, Über die Erfahrung der Gnade, in: Schriften zur Theologie Bd. 3, 105–109.

[37] So betonen auch viele neuere Moraltheologen, Jesus habe keine spezifischen Gebote oder Verbote eingeführt, sondern die allgemeinen Forderungen der Humanität übernommen und durch seine Offenbarung des Heilswillens des Vaters radikal motiviert. Darum gebe es auch, streng genommen, keine spezifisch christliche Sozial-, Familien-, Verkehrs- oder sonstige Moral, sondern „nur“ eine Ethik des Humanums mit „christlicher Intentionalität“: „Das eigentlich und *entscheidend Christliche* der christlichen Moral ist nicht in erster Linie in der Besonderheit kategorialer Werte, Tugenden und Normen der verschiedenen Lebensbereiche zu suchen. Vielmehr liegt es in der grundlegenden christlichen Entschiedenheit des Glaubenden, die Liebe Gottes in Christus anzunehmen und zu erwidern, als Glaubender und Liebender in der Nachfolge Christi die Verantwortung des Lebens in dieser Welt auf sich zu nehmen“ (J. Fuchs, Gibt es eine spezifisch christliche Moral?, in: Stimmen der Zeit 185, 1970, 101).

[38] Siehe K. Rahner, Selbstverwirklichung und Annahme des Kreuzes, in: Schriften zur Theologie Bd. 8, 322–326.

[39] Siehe S. Dalí, Meine Leidenschaften, Gütersloh 1969, 62f.

[40] Vgl. auch P. Tillich, Systematische Theologie Bd. 3, 350.

[41] E. Benz, Schöpfungsglaube und Endzeiterwartung, München 1965.

[42] R. Bultmann, Das Urchristentum im Rahmen der antiken Religionen, Reinbek bei Hamburg 1963, 133.

[43] „... so verschieden auch die Lebensläufe der einzelnen zu sein scheinen, alles läuft doch nur auf eines hinaus: als Vergängliche empfangen wir Vergängliches. Was entrüsten wir uns also? was beklagen wir uns? Dazu sind wir geboren. Möge die Natur ihre Leiber gebrauchen, wie sie will; wir wollen freudig bereit für alles und tapfer dessen eingedenk sein, daß nichts von dem vergeht, was unser eigen ist. Und was gehört einem guten Manne zu eigen? sich dem Schicksal darbieten. Ein großer Trost ist es, mit dem All dahingerissen zu werden. Was es auch sein mag, das uns so zu leben, so zu sterben gebietet, die gleiche Notwendigkeit fesselt auch die Götter. Ein unwiderruflicher Gang führt das Menschliche und das Göttliche in gleicher Weise mit sich. Er selbst, der Gründer und Lenker des Alls, der die Schicksale geschrieben hat, muß ihnen auch folgen. Ständig gehorcht er; nur einmal hat er geboten“ (Seneca, De providentia, 5,7f, übers. von R. Bultmann).

[44] Ph. Berrigan, Christen gegen die Gesellschaft, Reinbek bei Hamburg 1971, 121.

[45] Das hat ihn nicht gehindert, gelegentlich die Enge seiner Trieblehre einzugestehen. Am bekanntesten ist seine Äußerung gegenüber L. Binswanger: „Die Menschheit hat ja gewußt, daß sie Geist hat; ich mußte ihr zeigen, daß es auch Triebe gibt.“

[46] S. Freud, Das Unbehagen in der Kultur, Ges. Werke Bd. XIV, 434.

[47] S. Freud, Briefe 1873–1939, Frankfurt a. M. 1960, 429 (Brief vom 13. 8. 1937 an Marie Bonaparte).

[48] S. Freud, Jenseits des Lustprinzips, Ges. Werke Bd. XIII, 40.
[49] „Die wichtigste Frage des gesunden und kranken Seelenlebens lautet nicht: woher?, sondern: wohin? Erst wenn wir das wirkende, richtende Ziel eines Menschen kennen, dürfen wir uns anheischig machen, seine Bewegungen zu verstehen" (A. Adler, zitiert bei H. L. Ansbacher, Die Psychologie Alfred Adlers, in: N. Petrilowitsch [Hrsg.], Die Sinnfrage in der Psychotherapie, Darmstadt 1972, 162–174).
[50] Erste Auflage 1933. Wir zitieren hier die Taschenbuchausgabe, Frankfurt a.M. 1973.
[51] E. Jahn/A. Adler, Religion und Individualpsychologie, Wien 1933, 58.
[52] Adler hat darum gewußt, daß das evolutionäre Prinzip, auf dem er alles aufbaute, ebenso eine außerpsychologische („metapsychologische") Voraussetzung ist wie die Triebphysik Freuds: „Natürlich wird man fragen, woher ich das (nämlich das Idealziel der Menschheit) weiß. Sicher nicht aus der unmittelbaren Erfahrung, und ich muß schon zugeben, daß diejenigen recht haben, die in der Individualpsychologie ein Stück Metaphysik finden ... Jede neue Idee liegt jenseits der unmittelbaren Erfahrung" (S. 166).
[53] Vgl. C. G. Jung, Von den Wurzeln des Bewußtseins, Zürich 1954, 42–45. Als Einführung vgl. A. Jaffé, Der Mythus vom Sinn im Werk von C. G. Jung, Zürich 1967.
[54] Erinnerungen, Träume, Gedanken v. C. G. Jung, hrsg. von A. Jaffé, Olten 1971, 344.
[55] „Wäre der Schöpfer Seiner selbst bewußt, so brauchte Er keine bewußten Geschöpfe" (Erinnerungen, 341). Auch sei die Jahrmillionen alte Naturgeschichte mit ihren höchst indirekten Wegen und Zufällen, ihrem Fressen und Gefressenwerden kaum aus zweckgerichteter Absicht hervorgegangen. Mit der Geistesgeschichte des reflektierenden Bewußtseins hingegen beginne eine „zweite Kosmogonie". Noch deutlicher sagt das Jung in seiner Antwort auf E. Neumann (Erinnerungen, 376–378), der trotz sonstiger Übereinstimmung mit ihm der Ansicht entgegentrat, der Mensch könne Gott Bewußtsein geben. Zur Auffassung von E. Neumann vgl. seinen Beitrag „Die Sinnfrage und das Individuum", in: Eranos-Jahrbuch Bd. 26 (1957) 11–55.
[56] Erinnerungen, 343. Vgl. auch Jungs vielzitierten Satz: „Die Psychoneurose ist im letzten Verstande ein Leiden der Seele, die ihren Sinn nicht gefunden hat" (Ges. Werke Bd. 11, 358).
[57] J. Wolpe, in: American Journal of Psychotherapy 25 (1971) 365.
[58] So der Untertitel des „Journal of Humanistic Psychology". Die bedeutendsten Namen dieser Bewegung sind: Abraham Maslow, Charlotte Bühler, Erich Fromm, Karen Horney, Kurt Goldstein, Carl Rogers, Rollo May, David Riesman. Ideell stehen ihnen nahe: Gordon W. Allport und Viktor E. Frankl. Als Einführung siehe Ch. Bühler/M. Allen, Einführung in die humanistische Psychologie, Stuttgart 1974.
[59] Vgl. zum folgenden A. Maslow, Motivation and Personality, New York 1970; ders., Psychologie des Seins, München 1973; G. W. Allport, Werden der Persönlichkeit, Stuttgart 1958.
[60] Diese Unterscheidung von autozentrischer und allozentrischer Fremdwahrnehmung wurde von E. G. Schachtel (Metamorphosis, London 1963, 83) eingeführt. Sie läßt sich m.E. auch auf den Bereich der Strebungen und Einstellungen übertragen, wie es in diesem Beitrag geschieht. Sie deckt sich großenteils mit der von M. Scheler vereinzelt getroffenen Unterscheidung zwischen zuständlichen Gefühlen (wie Wut oder Lust, wo die subjektive Erregung im Vordergrund steht) und gegenständlichen, intentionalen Gefühlen (wie Zorn oder Freude, wo die Wahrnehmung eines anderen im Vordergrund steht). – Die allozentrische Wahrnehmung entspricht z.T. auch dem, was J. Piaget – allerdings in einer rein kognitiven Sicht – „Dezentration" genannt hat.
[61] G. W. Allport, Werden der Persönlichkeit, 51.
[62] „Hier ist der Sachverhalt ganz klar. Einer Psychologie, welche die Motivation ausschließlich in Form von Trieben und bedingten Trieben sieht, bleibt nichts anderes übrig, als zu stottern und Ausflüchte zu suchen, wenn man ihr solche Aspekte der Persönlichkeit – jeder Persönlichkeit! – vorführt, wie sie Amundsens Eigenstreben darstellt. Während die meisten von uns nicht etwas so Hervorragendes leisten, besitzen auch

wir Interessen, die sich nicht sättigen lassen. Wenn man diese Interessen unter dem Gesichtspunkt der Lösung von Spannungen betrachtet, bleibt man an der Oberfläche" (G. W. Allport, a.a.O. 50f).

[63] Ähnlich unterscheidet Philipp Lersch in seiner Schichtentheorie (Aufbau der Person, München 1970, 131–135): 1. *Lebenswerte* (oder „Antriebserlebnisse des lebendigen Daseins"): Lust, Genuß, Tätigkeitsdrang, Erlebnisdrang – als Ausdruck eines undifferenzierten Lebensdrangs. 2. *Bedeutungswerte* (oder „Antriebserlebnisse des individuellen Selbstseins"): Selbsterhaltungstrieb (Nahrung, Angriff, Verteidigung), Egoismus, Wille zur Macht, Streben nach Anerkennung und Geltung – womit der Mensch die Welt für sich in Anspruch nimmt. 3. *Sinnwerte* (oder „Antriebserlebnisse des Über-sich-hinaus-Seins"), in denen der Mensch seine Sinnerfahrungen findet: Strebungen der mitmenschlichen Teilhabe (Kontaktbereitschaft, Helfenwollen, erotische Liebe), der schaffenden Teilhabe (Schaffensdrang), der wissenden Teilhabe (Interesse), der liebenden, verpflichtenden und enthebenden Teilhabe (Ideale, Aufgabenbewußtsein, Kunstschaffen, Suche eines Absoluten) – womit sich der Mensch in den Dienst der Welt stellt und sich ihr sinnvoll eingliedert.

In einer ähnlichen Sicht unterscheidet Joseph Nuttin (Psychoanalyse und Persönlichkeit, Freiburg/Schweiz 1956, 255) drei Grundbedürfnisse: 1. nach biologischem Kontakt 2. nach psychosozialem Kontakt 3. nach existentieller Selbstbehauptung und umfassender Integrierung in eine absolute Ordnung.

[64] Aus W. Rupp, Eltern heute mit der Jugend konfrontiert, München 1972, 116f.

[65] Ebd. 116.

[66] G. Adler, Die Sinnfrage i. d. Psychotherapie, in: Psyche 17 (1963) 379–400 (Zitat 389).

[67] Brief eines Studenten an V. E. Frankl, in: Der Mensch auf der Suche nach Sinn, Freiburg i. Br. 1972, 11.

[68] R. von Eckartsberg, Die Krise der Lebensmitte, in: N. Petrilowitsch (Hrsg.), Die Sinnfrage in der Psychotherapie, Darmstadt 1972, 483–491.

[69] L. Tolstoi, Meine Beichte, in: Ges. Werke II. Serie, Bd. 1, Jena 1921, 43.

[70] A. Delp, Im Angesicht des Todes, Frankfurt a. M. 1947, 37f.

[70a] Siehe auch die Fallberichte von Persönlichkeiten, die als Verfolgte des Naziregimes extreme Belastungen ertrugen, später aber in materiell und sozial bestens gesicherten Verhältnissen aufgrund innerer Leere und Langeweile ihr Leben als sinnlos empfanden und sich darum zum Selbstmord gedrängt fühlten: H. Plügge, Wohlbefinden und Mißbefinden, Tübingen 1962, 30–32.

[71] Siehe V. E. Frankl, Ärztliche Seelsorge, Wien 1971, 19; ders., Theorie und Therapie der Neurosen, München 1968; ders., Der Wille zum Sinn, Stuttgart 1972.

[72] Man vergleiche die oben zitierten Berichte etwa mit den Zeugnissen bei K. Jaspers, Allgemeine Psychopathologie, Berlin 1953, 95–97; H. C. Rümke, Zur Phänomenologie und Klinik des Glücksgefühls, Berlin 1924; L. Binswanger, Melancholie und Manie, Pfullingen 1960; H. J. Weitbrecht, Depressive und manisch-endogene Psychosen, in: Psychiatrie der Gegenwart Bd. 2, Klinische Psychiatrie, Berlin 1960. Hier entsteht ohne jede vorhergehende Wahrnehmung, Begegnung oder Einsicht, „ohne Anlaß" bzw. aus rein zuständlicher Erregung ein gesteigertes Selbst- und Glücksgefühl. Zur Unterscheidung von Wahn und Glaube siehe L. Szondi, Ich-Analyse, Stuttgart 1956, 512; G. Hole, Über das Gewißheitselement im Glauben und im Wahn, in: Confinia Psychiatrica 14 (1971) 65–90; 145–173.

[73] So ist auch das Beispiel 3 (oben) stark an ein lusthaftes, orales Erlebnis gebunden – ganz anders als Beispiel 8 (Delp). Trotzdem ist anzunehmen, daß diese Erfahrung das rein Lusthafte übersteigt, da sie in der Art der „Wachstumsmotive" den emotionalen Horizont auf das Ganze der Welt öffnet und auch in Krisenzeiten Halt gibt – einen Halt, der mehr bedeutet als die Hoffnung auf eine Wiederkehr von Lusterlebnissen. – Man muß auch annehmen, daß beiden Sinnerlebnissen trotz des spontanen Charakters viel Sinnreflexion und damit Realitätskontrolle vorausging.

[74] Sie sollte untersuchen, inwiefern sich die Theorie Frankls, seelische Störungen könnten auf Sinnverlust beruhen, auch auf Normale übertragen läßt. Siehe E. S. Lukas, Zur Validierung der Logotherapie, in: V. E. Frankl, Der Wille zum Sinn, Stuttgart 1972, 233–266.

[75] Diese Zahl stimmt auffallend mit der klinisch belegten Beobachtung überein, daß 10 bis 20 Prozent der seelisch Kranken, die in die Klinik kommen, an noogenen, d.h. auf Sinnarmut und Sinnverlust beruhenden Neurosen leiden. Auch zeigt sich eine interessante Parallele zu der Beobachtung, daß etwa 25% der akademisch Gebildeten (nach Beispiel 5, Anm. 68) in der Lebensmitte an einer offenen Sinnkrise leiden.

[76] Natürlich kann man auch aus überstarkem Kontaktbedürfnis oder aus Dominanzstreben, d.h. geheimem Geltungsdrang heraus einen Erzieher- oder Pflegeberuf wählen. Dieser Scheinaltruismus wird sich allerdings in der Art zeigen, wie man diesen Beruf ausübt: in persönlicher Empfindlichkeit, Aufdringlichkeit, entmündigender Fürsorge (over-protection) usw.

Diese Vieldeutigkeit haftet jedem Verhalten und jedem sozialen Einsatz an. Wenn man beispielsweise feststellt, daß für Studenten und Farbige in den USA der Aufstand gegen „institutionelle Absurdität" zu einer Quelle intensiver Sinnerfüllung werden konnte, so ist über die Art dieser Sinnerfüllung (über die genaue Wertintention) noch nichts gesagt. Sie kann ebensogut im Kampf um bloße Macht oder in der Destruktivität von Desperados wie auch im Ethos eines Martin Luther King bestehen. Vgl. auch G. A. Goodwin, On Transcending the Absurd: An Inquiry in the Sociology of Meaning, in: The American Journal of Sociology 76 (1970/71) 831–846.

[77] Besonders stark scheint das Streben nach einem Denkmal eigener Tüchtigkeit sowie nach einer Sphäre der Geborgenheit mit individuellen Gestaltungsmöglichkeiten (als Gegengewicht zur Funktionalität der Arbeitswelt) zu sein. Beides wird für viele durch das *Eigenheim* oder die Eigentumswohnung symbolisiert: „In einer Untersuchung unter 600 Chemiearbeitern in verschiedenen Teilen der Bundesrepublik wurde auch die Frage gestellt, ob die Betreffenden meinen, ihr Lebensziel erreicht oder nicht erreicht zu haben. 70 Prozent der Befragten gaben an, daß sie ihr Lebensziel erreicht haben bzw. noch erreichen werden. In den Verbalantworten kam zum Ausdruck, daß die überwiegende Mehrzahl der befragten Arbeiter als Lebensziel die Anschaffung eines Eigenheims versteht. Gelang es, ein eigenes Haus zu bauen, oder besteht die Möglichkeit, zu einem Eigenheim zu kommen, so waren die Aussagen bezüglich des Lebenszieles positiv. Nicht so stark war die Bedeutung des beruflichen Aufstiegs. Bei den befragten Frauen stand demgegenüber eindeutig die Familiengründung im Vordergrund der angestrebten Lebensziele" (F. Fürstenberg, Soziale Muster der Realisierung von Glückserwartungen, in: H. Kundler [Hrsg.], Anatomie des Glücks, Köln 1971, 58–70, Zitat 64).

[78] V. E. Frankl, Psychohygienische Erfahrungen im Konzentrationslager, 745.

[79] Ebd. 744.

[80] Diese und die folgenden Feststellungen werden unter rein psychologischen Gesichtspunkten getroffen. Das heißt, wir fragen einfach nach den Wirkungen von Überzeugungen und Einstellungen im seelischen Leben der Persönlichkeit, ohne damit über die erkenntnistheoretische Richtigkeit ihrer Inhalte zu entscheiden (was Aufgabe der Religionsphilosophie und Theologie ist, siehe oben Kapitel II und III). Es geht hier u.a. auch darum, die religiöse Dimension der Sinnerfahrung und Motivation innerhalb der Psychologie wieder unbefangener zu sehen.

[81] Natürlich gibt es auch apersonale Formen der Sinnerfahrung und Ich-Ausdehnung wie Neugier (und als entsprechenden Wert: Wissen). Oder Schönheit (bis zum Ästhetizismus) oder Funktionalität. Unsere Analyse läßt diese Formen nicht außer acht, weil sie nicht sinngebend sein könnten, sondern weil wir in der personalen Hinwendung zu anderen (und damit verbunden in einer höheren Selbstbejahung), letztlich in der Liebe, die intensivste Sinnerfahrung sehen.

[82] Unsere Analyse hat bisher auf die Unterscheidung zwischen (Sinn-)Erlebnis und Erfahrung verzichtet und einfach von „Sinnerfahrung“ gesprochen. Sinn*erlebnis* wäre nur das unmittelbare von keiner Realitätskontrolle durchdrungene Bewußt- und Betroffenwerden, während „Erfahrung“ ein wenigstens anfänglich geprüftes, eingeordnetes, also reflektiertes Bewußtwerden meint. Mit dem Begriff „Sinnerfahrung“ soll – gegen die Einseitigkeit des religionsphänomenologischen Emotionalismus und Irrationalismus (R. Otto, C. G. Jung) sowie der „Erlebnispädagogik“ – ein zugleich emotionaler, kognitiver und volitiver Vollzug beschrieben werden, ein Akt, der jener Mitte entspringt, die die einzelnen Funktionen ursprünglich eint und sich gleichzeitig erkennend, fühlend und strebend dem Ganzen des Daseins öffnet. Vgl. J. B. Metz, Akt, religiöser Akt, in: Sacramentum Mundi Bd. I, 61–68; K. Rahner, Gotteserfahrung heute, in: Schriften zur Theologie Bd. 9 (1970) 161–176 (bes. 163); E. Feifel, Die Bedeutung der Erfahrung für religiöse Bildung und Erziehung, in: Handbuch der Religionspädagogik Bd. 1, Köln 1973, 86–107 (bes. 93).
[83] D. Hammarskjöld, Zeichen am Weg, München 1967, 70.
[84] Helmut Gollwitzer, in: H. Spaemann (Hrsg.), Wer ist Jesus von Nazaret – für mich? 100 zeitgenössische Zeugnisse, München 1973, 22f.
[85] Siehe C. S. Braden, Why People are Religious: A Study in Religious Motivation, in: Journal Bibel and Religion 15 (1947) 38–45, zitiert bei W. H. Clark, Religion as a Response to the Search for Meaning: its Relation to Skepticism and Creativity, in: The Journal of Social Psychology 60 (1963) 127–137.
[86] Siehe etwa auch die Einstellung des Pflegepersonals, das das Leben von körperlich und geistig Behinderten als Wert empfindet, für den sich der Einsatz unbedingt lohnt (vgl. unten S. 116).
[87] Nach L. Szondis Ich-Psychologie „Partizipation“, d.h. das Verlangen, mit Menschen und Dingen, Welt und All eins und verwandt zu sein.
[88] Das Ziel seines Eigenwertstrebens, das immer auch in Gewissenserlebnissen angesprochen ist (vgl. Ph. Lersch, Aufbau der Person, 284f).
[89] Siehe E. Fromm, Psychoanalyse und Religion, Konstanz 1966, 62f.
[90] Siehe oben S. 88. Um eine griffige Formulierung verwenden zu können, sprechen wir in den folgenden Abschnitten einfach von „endloser Motivation“.
[91] Ph. Lersch nennt diese Werte „Sinnwerte“ (siehe oben Anm. 63).
[92] W. Gruehn, Das Werterlebnis. Eine religionspsychologische Studie auf experimenteller Grundlage, Leipzig 1924, 233f. Zum gleichen Ergebnis kommt K. Girgensohn in seiner Untersuchung „Der seelische Aufbau des religiösen Erlebens“, Leipzig 1921, 457–493. Man kann gegen beide Untersuchungen einwenden, daß sie nur die Reaktionen ausgewählter religiös eingestellter Persönlichkeiten erfassen. Aber es soll auch bloß gezeigt werden, was dem religiösen Erleben möglich und wie es geartet ist.
[93] G. W. Allport, Persönlichkeit, Meisenheim 1959, 227.
[94] G. W. Allport, The Individual and His Religion, New York 1973, 78.
[95] Siehe unten Anm. 111 die Ausführungen zur Überhöhungstendenz, die einzelne Werte und vorläufige Anliegen fetischisiert und idolatrisiert.
[96] Siehe auch M. Scheler: Fremdliebe, Selbstliebe, ja „alle mögliche Weltliebe“ ist „im letzten Grund fundiert auf Gottesliebe, die immer zugleich ein Mitlieben aller endlichen Personen ‚mit‘ der Liebe Gottes als der Person der Personen ist“ (Der Formalismus, Ges. Werke Bd. 2, 489 und 583, Anm. 3). „Die höchste Form der Gottesliebe ist nicht die Liebe ‚zu Gott‘ als dem Allgütigen, d.h. einer Sache, sondern der Mitvollzug seiner Liebe zur Welt (amare mundum in Deo) und zu Sich selbst (amare Deum in Deo) ... Es gibt daher (weil Gott wesentlich Liebe ist) nur ein sittliches Grundverhältnis zwischen ‚Guten‘: die Gefolgschaft durch Nachfolge und durch Mitlieben“ (Wesen und Formen der Sympathie, Bonn 1926, 189).
[97] Vgl. Ch. Bühler, Der menschliche Lebenslauf als psychologisches Problem, Göttingen 1959; B. Eiduson, Scientists: Their Psychological World, New York 1962; C.

Hampden-Turner, Radical Man, Cambridge (Mass.) 1970; E. H. Erikson, Der junge Mann Luther, München 1962; ders., Gandhis Wahrheit, Frankfurt a. M. 1971.

[98] Es gibt in allen Wertbereichen auch *fanatische* Übersteigerung: Sportfanatismus, Arbeitsfanatismus, politischer Fanatismus, Raserei im Tanz, religiöse Heißglut. Diese fanatische Übersteigerung kann verschiedene Wurzeln haben: das Bedürfnis, ein depressives, angstbestimmtes Lebensgefühl und den Mangel an echtem Werterleben zu kompensieren oder auch die Intensität des eigenen Erlebens und Strebens (wie Faust) zum Höchstwert zu machen, so daß es einem eigentlich nicht mehr um eine bestimmte Sache, um einen Wert geht. Vgl. J. Rudin, Fanatismus, Olten 1965, 72–76.

[99] Das Allozentrische und „Endlose" der religiösen Motivation zeigt sich beispielsweise in dem Gebet des Ignatius von Loyola:
Ewiges Wort, eingeborener Sohn Gottes!
Lehre mich die wahre Großmut.
Lehre mich dir dienen, wie du es verdienst:
Geben, ohne zu zählen,
kämpfen, ohne der Wunden zu achten,
arbeiten, ohne Ruhe zu suchen,
mich hingeben, ohne Lohn zu erwarten.
Mir genüge das frohe Wissen,
deinen heiligen Willen erfüllt zu haben.

[100] G. W. Allport, Werden der Persönlichkeit, 72. Dieses Umfrageergebnis ist bedenkenswert, auch wenn die anspruchsvolle Frage nach einem „Lebenswerk" wohl ein allzu pessimistisches Ergebnis provoziert hat. Eine anders formulierte Umfrage ergab, daß von den befragten 7948 Studenten 67% bei ihrer Berufswahl – mehr oder weniger stark – von dem Wunsch bestimmt worden waren, für andere Menschen und die Gesellschaft nützlich zu sein, während es nur 16% als das Ziel ihres Strebens bezeichneten, möglichst viel Geld zu verdienen. Siehe V. E. Frankl, Der Wille zum Sinn, 19.

[101] Ch. Bühler, Werte in der Psychotherapie, in: Handbuch der Neurosenlehre und Psychotherapie Bd. 5, München 1960, 588–604.

[102] P. Ricœur, Die Fehlbarkeit des Menschen. Phänomenologie der Schuld Bd. 1, Freiburg 1971, 96.

[103] Zum unterscheidend Christlichen darin siehe oben Anm. 36. Als treffende Beschreibung der religiösen Erfahrung als „endloser Motivation" siehe auch folgende Tagebuchnotiz von M. Blondel: „Du bist Alles, was wir erwarten und unendlich mehr, denn dies unendliche Übermaß, wir wollen's, ohne es zu kennen. Wir leiden daran, uns bei keinem endlichen Ziel befrieden zu können, und litten noch mehr, wenn wir dort angehalten und daran festgelegt würden. Wir seufzen, weil wir nicht sehen und berühren, erkennen und besitzen können, aber wir würden noch bitterer seufzen, wenn wir das Ende der Liebe und die letzte Falte des Mysteriums erreichten. Wir verlangen nach Ruhe und tragen ein Sehnen nach unerschöpflicher Erneuerung. Wir dürsten nach Einsamkeit und hungern nach Verständnis und Teilnahme. Du allein bist Alles, was wir nicht sind, und Alles, was wir sind. Alles, was wir wollen, und Alles, was wir nicht wollen. In Deiner unermeßlichen Liebe wenden wir uns hierhin und dorthin, ohne Dich jemals zu ermüden, ohne uns jemals zu erfüllen, ohne jemals das Leere oder die Übersättigung zu finden" (Tagebuch vor Gott, Einsiedeln 1964, 373).

[104] Siehe die Ausführungen von Kapitel III zum Thema „erfüllte Zeit" (S. 71 f) sowie die entsprechenden Gedanken in Kapitel V (S. 150).

[105] Manche Depressiven fühlen sich geradezu zeitlich zurückversetzt und leben in der Vergangenheit (vgl. K. Jaspers, Allgemeine Psychopathologie, 73, 453). Eine treffende Beschreibung der utopistischen wie der depressiven Einstellung findet sich in Pascals Pensées (Fragment II, 172, siehe unten Anm. 162).

[106] Siehe beispielsweise N. Hartmann: „Sie (die Liebe) will immer mehr, immer Größeres, das Eigentliche scheint immer noch voraus zu liegen, das Gegenwärtige nur eine

Anwartschaft auf Erhofftes zu sein ... Spät sieht er, im Rückschauen, wo die Sinnerfüllung lag – dort, im Anfang, wo die Herzen sich ‚suchten und fanden'" (Sinngebung und Sinnerfüllung, in: Kleinere Schriften Bd. 1, Berlin 1955, 245–279).

Hier wird übersehen, daß Sehnsucht meistens mehr als nur Sehnsucht nach noch nicht Vorhandenem ist, nämlich Gewißheit und Glücksfähigkeit, die sich dem Ganzen, Unendlichen öffnet. Gerade weil in der Liebe (und in jeder tiefen Sinn- und Glückerfahrung) eine Sehnsucht wach wird, die eine unendliche und unzerstörbare (also in die Zukunft gerichtete) Erfüllung ahnt, ist es möglich, den glückhaften Augenblick als unverlierbar zu erleben. Jetzt gibt es einen „Grund", sich bei ihm aufzuhalten: gelassen, ohne depressive Tragik, ohne Frustrationsangst und ohne die Frage nach der Dauer zu unterdrücken. Siehe auch unten S. 134f.

[107] Siehe R. D. Laing, Das geteilte Selbst, Köln 1972, 146ff.

[108] Im Sinne von E. H. Erikson: „Das Gefühl der Ich-Identität ist also die angesammelte Zuversicht des Individuums, daß der inneren Gleichheit und Kontinuität auch die Gleichheit und Kontinuität in den Augen anderer entspricht, wie es sich nun in der greifbaren Aussicht auf eine ‚Laufbahn' bezeugt" (Kindheit und Gesellschaft, Stuttgart 1965, 256 – ähnlich S. 36, 243).

[109] E. Fromm, Die Kunst des Liebens, Frankfurt a.M. 1973, 26.

[110] Solches magische Selbstbewußtsein kann manchmal bei Persönlichkeiten mit der Begabung für Telepathie, Psychokinese und Glossolalie beobachtet werden. Ebenso bei Glücksspielern. „Das beim Spielen gewonnene Machtgefühl ist grenzenlos. Man glaubt auf der Welt alles anfangen zu können, und kennt keine Hindernisse. Die Welt ist die schönste aller möglichen Welten. Während man zu Beginn des Spieles sich noch streng an gewisse abergläubische Regeln hält, wird man mit wachsendem Glück immer selbstherrlicher. Die Göttin Fortuna, von der man sich anfangs immer noch abhängig weiß, wird zur schnöden Dienerin." Es bildet sich ein magisches Auserwählungs- und Machtbewußtsein heraus. Vgl. P. Matussek, Zur Psychodynamik des Glücksspieles, in: Jahrbuch für Psychologie und Psychotherapie 1 (1953) 239.

[111] Zur *fanatischen* Einstellung, die dieser Überhöhung entspricht, siehe oben Anm. 98.

Jede Ideologie versucht, durch solche poetisch-schwärmerische *Überhöhung* seelische Kräfte an sich zu binden, d.h. nach Möglichkeit durch die Verherrlichung des Kollektivs, der Rasse, der Arbeit und dergleichen einen Teilwert zum Höchst- und Totalwert zu erheben, um eine totale Hingabe, eine Ich-Bindung zu erreichen. Aber auch in unserem gewöhnlichen Alltag neigen wir ständig zu ähnlichen Überhöhungen: etwa wenn wir von einer neuen Erfindung, von einer neuen Regierung, einem neuen Jahr, einer neuen Tätigkeit das Heil der Welt erwarten.

Als der Assuan-Staudamm in Betrieb genommen wurde, waren durch die staatliche Propaganda die Erwartungen derart überhöht worden, daß viele Ägypter meinten, in Zukunft könne es weder Lebensmittelknappheit noch Geldentwertung mehr geben. – Nachdem es Charles Lindbergh 1927 gelungen war, mit seinem Flugzeug den Atlantik zu überqueren, wurde er beim größten Triumphzug, den New York je erlebt hat, von 4 Millionen Menschen begrüßt. Gerade *Anfänge* mit ihren unbestimmten Perspektiven verleiten uns dazu, innerweltlichen Vorgängen eine Unendlichkeit zuzuschreiben, die sozusagen Sehnsucht am falschen Platz ist (vgl. unser Plädoyer für die legitime Sehnsucht, Anm. 106).

Zeugnisse solcher Überhöhungen finden sich in Werbetexten, in programmatischen Reden von Politikern, in den Manifesten der futuristischen Malerei und anderswo.

Diese Bereitschaft zur Überhöhung enthält im Grunde die gleiche seelische Bewegung wie der *projektive Wahn*, auch wenn es nicht zu krankhafter Steigerung kommt. Wie berechtigt der Vergleich mit dem *Fetischismus* ist, kann die Schilderung eines Falls von Leder- und Pelzfetischismus bei M. Boss (Sinn und Gehalt der sexuellen Perversionen, München o.J. S. 59f) veranschaulichen.

[112] D. Hammarskjöld, Zeichen am Weg, 85.
[113] V. E. Frankl, Ärztliche Seelsorge, 44, 46.
[114] Siehe Joh 6,56; 15,5; 1 Joh 2,6.24; 3,24; 4,13–16.
[115] N. Fabre, Vers la liberté, Paris 1966, 119.
[116] H. Zulliger, Umgang mit dem kindlichen Gewissen, Frankfurt a.M. 1971, 42.
[117] Vgl. V. E. Frankl, Der Mensch auf der Suche nach Sinn, 16.
[118] Siehe B. Grom, Die Jesus-Bewegung, in: Stimmen der Zeit 190 (1972) 181–194.
[119] Natürlich muß der Versuch einer religiösen Sinnerschließung in diesen Fällen auch durch andere Hilfen wie Beschäftigungstherapie und durch die Geborgenheit einer Gruppe mitgetragen werden. Auch verhaltenstherapeutische Maßnahmen (Aversionstherapie, Schock u.ä.) sollten nicht als Gegensatz dazu betrachtet werden. Eine solche Einstellung wäre theologischer, erweckerischer Noologismus. – Daß Suchtkranke häufig (nicht ausschließlich) an Sinnlosigkeitsgefühlen leiden, ist testpsychologisch erwiesen. Vgl. V. E. Frankl, Der Wille zum Sinn, 19; ders., Der Mensch auf der Suche nach Sinn, 16.
[120] Ob diese Auffassung im psychoanalytischen Sublimationsbegriff enthalten ist, läßt sich wegen dessen Unklarheit kaum entscheiden. Die von uns vertretene Ansicht kann auch so ausgedrückt werden: „Niemals kann Triebhaftes von sich aus anderes Triebhaftes dazu zwingen, daß es sich wandle und sich andere Triebobjekte und -ziele setze. Dies schließt aber nicht aus, daß in alle Wertstrebigkeit immer auch Triebhaftigkeit eingebaut ist – insofern nämlich, als die Triebe in die Wertstrebigkeit als speisende Energie eingehen ..." (V. E. Frankl, Grundriß der Existenzanalyse und Psychotherapie, in: Handbuch der Neurosenlehre und Psychotherapie Bd. 4, 1959, 312–319).
[121] In der Sprache des Tiefenpsychologen L. Szondi, der wie kaum ein anderer die erbbedingten, familiären Vorprägungen der Persönlichkeit erforscht hat: „Die richtige Machtverteilung gelingt in der Tat nur dem glaubend integrierten und am Geist partizipierenden Ich. Denn nur dem glaubenden Ich kann es gelingen, seine inneren Seinsmöglichkeiten, d.h. seine möglichen Ich-Existenzen so miteinander zu vereinigen und zu versöhnen, daß durch diese innere, autogene Partizipation aller Teilexistenzen das Ich als pontifex oppositorum zu wirken vermag. *Der Glaube ist eine Bedingung der Integration nach innen und nach außen*" (Ich-Analyse, Stuttgart 1956, 522, siehe auch S. 112–122).
In der Ausdrucksweise des Theologen P. Tillich: „Da Glaube das Ergriffensein von dem ist, was uns unbedingt angeht, so sind ihm alle vorläufigen Anliegen untergeordnet. Das unbedingte Anliegen verleiht allen anderen Bestrebungen Tiefe, Richtung und Einheit und begründet damit den Menschen als Person ... Die Mitte der Person eint alle Elemente des personhaften Lebens, die leiblichen, die unbewußten, die bewußten und die geistigen Kräfte des Menschen" (Offenbarung und Glaube, Ges. Werke Bd. 8, Stuttgart 1970, 182).
[122] Bezeichnend dafür sind die folgenden Bemerkungen am Ende eines angesehenen Werkes über Persönlichkeitsforschung: „Um es ganz deutlich zu sagen: Da es bei der Feststellung, menschliches Verhalten sei sinngerichtet, um eine völlig subjektive Kategorie geht, können konkrete Formen der ‚Sinn'-Suche die Leistung, die Aufopferung für ein Ideal, die Hinwendung zum Absoluten, aber auch genau so die Hingabe an den Alkohol, an die Pflege der eigenen Erscheinung oder an den Genuß von neuen Daseinserfahrungen mittels einer Droge sein. Das Besteigen des Matterhorns, das wöchentliche Wetten beim Lotto, die Faszination vom Fußball können in dieser Sicht ebenso als ‚sinnvoll' empfunden werden und ‚strukturierend' für eine individuelle Welt werden wie das, was man eine sexuelle Perversion nennt, was man unter staatsbürgerlich vorbildlichem Verhalten, unter der Pflege der schönen Künste oder unter der Beschäftigung mit Astrologie versteht. In all diesen Fällen wird sehr oft – manchmal nur für Minuten, aber doch auch für eine einigermaßen verläßliche Dauer – jene ‚Stimmigkeit' erlebt, welcher ein Lebewesen, welches seine Situation im Bewußtsein widerspiegelt,

bedarf, um das Dasein tolerieren zu können" (H. Thomae, Das Individuum und seine Welt, Göttingen 1968, 588). – Übrigens zeigt auch die klinische Beobachtung, daß „Hingabe an Alkohol" eine Sinnsuche von ganz anderer Art ist (die diesen Namen nicht mehr verdient) als etwa Hingabe an ein Ideal.

123 Vgl. H. Völkel, Klinische Psychotherapie bei Depressionen, in: N. Petrilowitsch (Hrsg.), Die Sinnfrage in der Psychotherapie, 315–336.

124 Wie schwer läßt sich von außen sagen, ob die Freude an einem Hobby Beschränktheit, Hingabe an einen Götzen oder Ausdruck jener letzten Geborgenheit ist, die oben von A. Delp und V. Frankl bezeugt wird. Siehe auch die Bemerkungen zum Erlebnis der Landschaft unten S. 145f.

125 Neben den verschiedenen Versenkungstechniken arbeiten manche Vertreter der heutigen Meditationsbewegung auch mit anderen Verfahren: mit Anstößen zu freien Assoziationen, mit Bildbetrachtung und gruppendynamischen Elementen. Darauf soll hier nicht eingegangen werden. Vgl. dazu B. Grom, Fragen an die Meditationsbewegung, in: Stimmen der Zeit 192 (1974) 93–107.

126 Das dürfte trotz aller sozialen Einstellungen, auf die man auch in der Zen-Tradition hinweisen kann, die besondere Gefahr des Zen-Weges sein. Vgl. A. Verdú, Abstraktion und Intuition als Wege zur Wahrheit im Yoga und Zen, München 1965.

127 Die Versenkungsmeditation hat die gleiche Chance und Gefahr, wie sie der seit seinem 8. Lebensjahr erblindete Jacques Lusseyran, der später Professor wurde, im Leben des Blinden beschreibt: „Blindheit wirkt wie eine Droge; das muß man wissen ... Wie die Droge steigert auch die Blindheit gewisse Empfindungen ... Vor allem aber erweitert sie die inneren Erfahrungen auf Kosten der äußeren bis ins Maßlose ... Ich selbst habe diese verzauberte Welt kennengelernt. Ich habe mich in ihre Träume gehüllt. Ich liebte ihr Schillern, ihre mütterliche Wärme, ihre außergewöhnliche Freiheit, ihre Illusionen über das Leben. Doch bin ich – Gott sei Dank – nicht in ihr geblieben. Denn dies ist ein abgekapseltes und in sich verschlossenes Leben, es ist nicht das echte innere Leben, sondern ein Zerrbild. Ein inneres Leben gibt es für einen Menschen nur dann, wenn er ein richtiges Verhältnis zu allen wirklichen Dingen innerhalb und außerhalb seiner selbst besitzt" (Das wiedergefundene Licht, Stuttgart 1971, 50 f).

128 „Indessen gab es dabei diesen einen Unterschied: wenn er sich mit weltlichen Gedanken beschäftigte, hatte er zwar großen Gefallen daran; wenn er aber dann, müde geworden, davon abließ, fand er sich wie ausgetrocknet und mißgestimmt. Wenn er jedoch daran dachte, barfuß nach Jerusalem zu gehen und nur noch wilde Kräuter zu essen und alle andern Kasteiungen auf sich zu nehmen, die, wie er las, die Heiligen auf sich genommen hatten, da erfüllte ihn nicht bloß *Trost*, solange er sich in solchen Gedanken erging, sondern er blieb *zufrieden und froh*, auch nachdem er von ihnen abgelassen hatte. Allerdings gab er darauf nicht acht, und er hielt nicht inne, um diesen Unterschied richtig einzuschätzen, bis ihm schließlich eines Tages die Augen darüber ein wenig aufgingen.

So fing er endlich an, diese Verschiedenheit als merkwürdig zu empfinden und darüber nachzugrübeln. Aus seiner Erfahrung ergab sich ihm, daß er nach den einen Gedanken trübsinnig und nach den andern froh gestimmt blieb; und allmählich kam er dazu, darin die Verschiedenheit der Geister zu erkennen, die dabei tätig waren, nämlich einmal der Geist des Teufels und das andere mal der Geist Gottes. Dies war die erste Überlegung, die er über die Dinge Gottes anstellte" (Der Bericht des Pilgers, Freiburg 1956, Nr. 8).

Siehe dazu in seinen Geistlichen Übungen (Nr. 313ff) die Regeln zur Unterscheidung der Geister, „um auf irgendeine Weise die verschiedenen Bewegungen zu verspüren und zu erkennen, die in der Seele verursacht werden: *die guten, um sie aufzunehmen,* die schlechten, um sie zu verwerfen". Diese „Regeln" sind, entwicklungspsychologisch gesehen, Wege zur Verstärkung und Differenzierung der Sinnwahrnehmung und religiösen Erfahrung.

[129] G. Maire, Les instants privilégiés, Paris 1962, 38f.

[130] „Das Kind entsagt der Ekstase." Zitiert bei R. D. Laing, Phänomenologie der Erfahrung, Frankfurt 1969, 132. Im gleichen Sinn spricht J. Herzog-Dürck vom „Humanfeld der Daseinsunlust", in dem ein Kind aufwachsen muß, wenn die Eltern nur in einer Welt der Zweckhaftigkeit und der Gleichgültigkeit leben: „Im Humanfeld der Daseinsunlust sind jene Mächte nicht vertreten, die der Apostel Paulus als Glaube, Liebe und Hoffnung bezeichnet und die, wenn wir sie nicht theologisch, sondern anthropologisch betrachten, das Kreative meinen, das Offensein auf einen infinalen Sinn. Aus ihnen aber speist sich der Identitätsentwurf des Menschen in seiner transzendierenden Kraft, speist sich die tief unbewußte Freude des Kindes auf die Welt und seine Bestimmung in ihr... Wo aber numinose Ergriffenheit der Mutter, die tiefe und umwandelnde Dankbarkeit für das Geschenk des Seins, das ihr geworden ist, fehlt, ist das Kind wie in Kälte getaucht. Auch ohne grobes Versäumen unterliegt es den sublimen Wirkungen jener feinen, unbewußten Arroganz der Mutter, der Eltern dem Leben gegenüber, die sich nur als die Arroganz der Langeweile beschreiben läßt" (Probleme menschlicher Reifung, Stuttgart 1969, 57).

An anderer Stelle veranschaulicht sie den Einfluß eines entsprechenden Humanfeldes durch folgenden Kontrast: „In der frühen Winterdämmerung geht die Mutter mit ihrem Dreijährigen an der Hand über den Hügel und umfängt sein staunendes Entzücken über die glitzernde Sternenpracht, die es zum erstenmal entdeckt, mit wortloser Stille. Unbeschreiblicher Sphärenakkord in dieser Begegnung von Welt und Seele, Ich und Du wie am Schöpfungsanfang! Da ist Liebe wach, und es ist gar nicht auszusagen, was sie wirkt.

Denselben Weg über den Hügel geht eine andere Frau. Eilfertig sagt sie zu dem Kind: ‚Schon gut, komm, du wirst dich erkälten, das Fernsehprogramm fängt gleich an, und ich muß das Nachtessen aufsetzen'" (Zur Problematik der Neurose und ihrer Heilung, in: Philos. Jahrbuch der Görres-Gesellschaft, 66, 1958, 256).

[131] Faust spricht in diesem Augenblick:

„Zu jenen Sphären (des christlichen Auferstehungsglaubens) wag' ich nicht zu streben,
Woher die holde Nachricht tönt;
Und doch, an diesen Klang von Jugend auf gewöhnt,
Ruft er auch jetzt zurück mich in das Leben.
Sonst stürzte sich der Himmelsliebe Kuß
Auf mich herab in ernster Sabbatstille;
Da klang so ahnungsvoll des Glockentones Fülle,
Und ein Gebet war brünstiger Genuß;
Ein unbegreiflich holdes Sehnen
Trieb mich, durch Wald und Wiesen hinzugehn,
Und unter tausend heißen Thränen
Fühlt' ich mir eine Welt entstehn.
Dies Lied verkündete der Jugend muntre Spiele,
Der Frühlingsfeier freies Glück;
Erinnrung hält mich nun mit kindlichem Gefühle
Vom letzten, ernsten Schritt zurück.
O tönet fort, ihr süßen Himmelslieder!
Die Thräne quillt, die Erde hat mich wieder!"

[132] Siehe H. Völkel, a.a.O. 329f.

[133] Aus A. Beeli, Anlage und Entwicklung des Gewissens im Kindesalter, in: F. Oser (Hrsg.), Das Gewissen im pädagogischen Feld, Freiburg 1973, 15–46, ähnlich: Der Beitrag der Schicksalsanalyse Szondis, in: W. Bitter (Hrsg.), Psychotherapie und religiöse Erfahrung, Stuttgart 1965, 169.

[134] Während gleichzeitig der Christus der Mutter „universalisiert", in seiner kosmischen Weite gesehen wurde: „Ici – dans mon ego ‚païen' – un Univers se personnalisant

par convergence. Là – dans mon ego chrétien – une Personne (celle du Christ) s'universalisant par Radiance."

[135] Diese Art von Sammler erlebt und betreibt eine Sammlung natürlich anders als der normale Hobby-Sammler.

[136] So beschrieb Theresia von Ávila ihre innere Wandlung als Befreiung von sich selbst: „Von jetzt an beginnt ein neues Buch, will sagen: ein neues Leben. Bis jetzt ging es um mein Leben. Jetzt lebt Gott in mir. Gelobt sei Gott, der mich *von mir selbst befreit hat*" (Werke, hrsg. von P. Silverio Bd. 5, 123).

[137] Die Aussage wird weitergeführt: „Dankbar bin ich konkret den Menschen, die ich liebe in ihrem Adel... Aber darüber hinaus ist das Dunkel, in dem wir nichts wissen" (Schicksal und Wille, München 1967, 30). Ich meine, daß gerade die Dankbarkeit um einen wesentlichen Grundzug der Transzendenz weiß: um ihre schöpferische Güte. Ein dogmatischer Agnostizismus scheint hier Jaspers daran gehindert zu haben, diese Seite seiner ursprünglichen Erfahrung zu sehen.

[138] Siehe B. Schwarz, Über die Dankbarkeit, in: J. Tenzler (Hrsg.), Wirklichkeit der Mitte, Freiburg 1968, 679–704.

[139] A. Vergote, Religionspsychologie, Freiburg 1970, 87.
Siehe auch die philosophischen Reflexionen von M. Blondel und K. Jaspers: „Nicht aus uns holen wir also das Licht für unser Denken und die Kraft zu unserem Tun. Ein Vermögen, das sich am Grund unserer Seele verbirgt, eine Wahrheit, die uns innerlicher ist als unser eigenes Erkennen, eine Energie, die uns in jedem Moment unserer Entwicklung die nötige Kraft, Freiheit und Klarheit schenkt: all das ist *in* uns ohne *von* uns zu sein. Dieses Geheimnis drängt sich uns in seiner Wirklichkeit nur auf, weil wir in ihm eine Kraft und eine Weisheit entdecken, die unendlich mehr ist als wir" (Logik der Tat, Einsiedeln, Nr. 51f).
„Der Mensch kann sich auch als er selbst nicht sich selbst verdanken. Er ist nicht durch sich selbst ursprünglich er selbst. Er ist, so wie er sein Dasein in der Welt nicht durch eigenen Willen hat, als er selbst sich durch die Transzendenz geschenkt. Er muß sich ständig von neuem geschenkt werden, wenn er sich nicht ausbleiben soll. Wenn der Mensch sich innerlich behauptet im Geschick, wenn er unbeirrt standhält noch im Sterben, so kann er das nicht durch sich allein. Was ihm hier hilft, ist aber von anderer Art als alle Hilfe in der Welt. Die transzendente Hilfe zeigt sich ihm allein darin, daß er er selbst sein kann. Daß er auf sich selbst steht, verdankt er einer ungreifbaren, nur in seiner Freiheit selber fühlbaren Hand aus der Transzendenz" (Der philosophische Glaube, München 1948, 53).

[140] D. Hammarskjöld, Zeichen am Weg, 45.

[141] A. Schweitzer, Aus meinem Leben und Denken, Leipzig 1947, 78f.

[142] V. E. Frankl, Ärztliche Seelsorge, 256.

[143] V. E. Frankl begründet an manchen Stellen seiner Logotherapie den unvergänglichen Sinn des Lebens mit der Tatsache, daß das Vergangene nicht mehr aus der Welt zu schaffen, also für alle Ewigkeit endgültig sei (Der Wille zum Sinn, 49–56; Ärztliche Seelsorge, 238f). Was wir tun, bestehe über unser Grab hinaus unabhängig von unserem Bewußtsein fort. Unser Leben werde „ins Protokoll der Welt aufgenommen". „Und das Protokoll der Welt ist unverlierbar; das macht den Trost und unsere Hoffnung aus." Wenn diese Sicht zu einem „Optimismus der Vergangenheit" und zu dem Willen, möglichst viel „festzuleben", bewegen soll, muß man m. E. folgendes deutlicher herausstellen: Der „Ewigkeitswert" unseres Tuns kann nicht allein in der rein formalontologischen Unabänderlichkeit des einmal Geschehenen liegen; denn diese kommt auch wert- und sinnlosen Taten zu. Das ewige „Protokoll der Welt" ist nur deshalb Quelle eines bleibenden Sinns, weil es mehr als ein kaltes Protokoll ist: eine erfüllende Gegenwart und darum Ewigkeit für mich, Liebe.

[144] P. Tournier, Der unsichtbare Dritte, in: M. Hippius (Hrsg.), Transzendenz als Erfahrung, Weilheim 1966, 343–346.

[145] A. Maeder, Der Heilweg der religiösen Psychotherapie, in: L. Szondi (Hrsg.), Heilwege der Tiefenpsychologie, Stuttgart 1956, 135–153 (Zitat 146).

[146] Siehe auch den Erfahrungsbericht von einem Gründer einer religiösen Wohngemeinschaft, die durch ihre Meditationsmusik bekannt wurde: „Je tiefer ich mich selbst immer wieder neu kennenlerne in der Begegnung mit der mich umgebenden Welt, desto stärker erlebe ich mich auf geheimnisvolle Weise immer tiefer als erkannt und geliebt im Gegenüber meiner Freunde, die gleichsam der Spiegel meiner selbst sein können, an dem ich mich – bewußt oder unbewußt – ablese und orientiere.

Und zusammen mit meinem Gegenüber erlebe ich mich besonders in Situationen des gemeinsamen Glücks, aber auch in einem gemeinsamen Leid, als *von einem Dritten, von einem außerhalb und innerhalb Stehenden*, von einem alles Umgebenden umfangen und gehalten … Es ist wie eine besondere Art von Licht, die ein gewohntes Bild von Zeit zu Zeit in einem neuen, verzaubernden Glanz erscheinen läßt. Es ist wie das Empfinden, in einem Spiel oder Traum der Gespielte oder der Geträumte zu sein. ‚Ich wollte Träume träumen und etwas lernen draus, fand selbst mich als Geträumten und hielt's kaum aus.' (lord's family-Liedtext)" (A. Schmidt, „Lord's Family" – Erfahrungsbericht einer Kommune, in: neues hochland 64, 1972, 516–534).

[147] D. Hammarskjöld, Zeichen am Weg, 60. In einem späteren Tagebucheintrag (S. 68) wird diese Gegenwart des Dritten im Sinne des christlichen Glaubens an einen dreifaltigen Gott dargestellt:

„*Vor* dir, Vater,
in Gerechtigkeit und Demut,
*mit* dir, Bruder,
in Treue und Mut,
*in* dir, Geist,
in Stille."

[148] A. Vergote, Religionspsychologie, Freiburg 1970, 101.

[149] Der Theologe K. Barth machte darauf aufmerksam, daß Mozart zu einer Zeit komponierte (gest. 1791), „in der man den lieben Gott wegen des Erdbebens von Lissabon in Anklagezustand versetzte" und ihn mit pessimistischen Spekulationen in Frage stellte oder mit optimistischer Weltdeutung zu retten versuchte. Mozart sei in dieser Frage beiden Parteien haushoch überlegen gewesen. Dieses Problem „lag kampflos hinter ihm. Warum soll man sich darüber ärgern?" Mozart habe die Schöpfung von ihrer Vollendung her sehen können.

„Er hat wie vom Ende her den Einklang der Schöpfung gehört, zu der auch das Dunkel gehört, in welchem aber auch das Dunkel keine Finsternis ist, auch der Mangel, der doch kein Fehler ist, auch die Traurigkeit, die doch nicht zur Verzweiflung werden kann, auch das Düstere, das doch nicht zur Tragik entartet, die unendliche Wehmut, die doch nicht unter dem Zwang steht, sich selbst absolut setzen zu müssen – aber eben darum auch die Heiterkeit, aber auch ihre Grenzen, das Licht, das darum so strahlt, weil es aus dem Schatten hervorbricht, die Süßigkeit, die auch herbe ist und darum keinen Überdruß nach sich zieht, das Leben, das das Sterben nicht fürchtet, aber sehr wohl kennt. Et lux perpetua lucet (sic!) eis: auch den Toten von Lissabon. Mozart sah dieses Licht so wenig wie wir Alle, aber er *hörte* die ganze von diesem Licht umgebene Geschöpfwelt. Und es war bei ihm auch das von Grund aus in Ordnung, daß er nicht etwa einen mittleren, neutralen Ton, sondern den positiven stärker hörte als den negativen. Er hörte diesen nur in und mit jenem. Aber er hörte in dieser ungleichen Verteilung doch beide zusammen (ein Exempel unter vielen: die Symphonie in g-moll von 1788!)" (Die kirchliche Dogmatik Bd. 3, Zürich 1950, 338).

[150] Wer unter sachkundiger Anleitung ins autogene Training eingeführt wurde, kann auch versuchen, sich durch die sogenannte „autogene Bilderschau" Motive und Fragen, die ihn bewußt oder unbewußt bewegen, bewußt zu machen. Etwa durch die im Versenkungszustand wachgerufene Vorstellung, er gehe höher und höher auf eine Berg-

spitze zu – er sieht sich oben um und fragt sich: „Was sollte ich tun? Was ist meine Berufung? Wohin führt mein Weg?" Oder durch die Vorstellung: „Ich schaue mich um, ob ich die Höhle eines Einsiedlers entdecke; ich suche ein Gespräch mit ihm ..." Vgl. K. Thomas, Die Bedeutung der „hypnotischen und autogenen Bilderschau" für die Religionspsychologie, in: Archiv für Religionspsychologie Bd. 9, Göttingen 1967, 282–296. Doch dürfen solche Übungen nicht zu psychologischen Abenteuern oder zu fruchtloser Introversion führen.

151 Diese Fragen sind – mit geringfügigen Änderungen (da es hier nicht um eine testpsychologische Auswertung, sondern um Bewußtmachung geht) – dem Logo-Test von Elisabeth S. Lukas entnommen. Siehe ihr Beitrag: Zur Validierung der Logotherapie, in: V. E. Frankl, Der Wille zum Sinn, 233–266 (bes. 263).

152 V. E. Frankl, Ärztliche Seelsorge, 41. Dieses Problem wurde unter den Stichworten „Zerstreuung" und „Langeweile" schon von B. Pascal beschrieben: „Das einzige, was uns in unserem Elend tröstet, ist die Zerstreuung, und dabei ist sie die Spitze unseres Elends; denn sie ist es, die uns grundsätzlich hindert, über uns selbst nachzudenken, die uns unmerklich verkommen läßt. Sonst würden wir uns langweilen, und diese Langeweile würde uns antreiben, ein besseres Mittel zu suchen, um sie zu überwinden. Die Zerstreuungen aber vergnügen uns und geleiten uns unmerklich bis zum Tode" (Über die Religion und über einige andere Gegenstände, übers. von E. Wasmuth, Heidelberg 1972, Fragment II, 171).

153 Aus W. Hess, Dokumente zum Verständnis der modernen Malerei, Reinbek bei Hamburg 1964, 19.

154 H. Graber, Paul Cézanne, Basel 1942, 253 (Cézanne zitiert hier die lateinische Präfation der Messe, die er jeden Tag besuchte).

155 So ließ eine Frau in einer manischen Phase alle Bäume, Blumen und Vögel grüßen, aber nur „so nebenbei auch Menschen". Sie erwachte mit dem Wunsch, zu sterben und endlich, endlich Ruhe zu haben „und vor allen Dingen keine Enttäuschungen mehr zu erleben" (L. Binswanger, Melancholie und Manie, Pfullingen 1960, 107).

156 S. de Beauvoir, Memoiren einer Tochter aus gutem Hause, Reinbek bei Hamburg 1974, 141.

157 S. de Beauvoir, Der Lauf der Dinge, ebd. 1973, 622.

158 Vgl. dazu die Briefstelle von D. Bonhoeffer: „Wir müssen uns immer wieder sehr lange und sehr ruhig *in das Leben, Sprechen, Handeln, Leiden und Sterben Jesu versenken, um zu erkennen, was Gott verheißt und was er erfüllt.* Gewiß ist, daß wir immer in der Nähe und unter der Gegenwart Gottes leben dürfen und daß dieses Leben für uns ein ganz neues Leben ist ... daß keine irdische Macht uns anrühren kann ohne Gottes Willen, und daß Gefahr und Not uns nur näher zu Gott treiben; gewiß ist, daß wir nichts zu beanspruchen haben und doch alles erbitten dürfen; gewiß ist, daß im Leiden unsere Freude, im Sterben unser Leben verborgen ist; gewiß ist, daß wir in dem allem in einer Gemeinschaft stehen, die uns trägt. Zu all dem hat Gott in Jesus Ja und Amen gesagt. Dieses Ja und Amen ist der feste Boden, auf dem wir stehen" (Widerstand und Ergebung, München 1970, 196).

159 S. Strasser, Das Gemüt, Freiburg 1956, 239f.

160 B. Pascal, Über die Religion und über einige andere Gegenstände (Pensées), übers. von E. Wasmuth, Heidelberg 1972, Fragment II, 172.

161 V. E. Frankl, Psychotherapie für den Laien, Freiburg 1971, 185.

162 M. Muggeridge, Mutter Teresa, Freiburg 1972.

163 Richard Egenter, in: H. Spaemann (Hrsg.), Wer ist Jesus von Nazaret – für mich?, München 1973, 47.

164 Günther L., ebd. 59.

165 Als letzte Instanz und Bezugsperson, die uns richtet und bestätigt und mit der wir uns in unserem Besten identifizieren können: „Ich darf aus Dir leben. Ich möchte gut sein wie Du und so mit Dir verbunden bleiben" (siehe oben S. 108).

# Quellen der Zitate „Zum folgenden Thema“


| | |
|---|---|
| I | H. Sachsse, Technik und Verantwortung, Freiburg 1972, 70. |
| II | M. Machoveč, Vom Sinn des menschlichen Lebens, Freiburg 1971, 20. |
| III | H. Krüger, Allgemeine Staatslehre, Stuttgart 1965, 583. |
| IV | A. Schaff, Marx oder Sartre?, Köln 1964, 64. |
| V | I. Kant, Grundlegung zur Metaphysik der Sitten, Kant-Studienausgabe Bd. 4, 59ff. |
| VI | M. Horkheimer, Theismus – Atheismus, in: Zur Kritik der instrumentellen Vernunft, Frankfurt 1967, 227. |
| VII | F. Nietzsche, Die fröhliche Wissenschaft, Aphorismus 357, Ausgabe K. Schlechta, München Bd. 2, 1969, 228. |
| VIII | A. Camus, Der Mythos von Sisyphos, in: Das Frühwerk, Düsseldorf 1967. |
| IX | F. Nietzsche, Aus dem Nachlaß der Achtzigerjahre, Ausgabe K. Schlechta, München Bd. 3, 1969, 788. |
| X | A. Schaff, Marx oder Sartre?, Köln 1974, 34. |
| XI | F. Nietzsche, Aus dem Nachlaß der Achtzigerjahre, Ausgabe K. Schlechta, München Bd. 3, 1969, 676. |
| XII | L. Kolakowski, Der Mensch ohne Alternative, München 1964, 199. |
| XIII | Th. W. Adorno, Negative Dialektik, Gesammelte Schriften Frankfurt, Bd. 6, 1973, 369. |
| XIV | M. Machoveč, Vom Sinn des menschlichen Lebens, 41. |
| XV | L. Wittgenstein, Tractatus logico-philosophicus, 6.41. |
| XVI | F. M. Dostojewski, Die Brüder Karamasoff, 1. Teil V, 4. |
| XVII | C. S. Lewis, Über den Schmerz, Köln 1954, 27. |
| XVIII | L. Wittgenstein, Tagebücher 1914–1916, Schriften, Frankfurt Bd. 1, 1960, 166f. |
| XIX | F. Nietzsche, Menschliches Allzumenschliches II, Aphorismus 22, Ausgabe K. Schlechta, München Bd. 1, 1969, 750. |
| XX | E. Coreth, Weltverständnis und Gottesfrage, in: E. Coreth/J. B. Lotz (Hrsg.), Atheismus kritisch betrachtet, München 1971, 267. |
| XXI | J. W. Goethe, Jahreszeiten, zitiert bei G. W. F. Hegel, Grundlinien der Philosophie des Rechts, Hamburg 1955, 398, 414. |
| XXII | B. Pascal, Über die Religion und über einige andere Gegenstände (Pensées), Heidelberg 1972 (Übers. E. Wasmuth) VII, 485. |
| XXIII | K. Jaspers, Von der Wahrheit, München 1947. |
| XXIV | Lukas 9,24. |
| XXV | J.-P. Sartre, Bariona oder Der Donnersohn, in: G. Hasenhüttl, Gott ohne Gott, Köln 1972, 285f. |
| XXVI | D. Bonhoeffer, Widerstand und Ergebung, Neuausgabe 1970, S. 426. Chr. Kaiser Verlag München. |
| XXVII | S. Freud, Briefe 1873–1939, © 1960 Sigmund Freud Copyrights Ltd. London, erschienen bei S. Fischer Verlag GmbH., Frankfurt a. M., 429. |
| XXVIII | A. Camus, Der Mythos von Sisyphos, in: Das Frühwerk, Düsseldorf 1967. |

XXIX A. Schopenhauer, Preisschrift über die Grundlage der Moral, Sämtliche Werke, Leipzig Bd. 4, 1938, 196.

XXX R. Spaemann, Sinn und Faktizität, in: zur debatte. Themen der Kath. Akademie in Bayern, 3. Jg. 1973, Nr. 9, 2–5.

XXXI V. E. Frankl, Der Wille zum Sinn, Stuttgart 1972, 14f.

XXXII N. Hartmann, Sinngebung und Sinnerfüllung, in: Kleinere Schriften, Berlin Bd. 1, 1955, 265.

XXXIII S. Freud, Briefe 1873–1939, © 1960 Sigmund Freud Copyrights Ltd. London, erschienen bei S. Fischer Verlag GmbH., Frankfurt a. M., 429 (Freud schrieb diesen Satz zwei Jahre vor seinem Tod).

XXXIV A. Görres, An den Grenzen der Psychoanalyse, München 1968, 21.

XXXV Ch. Bühler, Vorstellungen von Glück in unterschiedlichen Altersgruppen in den Vereinigten Staaten, in: H. Kundler (Hrsg.), Anatomie des Glücks, Köln 1971, 108.

XXXVI M. Machovec, Vom Sinn des menschlichen Lebens, 218.

XXXVII H. Sachsse, Technik und Verantwortung, 48.

XXXVIII H. Heine, Deutschland, Ein Wintermärchen, Kap. I.

XXXIX V. E. Frankl, Der Wille zum Sinn, 66.

XL R. Spaemann, Sinn und Faktizität, in: zur debatte. Themen der Kath. Akademie in Bayern, 3. Jg. 1973, Nr. 9, 5.

# Ausgewählte Literatur


Adler, A., Der Sinn des Lebens, Frankfurt a.M. 1973.
Affemann, R., Geschlechtlichkeit und Geschlechtserziehung in der modernen Welt, Gütersloh 1970.
Allport, G. W., Werden der Persönlichkeit, Stuttgart 1958.
–, Persönlichkeit, Meisenheim 1959.
–, The Individual and His Religion, New York 1973.
Ansbacher, H. L., Die Psychologie Alfred Adlers. Ihre Entwicklung und Bedeutung, in: N. Petrilowitsch (Hrsg.), Die Sinnfrage in der Psychotherapie, Darmstadt 1972, 162–174.
Benz, E., Schöpfungsglaube und Endzeiterwartung, München 1965.
Berger, P. L., Auf den Spuren der Engel. Die moderne Gesellschaft und die Wiederentdeckung der Transzendenz, Frankfurt a.M. 1970.
Berrigan, Ph., Christen gegen die Gesellschaft, Hamburg 1971.
Binswanger, L., Melancholie und Manie, Pfullingen 1960.
Bleistein, R., Therapie der Langeweile, Freiburg 1973.
–, Hinwege zum Glauben, Würzburg 1974.
Bühler, Ch., Werte in der Psychotherapie, in: Handbuch der Neurosenlehre Bd. 5, München 1960, 588–604.
Bultmann, R., Das Urchristentum im Rahmen der antiken Religionen, Hamburg 1963.
Carl, H., Wie sie das Leben sehen. Aussagen junger Menschen über den Sinn ihres Lebens, Würzburg 1974.
Coreth, E., Gottesfrage heute, in: Stimmen der Zeit 181 (1968), 361–372.
Coreth, E./Lotz, J. B. (Hrsg.), Atheismus kritisch betrachtet, München 1971.
Ehlen, P., Die philosophische Ethik in der Sowjetunion, München 1972.
Frankl, V. E., Psychohygienische Erfahrungen im Konzentrationslager, in: Handbuch der Neurosenlehre und Psychotherapie Bd. 4, München 1959, 735–747.
–, Theorie und Therapie der Neurosen, München 1968.
–, Ärztliche Seelsorge, Wien 1971.
–, Aphoristische Bemerkungen zur Sinnproblematik, in: N. Petrilowitsch (Hrsg.), Die Sinnfrage in der Psychotherapie, Darmstadt 1972.
–, Der Mensch auf der Suche nach Sinn, Freiburg 1972.
–, Der Wille zum Sinn, Stuttgart 1972.
Freud, S., Briefe 1873–1939, Frankfurt a.M. 1960.
–, Das Unbehagen in der Kultur, Werke Bd. XIV, Frankfurt a.M. $^{4}$1968, 433ff.
Fuchs, J., Gibt es eine spezifisch christliche Moral?, in: Stimmen der Zeit 185 (1970), 99–112.
Gardavský, V., Gott ist nicht ganz tot. Betrachtungen eines Marxisten über Bibel, Religion und Atheismus, München 1968.
Gehrke, H., Entfremdung und Selbstfindung des Menschen, in: K. Steinbuch, Die humane Gesellschaft, Stuttgart 1972, 137–148.
Girgensohn, K., Der seelische Aufbau des religiösen Erlebens, Leipzig 1921.

Gollwitzer, H., Krummes Holz – aufrechter Gang. Zur Frage nach dem Sinn des Lebens, München 1970.
–, Ich frage nach dem Sinn des Lebens, München 1974.
Grom, B., Gibt es eine neue Religiosität?, in: K. Rahner (Hrsg.), Ist Gott noch gefragt?, Düsseldorf 1973, 98–124.
–, Fragen an die Meditationsbewegung, in: Stimmen der Zeit 192 (1974) 93–107.
Gruehn, W., Das Werterlebnis, Leipzig 1924.
Hahn, A., Religion und der Verlust der Sinngebung, Frankfurt a. M. 1974.
Hartmann, N., Sinngebung und Sinnerfüllung, in: Kleinere Schriften Bd. 1, Berlin 1955, 245–279.
Hengstenberg, H.-E., Grundlegung der Ethik, Stuttgart 1969.
Horkheimer, M., Zur Kritik der instrumentellen Vernunft, Frankfurt a. M. 1974.
–, Bemerkungen zur Liberalisierung der Religion, in: O. Schatz (Hrsg.), Hat die Religion Zukunft?, Graz 1971, 118ff.
Jaffé, A., Der Mythus vom Sinn im Werk von C. G. Jung, Zürich 1967.
Jung, C. G., Von den Wurzeln des Bewußtseins, Zürich 1954.
–, Erinnerungen, Träume, Gedanken, hrsg. von A. Jaffé, Olten 1971.
Kessler, H., Erlösung als Befreiung, Düsseldorf 1972.
Kolakowski, L., Der Mensch ohne Alternative. Von der Möglichkeit und Unmöglichkeit, Marxist zu sein, München 1964.
–, Die Gegenwärtigkeit des Mythos, München 1973.
Lauth, R., Die Frage nach dem Sinn des Daseins, München 1953.
Lersch, Ph., Aufbau der Person, München 1970.
Lotz, J. B., Sinn, in: Lexikon für Theologie und Kirche Bd. 9, Freiburg 1964, 784–786.
–, Die Stufen der Liebe. Eros – Philia – Agape, Frankfurt a. M. 1971.
–, Erfahrungen mit der Einsamkeit, Freiburg 1972.
Lukas, E. S., Zur Validierung der Logotherapie, in: V. E. Frankl, Der Wille zum Sinn, Stuttgart 1972, 233–266.
Machoveč, M., Vom Sinn des menschlichen Lebens, Freiburg 1971.
–, Jesus für Atheisten, Stuttgart 1973.
Maslow, A., Motivation and Personality, New York 1970.
–, Psychologie des Seins, München 1973.
Müller, M., Sinn und Sinngefährdung des menschlichen Daseins, in: Philosophisches Jahrbuch 74 (1966), 1–29.
Neumann, E., Die Sinnfrage und das Individuum, in: Eranos-Jahrbuch Bd. 26 (1957) 11–55.
Nuttin, J., Psychoanalyse und Persönlichkeit, Freiburg/Schweiz 1956.
Pannenberg, W., Gottesgedanke und menschliche Freiheit, Göttingen 1972.
Pieper, J., Über die Liebe, München 1972.
Rahner, K., Über die Erfahrung der Gnade, in: Schriften zur Theologie Bd. 3, Einsiedeln 1956, 105–109.
–, Selbstverwirklichung und Annahme des Kreuzes, in: Schriften Bd. 8 (1967), 322–326.
–, Selbstmitteilung, in: Sacramentum Mundi Bd. IV, Freiburg 1969, 521–526.
–, Gotteserfahrung heute, in: Schriften Bd. 9 (1970), 161–176.
Ratzinger, J. (Hrsg.), Die Frage nach Gott, Freiburg 1972.
Reiner, H., Der Sinn unseres Daseins, Tübingen ²1964.
Riesenhuber, K., Existenzerfahrung und Religion, Mainz 1968.
Rolfes, H., Der Sinn des Lebens im marxistischen Denken, Düsseldorf 1971.
Sachsse, H., Technik und Verantwortung. Probleme der Ethik im technischen Zeitalter, Freiburg 1972.
Schachtel, E. G., Metamorphosis, London 1963.
Schaeffler, R., Sinn, in: Handbuch philosophischer Grundbegriffe Bd. 3, München 1974, 1325–1341.

Schaff, A., Marx oder Sartre? Versuch einer Philosophie des Menschen, Köln 1964.
–, Marxismus und das menschliche Individuum, Wien 1965.
Schelsky, H., Auf der Suche nach der Wirklichkeit, Düsseldorf 1965.
Skinner, B. F., Jenseits von Freiheit und Würde, Hamburg 1973.
Spaemann, R., Sinn und Faktizität, in: zur debatte. Themen der Kath. Akademie in Bayern, Dezember 1973, 2–5.
Splett, J., Der Mensch in seiner Freiheit, Mainz 1968.
–, Sinn, in: Sacramentum Mundi Bd. IV, Freiburg 1969, 546–557.
–, Reden aus Glauben, Frankfurt a.M. 1973.
–, Gotteserfahrung im Denken, Freiburg/München 1973.
–, Schuld, in: Handbuch philosophischer Grundbegriffe Bd. 3, München 1974, 1277–1288.
Steinbuch, K. u.a., Die humane Gesellschaft jenseits von Kapitalismus und Kommunismus, Stuttgart 1972.
–, Kurskorrektur, Stuttgart 1973.
Szondi, L., Ich-Analyse, Stuttgart 1956.
Völkel, H., Klinische Psychotherapie bei Depressionen, in: N. Petrilowitsch (Hrsg.), Die Sinnfrage in der Psychotherapie, Darmstadt 1972, 315–336.
Weizsäcker, C. F. von, Die Aufgabe der Kirche in der kommenden Weltgesellschaft, in: Evangelische Kommentare 1970, 641 ff.
–, Zum Weltbild der Physik, Stuttgart 1954.
Wellershoff, D., Der Gleichgültige. Versuche über Hemingway, Camus, Benn und Beckett, Köln 1963.
Welte, B., Auf der Spur des Ewigen, Freiburg 1965.
–, Dialektik der Liebe, Frankfurt a.M. 1973.
Wisser, R. (Hrsg.), Sinn und Sein, Tübingen 1960.